中原名师出版工程
教育思想与实践系列

教育智慧 点亮幼儿生活

让幼儿幸福成长的金点子

李阿慧 著

中原出版传媒集团
中原传媒股份公司

大象出版社
·郑州·

图书在版编目（CIP）数据

教育智慧点亮幼儿生活：让幼儿幸福成长的金点子／李阿慧著.— 郑州：大象出版社，2018.9
（中原名师出版工程）
ISBN 978-7-5347-9913-6

Ⅰ.①教⋯　Ⅱ.①李⋯　Ⅲ.①幼儿教育—研究　Ⅳ.①G61

中国版本图书馆 CIP 数据核字（2018）第 197516 号

教育智慧点亮幼儿生活
——让幼儿幸福成长的金点子

李阿慧　著

出 版 人	王刘纯
责任编辑	阮志鹏
责任校对	钟　骄

出版发行　**大象出版社**（郑州市开元路 16 号　邮政编码 450044）
　　　　　发行科 0371-63863551　总编室 0371-65597936
网　　址　www.daxiang.cn
印　　刷　河南文华印务有限公司
经　　销　各地新华书店经销
开　　本　787mm×1092mm　1/16
印　　张　16.25
字　　数　238 千字
版　　次　2018 年 9 月第 1 版　2018 年 9 月第 1 次印刷
定　　价　41.00 元

若发现印、装质量问题，影响阅读，请与承印厂联系调换。
印厂地址　新乡市获嘉县亢村镇工业园
邮政编码　453800　　　　　电话　0373-5969992　5961789

"中原名师出版工程" 编委会

主　任　丁武营

副主任　张振新　周跃良

委　员　郑文哲　林一钢　吕关心　闫　学　张文质　姜根华
　　　　　陈秉初　黄　晓　杨光伟　刘　力　童志斌　罗晓杰
　　　　　钟晨音　吴惠强　刘燕飞　丁亚宏　窦兴明　李　丽
　　　　　刘富森　申宣成　杨伟东　禹海军　张海营　张　琳
　　　　　谢蕾蕾　董中山　郭德军

总 序

对于一个优秀教师来说，将自己对教育教学的思考在写作中表达出来，是非常自然的一件事。正如玛格丽特·杜拉斯在《写作》中说的："写作像风一样吹过来，赤裸裸的，它是墨水，是笔头的东西，它和生活中的其他东西不一样，仅此而已，除了生活以外。"杜拉斯把自己的写作区别于日常生活中具体的事物，而将其看作生活本身。我十分认同这样的说法。从许多优秀教师的成长经历来看，教育写作就是教育生活本身。当我们学会了把教育生活中的各种场景纳入自己的视野，融入自己的思考，通过写作诚实地记录下来，我们就找到了一条属于自己的专业发展之路。

正是看到了教育写作在教师专业发展中的重要意义，河南省教育厅与浙江师范大学启动了"中原名师教育写作出版计划"。河南是我国的教育大省，有一大批非常优秀的教师逐渐崭露头角，而"中原名师"是其中的佼佼者，他们在各自的学校和不同的教育教学领域取得了一定的成绩，及时总结、提炼、展示、推广他们的研究成果非常必要。我和张文质老师被聘请为"中原名师教育写作出版计划"的首席写作导师，肩负指导"中原名师"写作、出版教育教学专著的重任。这可能也是目前国内唯一旨在帮助优秀教师实现教育教学专著出版的省级培训项目，开辟了教师培训内容与形式的崭新领域，具有开创性意义。经过近两年的艰苦努力，目前这项计划终于迎来了阶段性成果：弯丽君等第一批9位"中原名师"的12本教育教学专著即将正式出版。从书稿情况来看，选题、内容可谓多样：既有学科教学方面的，也有班级管理方面的；既有比较严谨的学术论著，也有可读性较强的教育教学随笔；既有义务教育阶段的，也有幼儿、高中阶段的。另外，还有计划第二批出版的书稿正在整理之中。

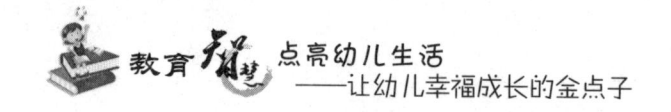

捧读这些沉甸甸的书稿，我心中充满感慨。

我想到了每一位作者的面庞，看到了那些闪亮的眼神。大家都非常清楚，对于一个渴望成长、追求专业发展的教师来说，教育写作是自我提高的一条基本路径。教育写作能清晰地记录一个教师专业成长的轨迹。教师可以在写作的过程中不断审视、反思自我，不断积累、总结与提炼，无论是初尝成功的经验，还是尝试摸索中的所谓教训，都是十分宝贵的财富。苏霍姆林斯基曾鼓励教师每天都写教育日记（也就是我们常说的"教育叙事"），认为这样的写作具有重大价值："凡是引起你的注意的，甚至引起你一些模糊的猜想的每一个事实，你都把它记入记事簿里。积累事实，善于从具体事物中看出共性的东西——这是一种智力基础，有了这个基础，就必然会有那么一个时刻，你会顿然醒悟，那长久躲闪着你的真理的实质，会突然在你面前打开。"这些"中原名师"正是通过写作将自己日常教育教学的点点滴滴慢慢积累起来的，而实施"中原名师教育写作出版计划"就是为了帮助他们打开真理之门。

我还想到了每本书稿选题的艰难，想到了那些为了确立书稿选题所经历的热烈讨论，既有面对面的沟通，也有无数次邮件、短信与电话往来。由于每一位作者所在的区域不同，所教学段、学科不同，研究基础、研究方向也各不一样，如何将那些最有价值的研究成果梳理、提炼出来，并形成相对集中的研究主题以专著的形式呈现，是我和张文质老师以及每一位作者需要面对的挑战。沟通、选择的过程非常重要，也非常辛苦。这主要是由于各位作者在实践层面的经验、成果内容非常多样造成的：往往一个教师提供的同一本书稿，在内容上既有学科教学方面的，也有班级管理方面的，甚至还有其他学科领域的，这固然反映了一线教师工作繁杂多面的实际情况，但对于专著出版来说，主题不够突出无疑是大忌，也会遮蔽那些更有价值、更值得推广的内容。经过半年多的反复讨论，第一批"中原名师"作者如弯丽君、李阿慧、徐艳霞、李桂荣、孟红梅等老师，首先确定了选题，开启了教育写作之路；而另一批作者如刘忠伟老师则更改了选题，另起炉灶，毅然开启了新的写作计划，这其中的勇气也让人深为佩服。

当然，我也想到了每一位作者所经历的艰苦的写作过程。由于绝大多数老师积累的文稿是基于实践经验，致使有些内容在学理上存在问题，论述、论据都不够严谨，容易引起歧义；也有些内容所呈现的研究过程与研究成果不够完整，材料繁杂、枝蔓较多，如何去芜存菁留下最有价值的东西，如何修改、完善那些不够成熟的地方，也是摆在每一位作者面前的挑战。值得指出的是，对文稿不断修改、完善的过程虽然艰苦，但其实是非常宝贵的研究经历——看似是教育写作的过程，其实又是学术研究的过程，写作本身成为思维与学术的双重训练，成为提炼教育教学理念、凸显教育教学风格的基本路径。如韩秀清、董文华、王海东、李桂荣等几位老师，正是经历了这样的写作和研究过程，他们最终创作出很有价值的作品。如果说在专著出版之前，这些老师的教育教学风格还不够鲜明，尚未在更大的范围内得到认可，那么我相信，专著的公开出版，将有力地促进他们教育教学成果以及个人教育教学风格的传播与推广，塑造"中原名师"更加美好、专业的形象，成为河南教师乃至全国教师的偶像。而这，也是浙江师范大学继续教育学院与河南省教育厅决定实施该项教育写作出版计划的重要目的之一。

对于各位作者而言，他们没有辜负岁月，岁月也没有辜负他们。

对于导师而言，能够参与这个项目，帮助各位作者，是充满欣慰的，甚至超过了自己出书时的喜悦。

感谢各位读者，如果您翻开这些书，您会看到有那么一些人，是如何执拗地表达着对岁月和信仰的敬意。

闫　学

2018年8月18日于杭州

序 言

朋友们，如果你相信教育可以成为一桩喜乐且令人一生钟情之事，走进本书，你会看到教育带给生活的美好！如果你是一位深陷教育"围城"的教师，走进本书，你会发现教育原来如此轻松而又让你的生活充满了幸福！如果你是一位家有儿女的"学爸""学妈"，走进本书，你会发现掌握教育智慧会让育儿变得简单、自然、妙不可言！

我叫李阿慧，木子"李"，阿姨的"阿"，智慧的"慧"。感谢父母给予我的这个别出心裁的名字，也许是冥冥之中的缘分，将我的名字倒着念，可以解读为智慧的幼儿园阿姨育桃李。18年春夏秋冬，18载风雨兼程，花开花落里我不曾飘零，云淡风轻中我不曾挪移，潮涨潮落间我不曾退却，一直守望在幼儿教育的百花园中，沉浸在孩子的世界里，并且矢志不渝地坚信自己能够成为一个智慧的幼儿教师。教过的孩子一个个展翅高飞了，我依然坚守在幼儿教育的百花园里唱着"爱的主打歌"，虽然他们如离巢小鸟般展翅翱翔在辽阔的知识天空，但我却一如既往沉醉在这片百花园里乐此不疲。在单位，同事送我一个美名——"金点子"。他们觉得我工作别具一格、标新立异。那些用在孩子们身上的小心思、小妙招、小创意、小方法、小感悟也在经年累月的实践与探索中沉淀下来，锁入我的记忆，参与我的生活，渗进我的教育思想，让我因教育而收获了阳光的心态、纯真的笑脸、持续的成长、能力的提升，让我的思想也因智慧教育而联通反思、链接感悟、创生激情、润泽光影，更构筑起了属于我自己的理想教育王国的精神壁垒。

教育是什么？我想不同的人有不同的答案。伟大的人民教育家陶行知先生这样解释：教育是引人向上、向前生活之力量。真正的教育也是能优化生活的，为教育而办教育或许是空嘴说空话，为生活之美

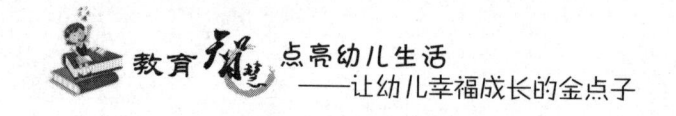

好、幸福进行教育才是教育的目的。德国哲学家卡尔·雅斯贝尔斯这样解释教育的本质：教育是一棵树摇动另一棵树，一朵云推动另一朵云，一个灵魂唤醒另一个灵魂。

品味教育先辈的真知灼见，结合自己的教育实践，我深深地感悟到：教育是一种影响，生活中的一切元素都会受教育影响，教育必将推动生活发生变化。教育的目标是引导孩子成为一个完整、幸福的人。教育是一个过程，是一个生命展开的过程，就像一棵树，从一粒种子慢慢长成一棵参天大树，其间经历了生根、发芽、开花等过程，而不仅仅是结果。单纯来讲教育，也许就是两个字：教和育。教，不是单纯的知识传递；育，不是"填鸭"，吃饱就可以成长。不是会教知识就叫教育，单单只增加孩子知识储备的能力，那只能叫教育技能，影响孩子一生生活习惯、生活理念、生存状态的一言一行，一些看似不起眼的小经验、小方法，才是真正的教育智慧。

生活是什么？生活是人类在生存过程中各项活动的总和。在教育家陶行知的眼里，生活是有生命的东西，在一个环境里生生不已。比如，一粒种子能默默无闻地在某个地方发芽、开花，就是种子的生活。有生命的地方就有生活，生活即教育。好生活就是好教育，坏生活就是坏教育；认真的生活就是认真的教育，马虎的生活就是马虎的教育；合理的生活就是合理的教育，不合理的生活就是不合理的教育。

作为一名幼儿教师，我认为，教育要结合生活进行。如果说生活的根基是一颗满怀自然的平常心，那么教育的根基则是一颗热爱生活的心。在教育生活中，满怀对生命发自内心的尊重、热爱，如同微风轻抚小草、雨雪滋润大地，用一言一行、一点一滴去影响孩子，用一些小妙招、小创意、小方法、小经验去启迪孩子，在帮助孩子找到轻松、快乐、美好的童年生活的同时，我的生活也在一点一点地向幸福靠近。所以，教育是为了帮助我和我所教的孩子找寻到更加幸福、美好的人生！

有故事的人，生活是丰富多彩的；有教育智慧的教师，生活是轻松而幸福的。在此，我将自己积累的这些小妙招、小体验、小经验、小创意、小方法、小感悟总结成教育小智慧，与乐于成长的教师分享，期待能有所启迪；与热爱教育的家长分享，期待能有所帮助；与社会各界的朋友分享，期待能有所共鸣！

愿您打开书的这一刻，其中的教育智慧能让您的生活变得更加轻松、快乐、美好、幸福；合上书的一瞬间，会发现教育就在身边，幸福就在眼前。

李阿慧

2018年5月20日

目　录

第一章
教育小妙招，让生活更轻松

1. 手指小游戏，让生活更轻松 / 4
2. 互动小游戏，让孩子轻松融入集体生活 / 7
3. 特长小妙招，让教育信手拈来 / 9
4. 教具小妙招，让教学变得形象生动 / 11
5. 教育小机智，让教师轻松引导孩子 / 14
6. 魔术小妙招，让教育绽放神秘色彩 / 16
7. 故事小妙招，让教育更有吸引力 / 18
8. 幽默小妙招，让教育更轻松 / 23
9. 微笑小妙招，让教育更有温度 / 26
10. 榜样小妙招，帮孩子找到向上的力量 / 30
11. 童心小妙招，跟孩子轻松共处 / 34
12. 赞美小妙招，轻松发现孩子的闪光点 / 36
13. 妙用肢体语言，轻松与孩子对话 / 39
14. 装傻小妙招，让孩子越来越聪明 / 42
15. 偷懒小妙招，让孩子越来越自主 / 45

第二章
教育小体验，让生活更美好

1. 体验种花种草，感悟生命的成长 / 53
2. 体验写自然角日记，读懂万千生物的成长图谱 / 55
3. 体验果实成熟，分享累累硕果 / 57

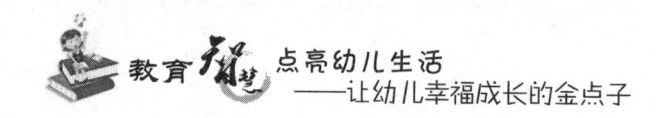

4. 体验雨雪雷电，乐享大自然赐予的礼物 / 60

5. 体验花开花落，感悟生命变幻 / 63

6. 体验油菜花田，感悟天然课堂的独特风韵 / 65

7. 体验花园畅游，感悟大自然的细语呢喃 / 67

8. 发现眼睛里的春天，体验春的斑斓 / 71

9. 探寻耳朵里的夏天，体验夏韵绵远 / 73

10. 触探脚下的秋天，体验秋意绵绵 / 75

11. 探寻泥土里的冬天，寻觅冬的秘密 / 77

12. 体验影子，与光影私语 / 79

13. 风中探究，揭秘风的奥秘 / 82

14. 体验沙子，感悟大自然的奇妙馈赠 / 85

15. 体验静电，发现生活中的神秘趣事 / 89

16. 体验泥土，嗅触大地的奇异芬芳 / 91

第三章
教育小经验，让生活更快乐

1. 总结快乐入园经验，让新生入园更快乐 / 97

2. 总结快乐点名经验，让点名时光更快乐 / 101

3. 总结晨间三部曲，让孩子入园更快乐 / 105

4. 总结午睡三部曲，让孩子午睡更快乐 / 108

5. 总结离园三部曲，让孩子离园更快乐 / 111

6. 总结奖励经验，让孩子快乐接受鼓励 / 114

7. 我教爸妈学本领，让家园沟通更顺畅 / 116

8. 快乐"三听"，让孩子的语言发展从听开始 / 119

9. 快乐"三讲"，让孩子的语言发展以说为主 / 122

10. 快乐"三玩"，让孩子的学习从玩开始 / 125

11. 快乐运动三部曲，让孩子的成长更快乐 / 127

12. 总结惩罚经验，让孩子在快乐中接受成长 / 130

13. 花样报菜名，让孩子进餐更轻松 / 132

14. 快乐值日，让孩子更有责任感 / 135

15. 总结散步小经验，让散步更加快乐自由 / 137

第四章
教育小创意，让生活更有趣

1. 创意坐座位，让上课更有趣 / 142
2. 创意进餐形式，让进餐更有趣 / 144
3. 创意小种植，让生命更有趣 / 147
4. 创意瓶瓶罐罐，和孩子一起学收纳 / 149
5. 创意剥剥乐，让孩子体验成就感 / 151
6. 创意围围巾，让孩子学会创造美 / 153
7. 创意穿、脱衣服，让孩子的生活技能学习更有趣 / 155
8. 创意袜子收纳，让孩子学会管理自己的物品 / 157
9. 创意小手工，让生活更艺术 / 159
10. 创意涂鸦，让想象乘着画笔飞 / 162
11. 创意整理衣橱，让思维更多元 / 164
12. 创意整理书柜，让学习更有序 / 166
13. 创意整理玩具，让收放更智慧 / 168
14. 创意整理房间，让整理变得有趣 / 170
15. 创意叠叠乐，让物品换新颜 / 172
16. 创意拼拼乐，让想象更无限 / 174

第五章
教育小方法，让生活更文明

1. 小情境，让孩子体验真实的生活 / 182
2. 小约定，让孩子做事有原则 / 184
3. 小标记，引领孩子有序生活 / 186
4. 图加文，让孩子读懂生活规则 / 188
5. 小标线，让孩子文明有规可循 / 190
6. 小儿歌，让孩子学会文明生活口诀 / 192

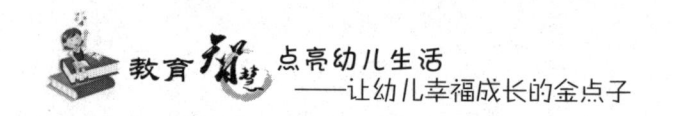

7. 小表格，让孩子学会量化生活 / 195

8. 小游戏，让孩子学会文明生活 / 197

9. 小体验，让孩子学会自觉遵守生活规则 / 199

10. 自然后果法，让孩子学会敬畏生活 / 200

11. 忽视淡化法，让孩子学会逐步在生活中完善自我 / 202

第六章
教育小感悟，让生活更有智慧

1. 请握住孩子的手批评，让生活更有温情 / 207

2. 坐到孩子的座位上，让我学会了换位思考 / 208

3. 饲养角的设立，让孩子学会敬畏生命 / 210

4. 孩子的话，让我学会了承诺 / 211

5. 等待，让我学会品味孩子的成长过程 / 213

6. 跟孩子聊天，让我学会教育从倾听开始 / 215

7. 跟孩子互动，让我感悟到引导语的魅力 / 218

8. 走进孩子的内心，让我学会肯定自己、欣赏别人 / 220

9. "我明天不来了"，让我明白了尊重体现在细节 / 221

10. 教育教学中的问答环节，让我学会了提问 / 224

11. 跟孩子一起玩游戏，让我学会尊重自己的角色 / 226

12. 跟孩子一起生活，让我学会了表达爱 / 228

13. 教育，让我练就遇事淡定的品格 / 231

14. 教育，让我成长为更好的自己 / 235

15. 教育，点亮了我的幸福生活 / 237

后记

第一章

教育小妙招，让生活更轻松

我经常跟同行交流这样一个问题："作为一名幼儿教师,你从职业中除了获取报酬,还收获了什么?"有人说享受了幸福,有人说得到了快乐,有人说赢得了尊重,还有人说永葆了青春……但是大部分人认为,幼儿教师是个平凡而琐碎的职业,在工作中最大的感受是劳累和辛苦。

的确如此。在跟教师们交流的时候,听到最多的一个字就是"累"。"累死了""烦死了""气死了",这些在人生中忌讳的字眼成了幼儿教师的口头禅。提起身体状况,咽炎、嗓子沙哑、颈椎病、腰椎病等教师职业病屡见不鲜。印象最深的是,在一次讲座中我认识了一位农村乡镇的幼儿教师,她的脖子上全是用手掐出来的紫色痕迹,一排排看上去很吓人,详细询问,她用沙哑的嗓音告诉我,由于患顽固性咽炎,她只能经常用掐脖子这一土方法来暂时缓解疼痛。我进一步追问:"为什么你的咽炎如此顽固?"这位教师说:"没办法,班上孩子多,教学任务重,还要维持班里的纪律,一天到晚吼得快累死了……"听到这里,我不禁为这位教师感到可悲和可怜,可怜她被自己的职业摧残了身体,可悲像这样的教师把教育这个脑力劳动干成了体力劳动,其教学效果可想而知。在这无视自身健康的背后必定有着有悖常理的理念和做法。为什么教师总要被塑造成辛酸悲壮的形象,迫使孩子们、家长们带着同情的感情底色来尊重我们、感恩我们?当教师带着压力、拖着病体面对孩子时,这样的课堂还有轻松、快乐可言吗?

教师觉得教孩子累,那么,家长呢?跟家长沟通时,听到最多的也是"累"。很多家长向我倾诉:管孩子吃喝容易,教育孩子难,每当孩子哭闹不休或是蛮不讲理时就会束手无策,不知道该怎样引导,结果使自己更加烦躁,只能借用"暴力"完成对孩子的教育,自己身心疲惫的同时,孩子也没教育好。

一个专业的幼儿教师,一个聪明的家长,首先应该具备轻松育儿的本领。轻松是一种身体放松的状态,是一种心灵放松的境界。希腊有句谚语:悠闲出智慧。人在轻松愉悦的休闲氛围中思维最活跃。无论是教师、学生还是家长,拥有放松的心境后,做事便会事半功倍。比如,练瑜伽时人放松了,便能自然地呼气、吐气;考试时不紧张,身心放松才更容易正常发挥。由此联想到教育问题,教育者如果急于

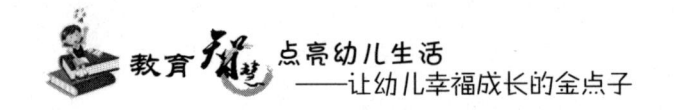

求成，受教育者便会感到紧张、焦虑，从而产生压力及对抗心理。情绪是会互相感染的，教育者不放松，受教育者自然也不会放松。当然，这种放松不是放任，这种放松蕴含着从容，是一种教育智慧，一种尊重心灵的教育智慧，一种滋养内心的教育智慧。拥有教育智慧的人可以巧借那些不起眼的小游戏、小教具、小魔术、小契机等，使其在面对孩子时，不会产生"干柴上烧火"的焦躁情绪，而是以"润物细无声"的心境，在自然的状态下育人。

1. 手指小游戏，让生活更轻松

一根手指头呀，变呀变呀变呀，
变成毛毛虫呀，爬爬爬。
两根手指头呀，变呀变呀变呀，
变成小白兔呀，蹦蹦蹦。
三根手指头呀，变呀变呀变呀，
变成小花猫呀，喵喵喵。
四根手指头呀，变呀变呀变呀，
变成花蝴蝶呀，飞飞飞。
五根手指头呀，变呀变呀变呀，
变成小花狗呀，汪汪汪。

当我们把手指变成毛毛虫、小白兔、小花猫、花蝴蝶、小花狗的时候，我们就不知不觉开始做游戏了。像这样用手指来玩的游戏，叫手指游戏。手指游戏通常伴随着儿歌的口令节奏，通过动作和言语构造游戏情境来开展。在物资比较匮乏的年代，像《剪子、包袱、锤》《一只小蜜蜂》《你拍一，我拍一》这样的手指小游戏，不管是孩子还是成人都耳熟能详。而现在，随着科技的发展和物资的丰富，手机、电脑、电视、游戏机等禁锢了孩子的双手，更有一些家长购置了各种高档玩具，将孩子"圈"在家里，导致这些最原始、最简单、最直接、最普及且效果显著的手指游戏被人遗忘。

在每次教师讲座时，我经常会问同行曾组织过哪些教学活动，大家都能说出一大串儿教学活动名称，而当我问带孩子都玩过哪些好玩的游戏时，答案往往都不如教学活动所述的丰富。可是，当我在讲座即将开始的时候问："接下来我们是开始上课，还是先玩个游戏？"大多数教师都会选择玩游戏。可见，在所有教师和家长的心中，虽然教知识比玩游戏更重要，但是我们自身还是更喜欢玩游戏。大人都如此，何况是天真烂漫的孩子呢？如果把一切教育的科目都转化成游戏来玩，让孩子在玩中学、玩中求发展，孩子轻松了，我们也能变得轻松。

一次我到一所村镇中心幼儿园支教，进入教室，首先看到的是一排排桌椅、一摞摞课本，以及黑板上方挂着的一个大电视。经过了解，我知道了在这所幼儿园，孩子的一日生活全以"上课"为主。课间，我发现孩子们三三两两地凑成一堆儿，蹲在教室里，双手在水泥地上啪啪地拍，一边拍一边大笑。我好奇地凑过去，发现孩子们每拍一次地，水泥地上都会"冒烟儿"。孩子们争先恐后地用劲儿拍，拍一拍、看一看、比一比、笑一笑，看谁使水泥地冒烟儿高，小手拍得通红通红，却玩得不亦乐乎，但教师却恰恰理解不了这种快乐，一句"上课"就把孩子们拉回座位上。孩子们似乎还沉浸在刚才的快乐中，教师却已经忙忙碌碌地在黑板上列算式，随后孩子们进入了老老实实的被动学习状态。试想，这样一天下来，教师能不累、不烦吗？孩子们能感到快乐吗？其实，每个孩子都是"顽童"，在没有条件游戏的时候，孩子们用自己的双手就能自娱自乐，这说明孩子们很有创造潜能，只是成人不理解、不支持孩子们这种自发性的游戏方式。

受孩子的启发，想让孩子会玩，首先要支持孩子自发地、自由地玩，要让孩子会用自己的双手创造游戏。教师把手指游戏渗透在教学活动中，有利于营造宽松、有趣味的课堂氛围。教师结合本班的日常教育目标，在课程的导入、练习等各个环节巧妙运用手指游戏，能随时为活动的开展做"热身"。教学前，手脑并用的手指游戏很容易让孩子全身心地投入活动，既省去了其他课前组织形式的烦琐，又吸引了孩子的注意力；教学中，在孩子倦怠的时候穿插一个手指游戏，可以活跃课堂氛围，转换孩子的注意力；教学结束时，玩一个手指游戏，可以放松孩子的身心，轻松自然地结束活动。

我一直主张教师要学做"懒"教师，能直接用双手做教具，生动形象地进行教学，那是最省时、省力的事情了。手指游戏把手指以教

学资源的形式与课程内容相结合，如《手指变图形》游戏：一角两角三角形，三角四角正方形，转一下呀长方形，换一换呀变菱形。用手指来拼搭图形，让孩子对图形进行直接的感知，可增强数学活动的生动性、趣味性、形象性。

手指变图形

手指游戏进入孩子的学习生活，会使孩子行为习惯的养成变得更轻松。古人云：养习于童蒙。借助手指游戏来使孩子养成良好的习惯，能减少教师每天一遍遍地讲解常规培养口令，如手指游戏《洗手歌》可以引导孩子掌握正确的洗手方法，养成讲卫生的好习惯；手指游戏《穿衣服》《系鞋带》等可以帮助孩子培养良好的自理能力。

我们还可以通过手指游戏教给孩子一些文明礼仪。根据手指游戏适宜配儿歌吟诵的特点，把文明礼仪蕴含其中，如手指游戏《大哥在哪里》："大哥在哪里？我在这！（伸出左手跷跷大拇指）我在这！（再伸出右手跷跷大拇指）大哥，今天你好吗？（摆动其中一个拇指）很好，谢谢你！（再摆动另一个拇指）我走啦，我走啦。"孩子在学的时候会很开心地活动拇指说着游戏当中的语句，而"谢谢""你好吗"等礼貌用语会潜移默化地根植在孩子心里。

手指游戏进入孩子一日生活中的过渡环节，能够减少孩子的消极等待时间。在孩子的一日活动中有许多零散的时间，如来园后、离园前、饭前饭后、盥洗前后等过渡环节。这时，教师一般比较忙，孩子都比较放松，遵守常规的意识也会比较淡薄。将简单、易行的手指游戏贯穿于这些环节之中，可代替教师逐步引导孩子建立规则意识。

手指游戏引入家庭教育，能够让亲子交流更轻松。家庭是孩子成长的摇篮，现在很多家长不知道在家如何跟孩子建立一种平等交流的亲子关系，好像除了给他买玩具、讲故事、陪他玩，没有更好的策略，而手指游戏正是变"陪他玩"为"一起玩"的一种方式。比如，适合家长和孩子一起做的手指游戏《大手小手来比赛》："大手小手来比赛，比比谁的反应快。大手变小猫，小手变小猫。大手变小兔，小手变小兔。快快快，快快快，比比谁的反应快，我的小手最最快！"家长用自己的大手跟孩子的小手一起做手指游戏，无形中就跟孩子建立了一种轻松、平等、亲密的亲子关系。

智慧妙语

当我们放下手机、电脑，做一个简单有趣的手指小游戏时，会让自己收获意想不到的轻松与快乐；当我们面对孩子，大手拉小手，一起做一个简单的手指小游戏时，会让亲子教育变得轻松、简单又其乐融融。

2. 互动小游戏，让孩子轻松融入集体生活

找一个朋友碰一碰，碰哪里？手碰手。
找一个朋友碰一碰，碰哪里？脚碰脚。
找一个朋友碰一碰，碰哪里？肩碰肩。
找一个朋友碰一碰，碰哪里？……

这是幼儿园孩子经常玩的互动小游戏《找一个朋友碰一碰》，孩子三三两两，互相碰触小手、小脚、肩膀等各个部位，通过肢体的交流、合作、碰触，增进同伴之间的互动和交往。这种能促进人与人之间语言、动作，以及表情交流、交往的游戏，就叫互动游戏。人与人之间的交往、交流、沟通都是先从互动开始的。比如，陌生人见面时的握手，朋友见面时的拥抱，都是肢体动作的互动。在幼儿园里，教师与孩子及孩子之间的互动是各种人际关系的核心，也是决定孩子是否能顺利融入集体的关键。进入幼儿园后，孩子就开始了全新的集体生活，开始由个体意识向集体意识转化。现在的孩子多是独生子女，在家里容易养成以个人为中心的意识，在学校与同伴相处时难免会表现得唯

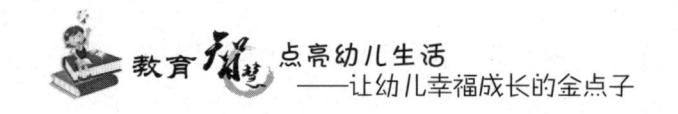

我独尊，缺乏集体意识。教师巧妙利用互动游戏的小妙招，可以增进孩子们的感情，使其拥有良好的同伴关系，找到集体生活的乐趣。

教师开展互动游戏，可以让孩子从交往的语言、表情、动作开始互动。比如，利用儿歌《找朋友》："找呀找呀找朋友，找到一个好朋友，敬个礼，握握手，你是我的好朋友，再见！"让孩子们通过这首儿歌互动起来，学习敬礼、握手等交往礼仪；利用互动游戏《你好》："你好，你好，小朋友们大家好，你好你好，小朋友们好。"让孩子们手拉手，跟着音乐旋律在游戏情境中学会问好等基本的交往语言；利用音乐游戏《巧月梳妆》，让孩子两人一组，跟着音乐互相做梳妆打扮的表演，在近距离观察、接触对方的过程中，使其彼此交流，增进感情。当孩子拥有了交往的语言、表情、动作时，孩子就不会再对交往感到陌生。

肢体动作的交往是让孩子快速融入集体的妙招。孩子从独立小家庭的"个体"来到幼儿园大家庭这个"集体"，要完成从"独自游戏"到"集体游戏"的转换。巧用互动游戏可以让孩子快速感受到集体游戏的乐趣。比如，互动游戏《泡泡糖》："泡泡糖，真荒唐，一不小心粘到小脸庞；泡泡糖，真荒唐，一不小心粘到小肚子，一不小心粘住小屁股……"诙谐有趣的游戏情境，把泡泡糖的特点运用到了游戏中，通过粘到身体的不同地方，把孩子们巧妙地"粘"到一起。还有互动游戏《大象》，让孩子伸出一只手放在前方，模仿大象的长鼻子，另一只手从胯下伸向身体后方，变成大象的小尾巴。在做游戏的过程中，一只只"小象"与同伴"首尾相连"，手拉手，变成长长的"象群"。孩子们在游戏情景中不知不觉就会动作统一，随后慢慢产生统一的意识、统一的行动，最终会在共同游戏的过程中体验到通过肢体动作与同伴合作游戏的快乐。

没有规矩，不成方圆。在集体生活中，教师可以巧借互动游戏培养孩子的规则意识。比如，互动游戏《找小猫》，有的孩子当猫妈妈，有的孩子当小猫，猫妈妈去找小猫的过程中小猫要藏好，不能被猫妈妈发现。但是往往有些孩子不遵守规则，故意发出声音，或者故意暴露自己。这时候，教师可以巧设游戏情境——猫妈妈要将不听话的小猫送进圆圈内，停止玩游戏一轮。这样，通过同伴间的互相约束和游戏规则来培养孩子遵守集体规则的意识，有利于孩子走出"自我中心"的状态，遵守集体同伴间的"契约式合作规则"。

教师巧妙地利用互动游戏，可以让孩子学会语言交往、动作交流、融入集体、结交同伴等多种本领。当孩子在集体中有了好的同伴，有了喜欢做的事情，有了大家的陪伴，他们在集体生活中就会感到快乐、轻松、愉悦。当孩子处在有事可做、有人一起玩的轻松状态时，教师是不是也会感到对教育更加得心应手和轻松自如呢？

智慧妙语

有效互动是一种能力，是人与人相处的智慧。一个眼神、一个微笑、一个手势都可能让彼此的心灵开始互动，我们尝试着让教育从语言互动、表情互动、肢体动作互动开始吧！

3. 特长小妙招，让教育信手拈来

人们常用"尺有所短，寸有所长"来比喻人或事物各有长处和短处。苏联教育家苏霍姆林斯基说："一个无任何个性特色的教师，他培养的学生也不会有任何特色。"有自己特色、个性、专长的教师往往是学生最喜欢的教师。教师巧用自己的特长、优势组织教学，往往能轻松自如，事半功倍。

将特长妙用于课堂教学，可以让课堂精彩纷呈。特长在形成过程中往往凝聚着自己的爱好、情趣、自信和快乐，凝聚着自己在某个方面的智慧结晶。组织教学活动时从自己擅长的领域入手，往往能让自己的课堂"驾轻就熟"。幼儿园里有一位擅长唱歌的教师，平时默默无闻，但在组织音乐活动教唱歌曲的时候，投入而忘我，即便是唱儿童歌曲时也带着专业范儿的"美声腔"，她所带的孩子特别喜欢唱歌，有的孩子在课余时间还会惟妙惟肖地模仿她唱歌时的陶醉姿态。正是她所热爱的特长，让她的课堂变得灵动而有趣。在教师把对"特长"的挚爱传递给孩子的同时，教师的特长也会成为孩子竞相模仿的"模板"。这样的特长教学不仅能够创造出精彩的课堂，还有可能成就孩子

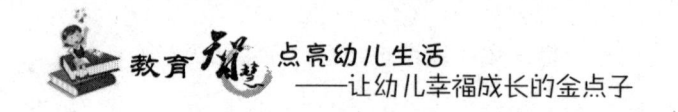

一生的专长。

将特长妙用于自己的教学实践中，可以轻松地创造出"人无我有、人有我新、人新我奇"的个人教育特色。所谓"特色"，是指个人或事物所具有的独特的地方。教师想要具有独特的教学风格，就要拥有自己独创的教育方法或策略。将特长融入自己的教学方式、方法中，就可能会找到自己擅长的教学领域、教学策略，从而凝练出自己优于他人、异于他人的教学"特色"。例如，一位有音乐特长的教师，将音乐融入孩子一日生活的各个环节中，编制出了一套音乐口令。根据孩子一天中在幼儿园不同的活动环节，选择适宜的音乐提醒孩子进行环节过渡：来园时，选择一些轻松、富有朝气的儿童歌曲，如《洋娃娃和小熊跳舞》《欢乐颂》等迎接孩子；餐点活动中，降低音量，播放一些舒缓的钢琴曲，如《田园曲》《爱的纪念》《星空》等，让孩子轻松愉快地进餐；教学活动前，选择《幸福拍手歌》等律动音乐，吸引孩子的注意力，让孩子渐渐进入学习状态；在经过剧烈的户外游戏活动后，用轻柔的歌曲《听妈妈讲那过去的事情》《小白船》等消除活动带来的疲劳；午睡时间，用一曲《摇篮曲》将孩子带入甜美的梦乡。即便是起床和离园时也要选取适宜的音乐陪伴，或者在组织孩子休息时也运用打击乐器敲击出固定的节奏，让孩子听到熟悉的节奏马上就能理解教师的意图。坚持一段时间后，孩子就形成了条件反射，听到某段特定的音乐，就会自主地进行相应的活动，使幼儿园一日生活环节衔接得更加自然。教师在编制音乐口令的过程中，还逐步总结出"运用音乐口令代替语言组织教学"的教学策略，利用自己的音乐特长不仅营造了"生活处处有音乐"的育人氛围，而且形成了自己独特的教学风格。

将特长妙用到教育生活中，教师可以体会到特长给教学带来的轻松。特长往往是个人多年的经验积淀，运用起来得心应手。利用特长教学可以省去许多活动前的烦琐准备，减轻教师的工作量。比如，擅长美术的教师在组织孩子上课的时候，顺手画出在课堂教学中所需要的各种图示；可以绘制排队卡，让孩子根据图示排队，省去了用语言组织孩子排队的烦琐；还可以绘制图文并茂的"洗手六步法"，让孩子对洗手产生浓厚的兴趣，养成良好的卫生习惯。有音乐特长的教师可根据洗手步骤，设计一个洗手的音乐律动，只要这个音乐响起来，孩子就会伸出手来跟随音乐节奏模仿洗手的过程。

特长不仅仅限于艺术方面，语言方面、表演方面、性格方面都有可挖掘之处。任何一位教师都有自己的特长和优势。要合理利用自己的特长，首先要研究、挖掘、找准自己的特长，发现自己是会唱歌还是会跳舞，是会讲故事还是会说相声，是善于夸张还是幽默。大胆发现自己的长处和特色，运用到自己的教学中，就能相对减轻自己的工作量，也可以让自己的教学多一点特色、多一点技巧、多一点智慧。

哈佛大学教授霍华德·加德纳在其提出的多元智能理论中指出，我们每一个人都具有语言、逻辑—数学、空间、音乐、身体—运动、人际关系、自我认识、自然观察者和存在九大智能，而每个人的九大智能的发展都像"五指"一样，参差不齐，多数人都只能在一两种智能上有出色表现，那一两种智能便是我们的优势智能，同时，其他智能可以在优势智能的带动下越来越好。而我们的优势智能往往是成就"特长"的潜力智能，所以，对于孩子，家长应该更多关注并强化其优势，让孩子首先拥有自己的爱好、特长，然后在学习和生活中，培养孩子利用自己的优势智能来建立自信并带动弱势智能共同发展。

智慧妙语

松下电器的创始人松下幸之助曾经说过这样一句话：人生成功的诀窍在于经营自己的个性长处，经营长处能使自己的人生增值，否则，必将使自己的人生贬值。作为个人，我们要努力挖掘自己的特长，寻找自身的与众不同，这样不仅可以建立自信，更能帮助我们快速到达成功的彼岸。

4. 教具小妙招，让教学变得形象生动

教具是幼儿教师组织教学的"桥梁"，生动形象的教具在幼儿园教学中必不可少。教具准备是否充分、运用是否恰当，会直接影响教学效果。不过，使用教具虽然能活跃课堂气氛，但是因为教具从构思到选材，再到制作，需要耗费教师大量的时间和精力，所以如何选择教

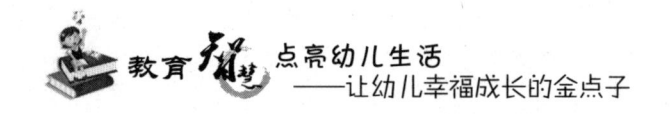

具、妙用教具，也是一种教育智慧。教具运用得当，教师与孩子均能从教学中获得愉悦感。

1. 妙用生活化教具，让教学自然真实

运用生活中的元素做教具，不仅省时、省力，而且科学合理。我曾经观摩教师们的教学活动，总是被他们制作的教具震惊。例如，有的教师制作的让孩子点数用的狮子、小猫等动物教具，大小比例失调，严重影响孩子对现实事物的真实认知；还有一位教师绘制的石榴树的图片，叶子画成了梧桐树叶的形状，树上结的石榴嘴儿都朝上生长，跟现实生活脱节，缺乏科学性和准确性。虽然教师制作教具耗费了很大精力，但教育效果并不理想。如果教师把制作教具的精力投入对生活真实情景的感受中，从现实生活的真实认知出发，给孩子提供天然的、真实的场所和材料，将会让孩子获得对世界的感性认知。如学习儿歌《会跳舞的树叶》时，我和孩子一起捡落叶，观察风吹落叶飘落的过程，在活动中我问孩子："小树叶很有趣，会飘来飘去，飘起来像什么？"孩子们争先恐后地说"像蝴蝶""像小鸟""像飞机"……我顺势将儿歌中的一些句子教给他们。孩子们边玩边说，很快就熟练掌握了整首儿歌。整个教学活动中，实物教具小树叶的使用，使原本单调的儿歌教学变得生动有趣。其实，日常生活中的具体实物就是丰富的教具资源，如自然界最常见的沙、石，田野里最鲜活的植物、动物，周围的生活用品等都可以巧妙地用作教具。在平时的教学过程中，教师要随时注意观察生活，一定能够发现更多适用于教学的实物教具。

2. 巧妙运用低结构材料做教具，让课堂活泼多变

所谓低结构材料，顾名思义，就是结构松散、可变性强、可塑性好、可探究空间大的材料。比如，常见的小棒子、石子、纸、空矿泉水瓶、用过的塑料袋等都属于低结构材料。这些材料稀松平常，方便收集，只需花一番心思，就能给教学活动锦上添花。如科学活动"空气的秘密"，将平时收集的透明塑料袋作为教具，让孩子用袋子和空气玩一玩、找一找、闻一闻、摸一摸，激发孩子探索空气的兴趣。孩子们用塑料袋变魔术，有的努力用嘴吹袋子，有的拿着塑料袋在空中左右晃动，充分利用教具塑料袋来感知空气无色、无味、透明、会流动的特征。平时孩子们视而不见的塑料袋此时却成了他们眼里的宝贝。

看着孩子们如此珍视，我就索性发挥塑料袋教具的大作用，把塑料袋用到户外体育活动中。我让孩子们把塑料袋顶在头上，看谁走路时袋子不会滑落，训练孩子们的平衡能力；把塑料袋放在孩子们的肚子上，看谁跑起来时袋子不会掉，当作孩子们快速助跑的教具；把塑料袋当作排球抛向空中往上"拍"起来……仅仅是妙用普普通通的塑料袋当教具，就能让课堂多变而使孩子们兴趣盎然，那么其他的简单易收集的材料一定可以使课堂更加丰富多彩。

3. 妙用废旧材料做教具，让教师远离制作教具的烦琐

在街头我们经常收到一张张令人应接不暇的宣传页，我的做法是照单全收，然后拿回来给孩子们做教具。我让孩子们把不同材质的宣传页放在耳边抖一抖，而后团起来抛一抛，或者撕一撕，把碎纸抛向空中玩《下雪》的游戏。孩子们发现，厚薄不同的宣传页撕起来的声音不同，纸片落地的速度也不一样。活动结束后，还可以让孩子们把碎纸捡起来，放到美工区做粘贴。最妙的是，一些超市的宣传页上不仅有各种物品的图案，还有对应的价钱，当作教具运用到数学活动中，可以让孩子理解钱币换算、数物对应、比较、分类等数学知识。妙用唾手可得的废旧材料当教具，会让教师觉得教学成功与否的关键不在于制作的教具有多么精美，而在于妙用教具的构思。

4. 教具共享，避免重复性劳动和资源浪费

在教师制作的教具天地里，孩子始终只是观察者、欣赏者。其实，教师可以邀请孩子参与制作教具，如让大班的孩子进行一节制作小班教具萝卜印章的活动课，把自己在手工课上刻出来的印章当作礼物送给小班的孩子，这样既节省了教师的时间，又锻炼了孩子的动手能力，还拓展了孩子的交往空间。教师还可以充分利用教具资源共享的优势，几个教师分工合作，建立同年级组教具资源库，把各类教学活动的教具分类存放，教具共享，避免重复性劳动和资源浪费。

教具只是教师实施教学的手段，教学成功与否的关键不在于教具多么精美，而在于教师对教具的构思、妙用。教师妙用教具的能力也是一种教育智慧，运用得当，会让自己制作教具的过程轻松愉悦，也会使教学效果锦上添花！

智慧妙语

如果你拥有驾驭教具的教育智慧，生活中的一草一木都可以用于教育。当你和孩子能把矿泉水瓶当足球踢、当保龄球打的时候，你不仅能重温自己儿时简单质朴的快乐，还能让孩子在玩的同时充分发挥出自己的想象力、创造力！

5. 教育小机智，让教师轻松引导孩子

俄国教育家乌申斯基曾说："不论教育者怎样地研究了教育学理论，如果他没有教育机智，他就不可能成为一个优良的教育实践者。"教育机智，指教师在教育过程中对意外情况准确、恰当、迅速地做出判断，随机应变，恰到好处地采取果断措施的能力。在幼儿园，教师组织的教学活动几乎没有一帆风顺的，预设的活动常常会出现各种各样的意外。这些意外小则影响活动效果，大则影响幼儿发展。

教育机智往往是教师在组织教学遇到问题时，灵机一动从脑海中迸发出的想法、措施。有一件事让我深深体会到教育机智的重要性和它所带来的教育奇迹。那是开学的第一天，离园时孩子们情绪高涨、热闹非凡，我使劲地拍手、摇铃都不能引起孩子们的注意，于是便大声喊"安静"，可我的声音很快就被喧闹声所淹没。我刚想发火，同班的董老师走过来，见我无计可施，她神秘地对孩子们说："来，把你们的小舌头伸出来让我瞧瞧。"顿时，教室里鸦雀无声，孩子们纷纷把小舌头伸出来，并用疑惑的眼神望着董老师。董老师不慌不忙地一边看一边说："呀，你们的小舌头又红又嫩，真漂亮，知道吗？看舌头，能发现身体的许多秘密。叶子小朋友的舌头，舌尖很红，因为她最近午睡不好；乐乐小朋友的舌头上白白的，最近可能贪吃了，以后要少吃零食……"一瞬间，教室由喧嚣变为安静，孩子们的注意力由无所事事地"七嘴八舌"转到了"探究舌头的秘密"上。董老师灵机一动展现出的教育机智不仅化解了我无计可施的尴尬，而且轻松地维持了纪律，让孩子们主动而有兴趣地进入安静的状态。由此，我感悟到，当我们在教育教学中无计可施时，发脾气、生气都是无能的表现，只会让自

己更累，换个角度，来点儿灵机一动的教育机智，可能会轻松救自己于"水火之中"。

当我们面对教学过程中的突发事件时，如果可以"妥善接传"，就可以化"节外生枝"为"教育契机"。在教育教学中，很多时候，我们会遇到一些难题，一味地躲避并不能解决问题，如果运用教育机智"妥善接传"，则可能会收到意想不到的教学效果。在一次户外写生活动中，有位教师引导孩子观察花的颜色、形态。突然，一个孩子喊起来："蝴蝶，蝴蝶，有蝴蝶！"其他孩子听见喊声都跑过去，争着看蝴蝶。这时候，如果教师阻止孩子，不仅费力，而且维持不住纪律，因为孩子的兴趣点和注意力都在蝴蝶身上。此时教师"妥善"接过大自然传递的关于蝴蝶的"意外信息"，也跟过去说："蝴蝶最喜欢花，我们看看蝴蝶喜欢在哪些颜色、形状的花上玩耍，喜欢和哪些花交朋友。"孩子听教师这么一说，都认真地观察，争先恐后地说着蝴蝶喜欢哪朵花，这样，话题又回到了认识花朵上，教师"妥善接传"的教育机智，让教学得以顺利进行。

当我们面对教学中的意外事件时，如果可以顺势"以变应变"，就可以轻松化"意想不到"为"别有洞天"。有一年夏天，一个班的教师正在组织教学活动，突然天色暗了下来，电闪雷鸣之后下起了雨。全班孩子乱作一团，有的高喊"下雨啦，下雨啦"，有的跑到教师身边搂着教师喊害怕。这时，教师没有着急，她沉着冷静地对孩子们说："孩子们，不要怕，有老师在，来，都到老师身边来。"孩子们听到教师这么一说，很快安静了下来。接着教师组织孩子观察夏天的雷雨，还一起唱起了歌曲《夏天的雷雨》，孩子们玩得十分高兴。这是一个成功的教学案例。案例中教师的教育机智真的令人叹服，当天色突然暗下来，电闪雷鸣下起雷阵雨时，教师沉着冷静，临阵不慌，用充满爱的语言和动作稳定了孩子的情绪，并抓住有利时机组织孩子开展活动。下雷阵雨是生活中的自然现象，教师及时把它转换为可利用的教育情境，组织孩子观察夏天的雷雨，唱应景的歌曲，在说说唱唱中给孩子极强的感染力，使教学取得了意想不到的效果，化不利为有利，把意想不到的突发事件变成了教育契机。

中国著名教育家叶澜教授曾在《教师——精神上的长途跋涉者》

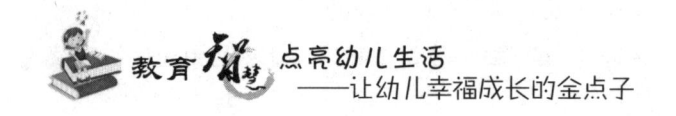

一文中说:"课堂应是向未知方向挺进的旅程,随时都有可能发现意外的通道和美丽的图景,而不是一切都必须遵循固定线路而没有激情的行程。"教育生活中,教师"灵机一动""换个角度""顺势而为"等一些在不断变化的教育情境中随机应变的小机智,正是教师发现教育美景的金钥匙,这些教育机智让教师创造了教育小契机,把自己从各种困境中解脱出来,不仅获得了轻松的心态,形成了新的教育思路,还为自己赢得了"有智慧、有想法"的赞誉!

智慧妙语

抓住教育契机,生成教育机智,拥有教育智慧,培养出有智慧的孩子。不管是哪个年龄段的人,遇到问题"灵机一动""换个角度""顺势而为",往往能另辟蹊径、别有洞天。

6. 魔术小妙招,让教育绽放神秘色彩

我有两只手,左手和右手,
左手变魔术,变成小孔雀,
右手变魔术,变成小狐狸,
双手一起变,变出……

这是孩子们最喜欢的《手指变魔术》游戏,每当孩子们伸出小手变魔术的时候,都会沉浸在手指的奇妙变化里。孩子具有强烈的好奇心和求知欲,喜欢接触新鲜事物,经常被事物和现象的千变万化所吸引。魔术,作为一种具有兼容性、表演性和艺术性的艺术形式,对社会产生了不容忽视的作用和深远的影响。把魔术带入教育生活中,引进孩子的世界,不仅能满足孩子的好奇心和探索欲,更能使孩子对教师产生崇拜,提升教师在孩子心目中的地位。当孩子成为教师的忠实"粉丝"时,教师就能轻松驾驭课堂了。

妙用魔术与孩子互动,让师幼互动从吸引孩子的"眼球"开始。曾经见过一位老教师借班组织观摩教学,由于初次进班,对班里的孩子不熟悉,孩子们也都用陌生的眼神打量着这位教师。只见这位教师

热情而神秘地说:"孩子们,我有魔法,我会让你们的小手在耳朵边开飞机。"孩子们一听特别惊讶,接着教师又故弄玄虚不慌不忙地说:"跟我一起来变魔术吧。"只见这位教师摊开双手,手心向上,眯着眼,然后朝手心吹口气,接着一边搓动手心,一边叽里咕噜地念"咒语",最后把手捂在耳朵上,问孩子们:"你们听到小飞机发出的呜呜声了吗?"孩子们一边模仿,一边大声说:"听到了,听到了,我的耳朵边真有飞机的声音。"一瞬间,孩子们对这位教师的感觉由初识的陌生变为崇拜。揭秘一下这个小手变飞机的魔术,你会发现,其实每个人的双手不用搓,直接放在耳朵边就会发出声响,这位教师只不过利用了一个大家很少关注的自然现象,而后加入魔术表演元素,就活跃了教学氛围,让自己在孩子心目中变得神秘、高大起来。

妙用魔术组织教学,让课堂成为孩子探究知识的主阵地。每次教学活动,教师都应预设教学重、难点,学会将课堂知识点藏在奇妙的小魔术里,这样能增强孩子的探究欲和求知欲。比如,科学活动"认识颜色"中,教师把"颜色可以混合相溶于水的特性"融进魔术《颜色变变变》里:用矿泉水瓶当魔术道具,将颜料涂到瓶盖里,然后使劲摇动装满水的瓶子,当孩子们观察到摇一摇就可以让瓶里的透明水变颜色的时候,好奇心和探究欲就被强烈地激发了出来。这时,孩子们带着变魔术的兴趣,投入颜色探究的活动,就会发现原来瓶盖里涂上了各种颜色的颜料,颜料遇到水以后,就和水溶在了一起,所以就变出了彩色的水。利用魔术组织教学的成功案例有很多,将魔术妙用于教学的开始环节能有效激发孩子的学习兴趣,将魔术融进教学的重、难点里,往往能激发孩子的探究兴趣,培养孩子的好奇心和自主探究意识。

魔术妙用于孩子的世界,不仅能帮助教师轻松组织活动,还能给孩子创设自娱自乐的活动空间。孩子对生活中各种神奇的现象特别感兴趣。一次,几个孩子学动画片中的猪猪侠大变身,还振振有词地说:"武林威力变变变。"我循声望去,只见他们一边说一边做动作,有一个孩子看见我,不好意思地跟其他孩子嘀咕:"别变了,老师看见我们了。"我突然灵机一动,何不利用孩子爱变魔术的心理内化孩子的规则意识呢?午饭后,组织孩子散步时,我跟他们说:"《猪猪侠》和《巴拉巴拉小魔仙》你们看过吗?"一石激起千层浪,孩子们顿时炸开了

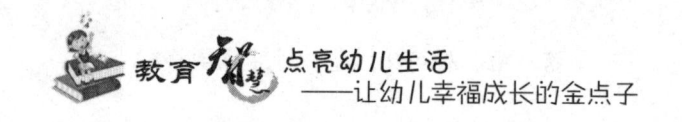

锅,七嘴八舌地开始议论起动画片中的主要人物。这时我对他们说:"你们来扮演猪猪侠和小魔仙,学他们变身好吗?一边散步一边变身成各种小动物,散完步回来告诉我你们变出了多少种。"孩子们听后立刻开始了奇妙的大变身之旅,一边散步,一边沉浸在各种动物形象的大变身里,没有了往日散步时的互相打闹、嬉戏……神奇的魔术替代了教师的口令约束,使孩子在进行自主活动的同时兴趣高涨,且十分投入。孩子把魔术作为内驱力约束了自己的行为,同时也带给了孩子非凡的想象力和创造力。

智慧妙语

魔术是激发幼儿好奇心的妙招,也是保持其童心和好奇心的关键。把小魔术融入教学,可以让平淡无奇变得有趣和神秘。让幼儿生动、有趣的生活从喜欢和运用小魔术开始吧!

7. 故事小妙招,让教育更有吸引力

中国作家莫言在获得 2012 年诺贝尔文学奖时做了一篇主题为"讲故事的人"的演讲。他的演讲以故事贯穿,没有纯粹的学院派理论和阳春白雪式的文学理论,没有故意的煽情和振臂高呼,他只是把自己当作一个"讲故事的人",一个"说书人",用"母亲的故事"教会大家宽容,教会大家如何去爱,他把身边的故事写成了小说,让更多的读者去读那些属于我们大家的故事。莫言在他演讲的最后说:"我获奖后发生了很多精彩的故事,这些故事,让我坚信真理和正义是存在的。今后的岁月里,我将继续讲我的故事。"他的演讲也让我深深意识到,故事是有力量的,要在故事里去追寻和体会温暖、爱、亲情、真理和正义!

故事是人们认识世界的重要形式。讲故事是人们理解自我生活和经历的一种方式,我们一直在故事中游弋,一直在故事中感受世界之美。可是,当我们走进教育生活,面对教育对象——孩子的时候,却往往忽视了故事的教育价值,工作压力和简单的教育方式使我们在教育孩子时常常用命令、说理等方式,而不会变通,所以,孩子的问题

往往是大人观念和情绪的产物。教育孩子最好的方法就是影响和渗透，把教育的元素提炼成孩子乐于接受的一个个小故事，把知识讲解还原为生动的故事，往往能起到润物细无声的教育作用，也能缓解教师因理论说教效果不佳而带来的身心疲惫。

1. 妙用故事，架起与孩子沟通的桥梁

澳大利亚优秀的"故事医生"苏珊·佩罗说过这样一句话："故事就像水，能够找到直抵灵魂深处的道路，能够透过裂缝渗入坚不可摧的墙壁。"与孩子沟通时，能打动孩子，并走进孩子形象思维所控制的内心深处的，往往不是简单、抽象、枯燥的说教理论，而是生动形象的故事。

2. 妙用故事，让孩子理解大道理

故事就是在生动的"人物"之间，生发奇妙的"事件"，经过精彩的"发展"，形成理性的"结果"。所以，用故事对孩子进行启发教育是极富感染力的形式。它可以让孩子带着求知的渴望，带着对世界的好奇，初步领会生活的奥妙，并建立起最初的"好坏""美丑""善恶"等道德观念。故事往往把抽象的道理具体化、生动化、形象化，符合孩子的具体形象思维。孩子对大道理的理解往往渗透在生动形象的故事情节里，比如在故事《小花籽找快乐》中，小花籽问："青蛙，你快乐吗？"青蛙说："我快乐，我给大家捉害虫，大家喜欢我。"小花籽遇到太阳，问："太阳，你快乐吗？"太阳说："我快乐，我给大家阳光和温暖，大家喜欢我。"通过小花籽跟青蛙、太阳的对话的情节，让孩子明白了只有帮助别人自己才会快乐的道理。通过故事《憋不住，憋不住，快要憋不住了》和《牙细菌大冒险》里的情节，让孩子明白了良好的生活习惯可以促进身体健康。而通过故事《苹果猪触电了》中苹果猪触电的情景，让孩子明白了电线、插座不能乱摸的道理。就这样，很多道理都是通过一个个故事情节让孩子慢慢理解并感悟出来的。

3. 妙用故事，把故事道理内化为行为

故事是把道理进行了内化，跳出了孩子容易犯错误或者产生迷惑的情境，让孩子站在旁观者的角度从"遇到问题"转为"解决问题"。最有效的学习是情境学习，最理想的情境是故事情境。比如，引导孩子学会合作。关于合作的道理，成人一听都懂，可是讲给孩子听，却

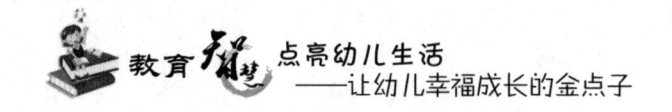

比较抽象。利用故事情境，我们可以让孩子从理解故事变为体验故事情境，从而达到唤醒孩子内在主动意识的效果。比如，在故事《太阳公公的忠告》中，先请孩子们理解故事内容：小兔和小羊是好朋友，它们想盖一间房子一起过冬。小兔想用石头盖房，用塑料布做窗，而小羊想用草盖房，用玻璃做窗。它们两个吵来吵去，谁也不肯让步，最终房子也没盖成。冬天到了，下起了大雪，小兔、小羊冻得直哆嗦，在雪地里跑来跑去。太阳公公看见了，问它们为什么不到房子里过冬。它们把为盖房争论的事告诉了太阳公公。太阳公公说："你们的意见都有合理的地方，也有不合理的地方。"小兔和小羊听了太阳公公的话，又重新商量盖房子的事情。这回，它们都认真地听取了对方的好主意，并最终盖了一间又结实又明亮的房子。欣赏完故事，通过提问、讨论，让孩子先明白故事中蕴含的与别人一起做事时要认真听取对方意见的道理。然后，教师设置故事情境，让孩子帮助故事里的小兔和小羊盖房子，在故事情境中尝试从理念上的合作过渡到行为上的合作。孩子们在集体帮小兔和小羊搭建房子的过程中，遇到了具体的分工协作、按谁的意见开始搭建的种种问题。大家边实践边进行磨合，等房子搭建好的时候，孩子们终于明白合作不是一句简单的话，大家一起盖房子时，要互相协作，有人搬砖，有人运瓦，这样才能一起把房子盖得又快又好。原来，愿意接纳他人的意见及不同观点更要体现在行动中。

  我们还可以把现实生活中孩子发生的事情巧妙地编进故事里，让故事成为触动心灵的情结、唤醒共情的体验、引发自我觉醒的教育。琳琳是我们班吃饭速度较慢的一个女孩儿，经常剩饭菜，有时候甚至不吃饭。我多次教育她要多吃饭，效果都不明显。这天，我听到孩子们在讲好听的故事，于是灵机一动，决定编一个以琳琳为主角的故事："从前有一个小朋友叫琳琳，她总是吃饭很少，结果越长越矮。一天，琳琳在玩耍，突然她摔了一跤，大哭起来。这时，一位高大的警察叔叔航航（是我们班一个吃饭吃得好的孩子）出现，把她送到了医院……"孩子们听得异常认真，琳琳也听得入了迷，尤其乐坏了吃饭吃得好的航航。当天中午我就发现，琳琳把碗里的饭菜都吃完了。后来我听琳琳妈妈说，琳琳回家后主动要求多吃饭。看来，我编的故事对她产生了触动。在以后的讲故事时间里，孩子们总缠着我说："老师，

讲讲我的故事吧。"于是班上的孩子陆续出现在我的故事里，他们有的因为勇敢，成了故事里的大英雄；有的因为爱帮助别人，成了故事里的小雷锋；有的因为爱学习，成了故事里的科学家。让孩子成为故事中的角色，能给孩子带来新奇的感受，让孩子潜意识里把自己当作故事里的角色，用故事里的角色要求、约束自己。

4. 妙用故事，给孩子的语言发展留下创编、想象的空间

《3—6岁儿童学习与发展指南》中指出，儿童语言发展的要求之一是让幼儿学会倾听与表达，倾听与表达是语言发展的关键，孩子接触语言的方式不是"看"，而是建立在"听"的基础上。听故事，可以丰富孩子的想象力。故事中的细节描写很有特色，随着故事情节的变化，不同的细节描写会在孩子的大脑中形成不同的画面。比如，听到《白雪公主》，孩子根据故事里白雪公主眼睛像葡萄、皮肤如白雪的描述，脑子里会有一个美丽的公主画面。当教师让一群孩子把听到的故事中的白雪公主画下来的时候就会发现，虽然大家听的是相同的故事，但每个孩子画出来的白雪公主模样都不同。这就是因为孩子从听故事到画出来，脑子里经历了丰富的想象和根据已有经验再加工画面的过程。每个孩子的想象力和头脑中已有的经验均不相同，画面自然就不同。如果让孩子去看动画及画册版的《白雪公主》，画册上白雪公主的形象直观立体，孩子就会不由自主地去照着画，画面就基本雷同，因为图画上的公主形象使孩子们对故事语言的想象力受到了局限。

同时，听故事还可以避免孩子消极等待。比如，睡前、餐前、旅途中，孩子处于百无聊赖的环境中难免会活泼好动，利用故事可以转移孩子的注意力，让孩子在听故事的过程中激活大脑丰富的想象，让他们安静下来。

多听故事还可以培养孩子的情商。如《卖火柴的小女孩》可以激发孩子的同情心，使其珍惜美好的生活；《皇帝的新装》则告诉孩子要相信自己，做诚实的孩子。在听故事的过程中，孩子能潜移默化地从故事人物身上感受到好与坏、真与假、善与恶、同情与反感等，以此培养其道德判断力与价值观，也能够丰富其情感，开启其智慧。

多听故事有助于提高孩子的语言表达能力，有助于培养孩子的听读习惯以及对文学作品的兴趣。同时，多听故事也有助于提高孩子的

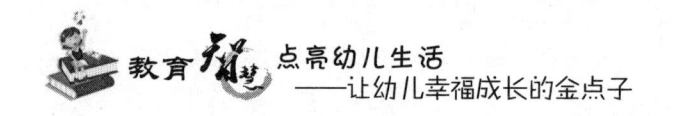

注意力，让孩子从无意识注意慢慢转化为有意识倾听，最后慢慢沉浸到故事情节中。

5. 妙用故事，引导孩子形成正确的价值观

孩子的价值观不是靠理论去塑造的，而是要在日积月累的生活中引导孩子去感悟、受熏陶，从而慢慢树立。故事里的精神家园与价值引导，有助于孩子形成正确的价值观。比如，对"英雄"价值观的理解，通过看《奥特曼》《变形金刚》等动画故事，孩子会意识到英雄要有出色的本领和先进的武器；通过《王二小》《火烧邱少云》等英雄故事，孩子会意识到英雄并不是都有本领和先进武器，拥有勇敢、坚强的品质一样可以成为英雄。所以，最开始，孩子可能认为有力气就可以当英雄，而感受过多种英雄人物形象后孩子所感悟出的关于"英雄"的价值观要更加科学、全面。很多积极向上的故事，加上家长从旁引导，很容易让正确的价值观在孩子的内心深处生根、发芽。例如，提到爱迪生，孩子就会想到他坚持不懈的努力与尝试；提到关羽，就会想到他的义薄云天；提到徐霞客，就会想到他的志存高远；提到诸葛亮，就会想到他的运筹帷幄、决胜千里；提到沉香，就会想到他的待母至孝……孩子的很多梦想都是在故事的浸润下一点点开始萌芽的。

曾经有一首歌曲这样唱道："月亮在白莲花般的云朵里穿行，晚风吹来一阵阵快乐的歌声，我们坐在高高的谷堆上面，听妈妈讲那过去的事情……"每次听到这首歌，我就想起自己小时候一边听妈妈讲故事一边安然入睡的情景。每个人都有故事情结，谁不是在父母的故事里长大的呢？小时候父母对自己讲过的一些大道理，长大后可能已经淡忘，可是那些父母讲的《大灰狼与小白兔》《小红帽》的故事，却至今记忆犹新。而且我们在育儿时也会照搬自己小时候父母讲过的故事，比如，说谎话会像《木偶奇遇记》里面的匹诺曹一样长长鼻子，不听话会被大灰狼抓走……可见，同样一个道理，板着面孔、一本正经地说出来，与和风细雨地以故事的形式娓娓道来带给听者的感觉是不一样的。所以，教育孩子，不妨多用讲故事的方式进行。讲故事不是一定要拿着绘本，抱着书籍，生活中处处都有故事，作为家长，要不断调整方式，去寻找适合自己孩子的"故事宝典"。

智慧妙语

作为教师，妙用故事可以更加轻松地育儿；作为家长，妙用故事可以更加智慧地育儿。妙用故事能让幼儿拥有快乐有趣的童年！

8. 幽默小妙招，让教育更轻松

苏联著名教育家斯维特洛夫曾说过："教育家最主要的，也是第一位的助手是幽默。"美国教育家海特指出，幽默是一个老师最优秀的品质之一。幽默不仅是一种人生智慧，更是一种教育智慧。教师的风趣、诙谐、睿智，能让孩子在课堂上产生一种积极愉快的感觉，让孩子保持大脑亢奋的同时还能减轻一部分紧张和疲劳，从而收到更好的教学效果。课堂氛围轻松愉悦了，孩子轻松快乐了，教师也会从工作中收获轻松和快乐。

调查表明，孩子特别喜爱那些幽默的教师。幽默不仅能给孩子带来欢乐，而且能让孩子在轻松的氛围里受到教育，获得发展。因此，教师在与孩子交往的过程中，要努力让自己幽默起来，并在班级里创造一种幽默的氛围，让孩子在幽默的氛围里成长，让自己在幽默的氛围里工作。

1. 妙用幽默，丰富孩子的生活

幽默是一种智慧，是一种积极乐观的生活态度，是人际交往中的润滑剂。幽默是一种良好的素质，它与一个人的人生阅历和生活态度有直接的关系。我们不仅要让孩子学会欣赏幽默，还要让孩子学会创造幽默。在幼儿园课程中适当增加具有幽默情节和幽默语言的课堂内容，让孩子在学习中获得快乐、获得发展。例如，《狼和七只小山羊》《小红帽》《阿凡提和小毛驴的故事》《小老鼠上灯台》《猪八戒吃西瓜》《唐僧骑马咚哩个咚》等故事，因为有幽默的情节和语言，孩子听得十分开心，百听不厌。孩子在表演《猪八戒吃西瓜》的故事时，都会不由自主地模仿猪八戒贪吃的模样以及诙谐的语言，并把自己逗得哈哈大笑。当孩子沉浸在这样幽默的故事片段时，也正是激发孩子幽默细胞的好时机。

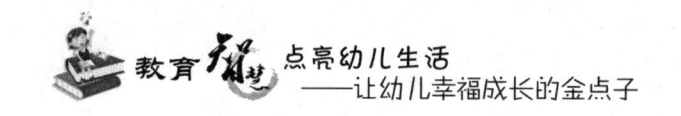

作为教师，平时要留心收集一些优秀的儿童漫画，并制成挂图布置在活动室和走廊的墙壁上。因为孩子对视觉幽默理解力很强，漫画一挂出一般都会博得他们开怀大笑，使他们在轻松愉快的氛围中受到启发和教育。教师也可以在阅读区放置一些幽默漫画供孩子阅读，并在与孩子共同欣赏时给予其个别指导，启发他们的想象力。教师还可以在影视区播放一些孩子喜欢的幽默影视光盘，如《猫和老鼠》、《卓别林》系列、《憨豆》、《阿凡提的故事》、《父与子》等，供孩子自由活动时观赏。

2. 妙用幽默，与孩子心心相通

教师的幽默不仅可以给孩子带来快乐，还可以拉近与孩子的心理距离。有位姓邱的老师发现，刚刚来幼儿园的孩子总是记不住她的姓名，于是她灵机一动，幽默地在头上戴了一个蚯蚓的头饰，并学着蚯蚓的样子来到孩子们的面前说："我是你们的朋友'邱——老——师'。从今天起，你们就叫我邱老师吧！"孩子们开心地笑了。从此，孩子们一见到邱老师就笑眯眯地叫她"邱——老——师"，而邱老师也会顺势做出一些蚯蚓的动作。这样孩子们不仅记住了她的姓，而且很愿意与她亲近。还有位高老师也比较善用幽默。在稳定新生入园情绪的时候，一个总是哭喊着找妈妈的孩子怎么哄也哄不住，无计可施时，这位高老师瞪着眼睛、噘着嘴巴，假装大哭起来，还一边跺着脚一边说："你们都不听话，我也想找妈妈，我也想回家……"高老师幽默的行为瞬间逗得其他孩子大笑，这个正在哭闹的孩子也被她"哭闹"的行为吸引，渐渐转移了注意力，缓解了哭闹情绪。

3. 妙用幽默，让批评更易接受

天下没有不犯错误的孩子，也没有不批评孩子的教师。如何恰当地批评孩子，体现着教师的教育智慧和职业素养。在批评孩子时，不当的批评方式不仅起不到纠正孩子错误的作用，还会影响教师或家长情绪，所以很多时候，教师要善于使用幽默的批评方式。幽默地间接批评比直接批评更容易让孩子们接受，例如有个孩子在上课时随便说话，不认真听讲，教师走过去吃惊地说："哎呀！你的耳朵怎么不在头上啦？是不是忘在枕头下面了？"孩子下意识地去摸耳朵，然后突然醒悟过来，接着便开始认真地听老师讲课了。又如有一次在音乐区域活动时，几个孩子在音乐角敲敲打打，大喊大叫，老师走过去神色慌张地说："嘘，小声一点，屋顶快炸裂开了！"孩子们看看天花板后均一脸紧张，随即降低了音量。再如有一天，孩子们喝完奶后都在自由活动，可有几名孩子却爬到了桌子上，老师看到后说："小淘气鬼快下来，要不都要变成小猴子了，变成小猴子可要长尾巴哟。"听老师这么一说，孩子们马上笑着爬下了桌子，还有个孩子边往下爬边说："我可不要长尾巴！"孩子的"违规"行为在教师幽默的批评声中往往很快就能消失，这是因为孩子更乐意接受老师富有幽默感的劝导，这种幽默的言语比空洞的说教更有实际教育意义，也更容易让孩子接受。幽默式批评，让孩子在笑声中反省自己的错误，然后怀着愉快的心情改正错误。这样的批评，避免了孩子因遭受批评而害怕教师，有利于师幼之间的相处。

4. 妙用幽默，让教育孩子更轻松

教育无痕，才能起到潜移默化的影响作用。孩子们都讨厌老师讲大道理，或者规定、要求过多。巧妙地将教育意图隐藏到幽默的故事或者行为中，往往会让孩子在说说笑笑中受到感悟和启发。比如，为了矫正孩子挑食的毛病，在餐前，教师给孩子讲《珍珍姑娘》的故事："有个叫珍珍的小姑娘吃东西十分挑剔，这也不吃，那也不吃，结果变得又瘦又小，被蚂蚁抬走了。她在音乐会上唱歌，声音比蚊子还小；在运动会上……"教师用夸张的对比勾勒出"珍珍姑娘"这个形象，让孩子们觉得十分可笑，并很快意识到挑食的坏处，在笑声中受到了教育。

又如，有一次中班美术课安排的教学内容是画鸟。从以往的教学中程老师了解到，孩子们画出来的鸟翅膀总是特别小。为了改变这种情况，程老师在示范画大翅膀的鸟以后，又在旁边画了一只类似孩子们绘画风格的小翅膀的鸟，然后说："这只小翅膀的鸟要和我画的大翅膀的鸟比赛飞行，你们看，小翅膀的鸟是怎么飞的？"说完程老师夹紧双臂，把手放在身体两侧学小翅膀的鸟飞，刚扑腾两下就往下掉，再扑腾两下又往下掉，孩子们边看边笑，接着程老师用小鸟的声调很不解地问："我怎么飞不快呢？我已经很用力地在飞了呀？"孩子们马上说："你的翅膀太小了。"程老师又问："那该怎么办呢？"孩子们马上

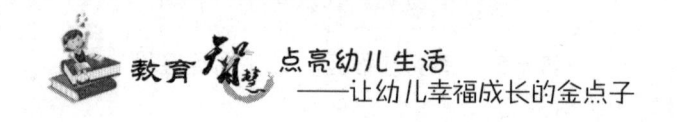

又说:"换对大翅膀就可以飞得很快了。"这样一来,孩子们领会了教师的意图,再去画鸟翅膀时都热情高涨,边笑边说:"我要画大翅膀,大翅膀飞得高。"看着孩子们的笑脸,程老师知道,自己的教学目的达到了。

5. 妙用幽默,可以化解尴尬

在教育过程中,有时候会出现一些尴尬的场面,此时如果教师妙用幽默,则可以化解这种尴尬的场面,使教育活动重新恢复正常运转。在一次角色扮演游戏中,马上要开始表演了,可是却没有孩子愿意扮演丑陋的巫婆。张老师说:"我知道在场有一个小朋友演巫婆演得很好,很愿意扮演巫婆,他会举手的,我现在从一数到三,让我们看看他是谁。"张老师数到"一",孩子们没有人举手;张老师数到"二",孩子们四周看了看,还是没有人举手,有些失望;张老师数到"三",孩子们又四周看了看,依然没有人举手,但是谁都没有注意到,张老师早已经高高地举起了手,表情夸张地说:"那个人就是我呀!你们怎么没有人想到呢?"孩子们全都开心地笑了。

如果此时教师不是采取幽默式的处理手段,而是训斥和责问孩子为什么不愿意扮演巫婆,最后强行要哪个孩子扮演巫婆,那么结果就完全不同了。可见,幽默能让教师以平等的心态对待孩子,能让教师以轻松的状态面对教学,更能让教育充满智慧与快乐!

智慧妙语

幽默不是滑稽,而是活泼的智慧,是来自心灵深处自信的感悟。你幽默了,世界就笑了;你笑了,对方就快乐了。轻松和快乐都是互相的,能给别人带来轻松快乐的人,一定是一个幽默而有生活智慧的人。

9. 微笑小妙招,让教育更有温度

照镜子时你会发现,你对着镜子笑,镜子里的人也对着你笑。微笑是世界上通用的语言,微笑是一种胸怀,更是一种艺术。用微笑面对孩子,不仅反映出一个教师的个人修养,更是一种魅力无穷、润物细无声的教育方法。

1. 妙用微笑传递教育信息

微笑是世界上最美的语言，是人们沟通的桥梁，也是人们的信念、语言和文明的凝结。每天清晨，当孩子睁开惺忪睡眼走进幼儿园的时候，用含笑的目光迎接孩子，仿佛在说："很高兴见到你。"给入园的孩子和家长传递接纳、欢迎对方的信息。当孩子因各种问题而急得哇哇大哭的时候，用微笑和宽广的胸怀去拥抱孩子，会使孩子紧张的心情放松下来，这时候的微笑不仅能舒缓孩子紧张的情绪，更是在告诉孩子："别怕，有我呢。"上课的时候，听到孩子响亮地回答问题的声音，投以肯定的微笑，那微笑仿佛在告诉孩子："你很能干，我喜欢你。"记得一次户外活动，我看到一群孩子在操场上踢毽子，随着一双双小脚不停地蹦来蹦去，小毽子在空中飞舞。看他们玩得开心，我不由得会心地笑了。没想到，后来我听到这几个孩子在说："老师在看我们踢毽子，还在笑，肯定是我们踢得好呗……"这样的话语让我觉得微笑是世界上最动听的语言，可以替代教师烦琐的语言描述，传递给孩子直接、真实的信息！心理学研究表明，孩子是天生的心理学家，能敏锐感知和接收到成人的非语言信息。所以，微笑是一个教师最好的名片。

2. 妙用微笑营造轻松教育氛围

当微笑变成一种力量，就可以影响周围的环境。教师获得轻松体验的秘诀是能营造宽松的教育氛围，在宽松的氛围里师幼都会感觉到轻松快乐。徜徉在有孩子笑声的世界，教师才会拥有轻松感，而微笑正是营造轻松教育氛围的催化剂。当有孩子不听话时，如果教师大声呵斥、压制，班级氛围就会凝重而压抑；如果教师微笑着以平和的心境去"春风化雨"般地处理问题，则可以使僵化的教育氛围变得轻松、和谐，并收获意想不到的教育效果，同时，教师也会始终保持轻松的心情。曾记得一个有十多年教龄的教师，面对孩子平日里的调皮捣乱、吵吵闹闹，总是脸上挂着淡然的笑容去平和面对。大家都迷惑不解，为什么面对孩子犯错误她也能笑出来？这个教师说："孩子就是孩子，你生气地教训孩子，下次他还会犯错误，你笑着去纠正孩子的错误，不仅孩子愿意接受教育，同时自己也保持了轻松快乐的心情。"其实，微笑更是一种力量，能够帮我们在育儿的过程中调节氛围、调整心情。

微笑可以为教师创造出良好的授课心境，促进教师发挥出最佳的教学水平。法国作家雨果曾说："脸上的神气总是心灵的反映。"如果我们在讲课时始终保持一种真诚的微笑，那么，孩子的心境就会一直处于轻松愉快的状态，从而使大脑皮层细胞兴奋活跃。这样，教师不仅能够使自己将储备的知识和准备好的内容出色地讲授出来，还有可能"诱发"许多在备课时从未出现的灵感，这就是人们常说的"临场发挥得好"。由此可见，轻松愉快的心境是讲好课的重要因素之一，利用微笑来创造一个轻松愉快的授课心境，对教师而言是十分重要的。

3. 妙用微笑开展教育

微笑是一种能力，更是一种习惯。爱笑的成人往往性格乐观，爱笑的孩子往往活泼开朗。孩子良好性格的养成关键在儿童时期，如果我们能够把微笑变成一种生活习惯和生活态度，将微笑作为教育资源融入教育中，那么将影响孩子的心理健康和性格塑造。

通过多种形式让孩子感受微笑的魅力，让微笑之花盛开在孩子心底。感受微笑从理解微笑开始。跟孩子们一起做一些关于微笑的小活动，比如露"微笑"、说"微笑"，让孩子们通过多种方式理解微笑的魅力。通过欣赏微笑表情的图片，看人们日常生活中各种欢笑快乐的表情和快乐场面，从而理解笑容代表的心情，大家看到微笑的表情时内心都会很快乐。通过《照镜子》《互相笑一笑》等互动小游戏，孩子们可以真切理解微笑不仅会让人心情快乐，更可以让人变美。讨论微笑的时候，孩子们会用"微笑的时候，脸上像开朵花""微笑的时候，眼睛会弯弯的，像月亮"来形容"微笑"让人变美的感受。

感受微笑从创造微笑开始。《3－6岁儿童学习与发展指南》指出，幼儿时期的心理状况直接影响幼儿一生的健康成长。情绪稳定、愉快是孩子心理健康的一个重要表现。如何疏导孩子从不快乐到快乐，是教育者的一门必修课程。在让孩子感受微笑的基础上，要引导孩子学会微笑，并具备"创造微笑"的力量。教师可以提出关键的引导语："我们在生活中有时会遇到不开心的事情，这时你会怎么办呢？"让孩子面对问题，想办法解决，积极主动地去做些令自己开心的事，想想以前发生过的开心的事，教孩子积极进行自我情绪疏导，尝试在自己不开心的时候通过找人倾诉、转移注意力、做自己喜欢的

事情、找好朋友去游乐场玩等多种方式排解不良情绪，快速找到微笑的感觉。

4. 妙用微笑传递快乐

快乐是可以感染的，微笑是可以传递的。妙用微笑，不仅要让孩子学会微笑，更要让孩子尝试去传递微笑，感染别人，从小做一个内心有力量的、能影响别人的人。比如，游戏《传递微笑》，大家围坐成一个圆圈，彼此平静的微笑能够带来安详的感觉，表达礼貌和友谊；请孩子对旁边的伙伴露出可爱的微笑，并且可以说些问候或者祝福的话（如"我喜欢你""见到你很快乐"等），也可以用动作（拉拉手、抱一抱）来表示，这样一个一个传递下去。为了进行示范，教师也要坐在圈里，一定要和孩子们一起练习集体微笑，并互相看彼此的笑容，同时告诉孩子们，他们将按顺序对自己旁边的人微笑，当他们得到旁边的人的笑容时，就要把笑容传递给另一边的人。这个游戏要求所有的孩子安静地坐着，观看笑容传递的过程，如果发现有孩子难以做到这一点，可以让一个教师坐在旁边帮助他，或者从他那里开始游戏。当笑容回到发起者那里时，大家一起说"谢谢你"，并相互击掌庆祝。这个游戏的目的就在于鼓励孩子互相用微笑感染他人。教师还可以组织趣味活动——画"微笑"，引导孩子："你们想把见过的最美丽的微笑画出来吗？可以画自己的，也可以画小朋友、老师、爸爸妈妈的，还可以画别的叔叔阿姨的。"鼓励孩子画出自己最喜欢的微笑的表情，布置在准备好的相框里，并简单向同伴介绍，让孩子进一步感受微笑的魅力。还可以把微笑唱出来："笑一个吧，笑一个吧，幼儿园里多快乐，又跳舞呀又唱歌呀，又做游戏又上课。

笑脸墙

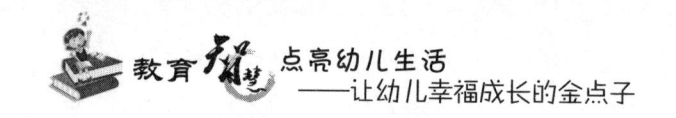

你的笑脸像朵花,他的笑脸像苹果,哈哈哈哈哈……爱笑的孩子就是我。"

智慧妙语

笑是脸上的阳光,是心里的春风,是开心的钥匙,是情感的桥梁。让自己拥有阳光的心态,你会发现你的人生不是因为快乐而开心,而是因为开心而处处有快乐。让我们向着阳光生长,带着微笑生活吧!

10. 榜样小妙招,帮孩子找到向上的力量

众所周知,榜样的力量是无穷的。人的行为可以通过观察学习获得,但是获得什么样的行为以及行为的表现如何,则有赖于榜样的作用。孩子在学习上的一个最大特点,是好奇、好问、好模仿。可以说,孩子所获得的知识和技能绝大多数都是通过模仿学来的,妙用榜样育儿,符合孩子喜欢模仿这一特点,能使孩子在生活上、学习上迅速而具体地找到向上的力量,让孩子在不自觉的模仿学习中成长。

1. 妙用自身做榜样

教师是孩子的镜子,孩子是教师的影子。教师在孩子的心目中是至高无上的,教师的一切行为,孩子都想模仿。因此,我们在跟孩子朝夕相处的日子里,要时时处处规范自己的行为,注重自身的榜样示范作用。比如,当需要别人帮忙拿桌子上的茶杯时,对孩子说:"请你帮我把茶杯拿过来好吗?"拿到手后,愉快地看着孩子,说声"谢谢"。不小心碰到孩子时,马上抱歉地说:"对不起,我不小心碰着你了。"孩子也马上说"没关系",眼神中流露出的是谅解。有孩子因病请假,教师可以当着其他孩子的面代表全体师生给生病的孩子打电话,嘘寒问暖。慢慢地,孩子们当得知同伴没有入园时,也会学着教师的样子去问原因,知道关爱他人。教师的一举一动、一言一行都是一面极好的镜子,注意自己的榜样作用,可以给予孩子正面的、积极的影响。教师带给孩子的榜样示范作用不仅仅停留在表面的言语、行为上,更多的是内化到精神层面的良好意志品质。良好的意志品质将会影响孩

子一生的发展。在一次自由活动中，我和孩子们一起玩《雪花飘》的游戏，要把小棉花团从用积木搭起来的由大到小的洞中吹过去。刚开始，孩子们玩得很顺利，慢慢地，我搭的洞越来越小了，当我搭出一个非常小的洞时，孩子们一片哗然："老师，那么小的洞怎么吹得过去呢？"我说："谁来试试看？"面对这个挑战，孩子们出现了畏难情绪，没有一个人愿意尝试。于是我对孩子们说："那老师来试试。"我先卖了一个关子："这么小的洞，老师可能也不行，如果老师吹不过去，那怎么办？"这下，孩子们七嘴八舌地说开了，从打屁股到罚唱歌，讨论出好多惩罚我的方法。我笑着告诉孩子们："如果老师吹不过去，可不希望你们打我的屁股，只希望你们为我轻声加油。"接着，我开始吹棉花团了，第一次，我故意把棉花团吹歪了，孩子们紧张起来，连连喊着："加油！加油！"我问孩子们："为什么老师会失败呢？"孩子们说："用力太大了，没有对准。"我说："你们观察得很仔细。"第二次，我如法炮制，但孩子们仍然为我加油。第三次，我终于成功啦，孩子们欢呼雀跃，兴奋地喊着："老师真棒！老师真棒！"整个活动室响起了阵阵掌声和笑声。游戏过后，我对孩子们说："老师也会失败，谢谢你们给老师加油，谢谢你们给老师重来的机会。孩子们，老师也会犯错，但是老师不害怕，因为老师知道继续努力可能就会成功，谢谢你们！"孩子们虽然才四五岁，但我感觉到他们都听懂了，那一刻，活动室里安静极了。我知道，此时此刻孩子们的内心一定充满了要试一试的冲动，一定也在思考和感悟："连老师都会出错，我们也不怕。"接下来，孩子们大胆尝试，经历了一次次的失败，但又一次次地从头再来，最终体验了成功，有的孩子甚至把洞搭得更小，试图给自己增加挑战难度。这使我更加相信，教育本身的意义不在于孩子是否能把棉花团吹过去，而在于我为孩子做的"老师也会失败，但是老师不怕失败"的榜样示范。

2. 妙用偶像做榜样

青少年时代是榜样和偶像的时代，他们喜欢观察和模仿自己的偶像。幼儿是模仿高手，每一个幼儿心中都有自己喜欢的偶像。所以我们要注重偶像的榜样作用。偶像是孩子成长过程中一个重要的角色，年龄小的孩子倾向认同父母，四五岁的孩子就有了更多崇拜的偶像，

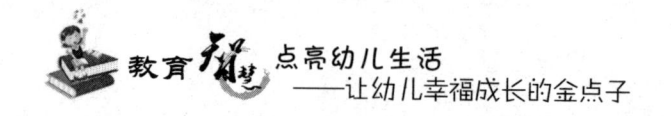

从现实中的人物到动画片里的角色，数不胜数。教育中适当利用偶像做榜样，可以事半功倍。当孩子们遇到困难不够勇敢的时候，利用奥特曼大战怪兽、光头强勇敢闯关等孩子们烂熟于心的动画偶像做榜样，可以激励孩子们更加勇敢坚强；当孩子们做操站姿不好的时候，可以播放孩子们崇拜的军人在天安门广场升旗的视频，英姿飒爽的军人就能成为孩子们站立、行走模仿的对象；当孩子们表演节目的时候，播放一些正能量的文艺节目，可以让孩子们直观偶像的言语、表情等。

3. 妙用同伴做榜样

善于利用同伴效应进行教育的教师往往是轻松而智慧的。面对孩子，不是直接告诉孩子怎么做，而是巧妙告诉孩子像某个同伴一样做，孩子能迅速从同伴身上找到做事情的方向和方法。孩子的很多第一次，都是从自己的同伴身上习得的，如看到同伴两手搬椅子放好，他也就不再用手拖了；看到同伴饭后漱口，他也会跟着做；在家不吃饭，在幼儿园里跟小伙伴一起吃得津津有味……这种同伴效应在一定程度上比教师提要求更有效、更自然。同伴中的榜样是教育孩子的重要力量，在日常的教育活动中，教师应该注意观察孩子们的言行。比如，同伴摔倒了，几个小朋友马上跑过去把他扶起来；有孩子把地上的垃圾悄悄地捡起来扔进了垃圾桶；玩具掉地上了，有的孩子弯腰把它捡起来放回玩具箱。诸如此类司空见惯的现象，教师切不可熟视无睹，应该积极引导孩子们去效仿，同时辅之以表扬，在同伴中树立学习的榜样。在树立榜样的同时，教师还应该激发孩子对榜样产生敬佩之情，让榜样在孩子的心里产生积极作用而不是产生抵触心理。如某个孩子上课时认真听讲，肯动脑筋，善于回答问题，教师抓住机会，运用鼓励的方法送他一块自制的"金牌"，并告诉大家他由于爱动脑筋、专心听讲才得到"金牌"。这样就能激发其他孩子对他产生敬佩和羡慕之情，并纷纷付诸行动愿意赶超榜样，从而形成良好的学习风气。如一次在整理床铺的过程中，我发现多数孩子起床后不是叠被子，而是直接把被子卷起来，这样既不整齐也不美观。怎么纠正这一点呢？经过观察，我发现有两个孩子的床铺整理得特别整齐。于是，我为他俩颁发了"能干的小标兵"标志，其他孩子看到了也纷纷效仿，多数孩子的被子比以前叠得漂亮、整齐多了。但很快我又发现，为了叠得漂亮，许多孩子的速度又慢了下来。于是我又连续进行了一周的整理床铺比赛活动，看谁在规定的时间内能又快又好地整理好床铺。为了让孩子形成自理的习惯，接下来，我又布置了评比栏，给每天都在规定的时间内整理好床铺并达到要求的孩子一颗小星星。三周后，孩子们整理床铺就既快又好了，让家长们赞叹不已。

4. 妙用家长做榜样

如今，独生子女家庭仍占多数，独生子女没有与兄弟姐妹共同生活的经验，父母的一言一行都会影响孩子，成为孩子学习的榜样。因此，家长应该加强学习，提高自身道德修养，在生活中为孩子做好榜样。也许大家还记得中央电视台播放的妈妈为孩子的奶奶洗脚的公益广告，当孩子摇摇晃晃地端着水甜甜地喊妈妈洗脚时，大家都被孩子的行为感动了，这就是自然生成的言传身教，妈妈在生活中为孩子树立了学习的榜样。家长应该在生活习惯上以身作则，不要让自己的不良习惯和行为对孩子产生不好的影响。孩子的人生是从模仿周围生活中的人和事开始的，只要是他们感到新奇的、有趣的现象，他们都会模仿。孩子更是家长的镜子，只是成人善于掩饰，而孩子的对错表现得都很明显而已。当我们为孩子身上的问题苦恼的时候，不妨反思一下，这些问题的根源在哪里？意大利幼儿教育家蒙特梭利在《吸收性心智》一书中提出，儿童具有吸收性心智，刚出生的孩子就有意识和无意识从周围吸收、内化生活体验，从而得到成长的心智。所以，让我们牢记一个事实，孩子总是在有意无意地观察并模仿成人的为人处世和生活态度。

智慧妙语

教育最简单的方法就是发挥榜样的力量，与其喊破嗓子，不如做出样子。偶像也好，自身也罢，想要让孩子成为什么样子，首先要让孩子看到榜样的影子！

11. 童心小妙招，跟孩子轻松共处

有一个实验，一位社会教育学家在纸上画了个小圆圈，而后拿到街上问行走的成年人这是什么，行人中有讥笑他无聊的，有不屑一顾昂首而过的，回答他问题的人只有一个答案：圆圈。而后，这位社会教育学家把这张纸拿到幼儿园，孩子们争先恐后地发言，答案丰富多彩：不发光的太阳、缩小的呼啦圈、铁环、句号……大胆而有创意的想象为什么只属于孩子？什么时候我们大人把这种珍贵的东西弄丢了？诗人张志民在一首题为《皱纹》的意蕴深长的短诗里写道：皱纹/不是老的标志/老的定义/是失去童心。这是感慨，是哲思，是警世，还是呼吁？我想更多的是对于永葆童心的一种渴盼。

1. 妙用童心融入孩子的活动

孩子的成长发展需要童心和童趣。如果孩子的童心是一种天真的纯净，那么教师的童心则是一种教育的智慧。教师有了童心，才能使自己更年轻、更活泼，设计和组织的教育活动才能充满童趣；教师有了童心，才能真正走近孩子、理解孩子、体谅孩子；教师有了童心，才能想孩子所想；教师有了童心，才能和孩子打成一片，才能和他们一起唱、一起跳、一起哭、一起笑，并最终成为他们的朋友。

如果有人问我："孩子们为什么这么喜欢你？你是怎样做到的？"我会告诉他："把自己也当成孩子，你会找到最好的教育方法；站在孩子的位置上，你会获得可贵的童心！"确实是这样，幼儿教育者仅仅有爱心、耐心、责任心是不够的，时刻保持一颗童心，才能真正融入孩子的生活。孩子就喜爱那些和他们一起"疯"、一起玩的"老小孩儿""大朋友"，而不喜爱那些高高在上，板着一副长辈面孔，从不和孩子玩"幼稚"游戏的"教师""妈妈"。

很多幼儿教师觉得工作烦琐、劳累的理由，是孩子太疯、不听话、不好管。其实产生这些想法的根源就在于教师缺乏童心，没有站在孩子的角度理解孩子的言行。一直跟孩子在一起生活而没有跟孩子的世界产生共鸣是一件很难受的事。如果卸下高高在上的"家长""教师"的姿态，带着童心投入孩子的活动中，你可能会感受到另一番滋味。

当孩子们唱歌时，我们不妨放开歌喉和他们一起唱；当孩子们跳舞时，我们不妨也随着乐曲翩翩起舞；当孩子们看动画片时，我们不妨和他们一样，笑得前仰后合；当孩子们游戏时，我们不妨全身心地加入进去，和他们一起跑，一起跳，一起疯，一起闹；当孩子们趴在地上观察蚂蚁时，我们不妨也和他们一样专注、好奇地观察蚂蚁如何搬运食物；当孩子们手上拿着小青虫玩弄时，我们不妨也饶有趣味地"研究"他们手上的小青虫，可能会有新的发现；当孩子们在户外活动中捡回了几只小蜗牛时，我们不妨也和他们一起为他们眼中的这些宝贝安个家，然后一起喂养它们、观察它们。慢慢地，我们就会发现，我们似乎又回到了童年。同时，我们还会发现，每当我们面对活泼可爱的孩子时，沟通的话题就从"今天听话不听话"转变成了"小蜗牛吃什么""滑滑梯还可以怎样玩儿"等。以前是教师跟孩子对话，而现在是大朋友和小朋友交流，彼此因为童心而交心，心与心自然而然地就融在了一起。当孩子喜欢我们，愿意跟我们一起玩游戏、做活动时，我们还会为孩子不听话、不配合而伤透脑筋吗？

2. 妙用童心与孩子沟通

我们在教育孩子时觉得孩子不听话、不好管大多都是因为跟孩子沟通失败。沟通的第一要素是理解，和孩子相处，要保持一颗童心，才能更好地理解孩子，更好地与孩子沟通。要用童心去理解孩子那些看似"不正常的行为"。比如，孩子外出游玩后偷偷带回的小石子、小树枝，总会被父母以弄脏、弄乱屋子为由而清理出去，让孩子独自伤感；孩子在下雨、下雪的天气想去外面玩，而父母、教师总以天气冷为由，把孩子圈养在小天地里。殊不知，喜欢玩小石子、小树枝才是孩子的童趣所在，雨雪天气打雪仗、踩水洼，才是孩子的天性使然。这些小游戏、小心思也是我们小时候有的，只是长大后由于童心渐失，才让我们总是吊着大人的面孔，以"为你好"的姿态管束孩子。

好的教师、父母，应该是常怀童心去理解孩子的人。理解孩子，要从倾听孩子的言语、观察孩子的行为、走进孩子的内心开始。比如，孩子会把热开水、牛奶倒进幼儿园的饲养角里，遇到成人眼里诸如此类的"恶作剧"，有童心的教师和父母会第一时间倾听孩子为什么这样做，孩子的答案通常是"想让金鱼喝开水""牛奶有营养，想给金鱼补

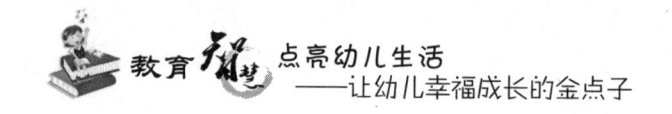

充营养"等,其实孩子行为的背后是"好心办坏事",孩子由于认知的缺乏,会有许多诸如"我喝开水,为什么金鱼不喝开水""我喝牛奶,金鱼会不会喝"之类的奇妙想法,一旦尝试过后,童心使然的好奇就会得到满足。教师或者家长面对孩子的种种"恶作剧",要认真倾听,了解孩子的内心世界,给予支持和理解。一旦从成人的视角去处理,认定孩子的"恶作剧"是故意捣乱的行为,就会造成孩子委屈而家长、教师生气的困局。

3. 妙用童心塑造孩子的价值观

与生俱来的童心情结,可以让人始终保持着纯洁的心灵。有人说过这样一句话:"当孩子发现钻戒比一个草编戒指珍贵的时候,就失去了童心。"的确如此。物质社会让很多孩子从小就拥有了"成人化"的价值观。我们要妙用童心,塑造孩子正确的价值观;妙用童心,跟孩子一起走进生活、走进自然,保持孩子对新鲜事物的好奇与探究兴趣;妙用童心,饲养动物、善待植物,让孩子拥有一颗博爱的童心,对所有的生命都怀有敬意;妙用童心,跟孩子一起浸润在各种童话故事里,相信"公主与王子"是一份真情,相信人类道德的主流永远是真、善、美,让孩子对生活永远怀有一份真挚之情。

智慧妙语

"不忘初心,方得始终。"只要我们拥有一颗童心,也就拥有了一份纯真的快乐,拥有了真挚的生活!永葆一颗鲜活、澄净的童心,我们的人生将不虚此行,无论岁月如何变迁,总能怀有最初的激情和梦想!

12. 赞美小妙招,轻松发现孩子的闪光点

赞美是人类交往的通行证。在人性深处,人们都渴望欣赏、赞美和鼓励。丘吉尔曾说:"你要别人具备怎样的优点,你就怎样去赞美他。"莎士比亚曾说:"赞美是照耀我们心灵的阳光,没有它,我们的心灵就无法成长。"威廉·詹姆士曾说:"人性深处最深切的渴望,就

是渴望别人赞美。"马克·吐温曾说："一句精彩的赞词可以代替我十天的口粮。"可见，赞美对每个人而言都是生活的必需品，自我意识刚刚萌芽的孩子更在意他人对自己的看法和评价。因此，我们可利用人的这一心理，巧用赞美，轻松育儿。

1. 妙用赞美发现孩子的闪光点

当孩子对自己充满信心时，由此产生的影响是不可低估的。我们应该在每个孩子身上都找到闪光点，并去赞美他。在赞美孩子时，最好让孩子能具体了解自己的行为，不要简单地称赞"你好棒""你很乖"之类，要具体点明，比如，提问孩子时，孩子回答得不完整，但声音很响亮，可以这样赞美孩子："你回答问题声音很大，很勇敢。"让孩子意识到自己的优点是很勇敢。对回答问题很完整的孩子，可以这样赞美："你回答问题很完整，很善于动脑筋。"让孩子意识到自己的优点是爱动脑筋。诸如此类"你很有礼貌""你很爱帮助别人""你做事情能持之以恒""你对人很友好"等具体而有针对性的描述性赞美语言，可以帮孩子及时准确地发现自己的长处。

2. 妙用赞美纠正孩子的不良行为

好孩子是夸出来的。通过表扬与赞美，提高孩子的自信，从而使其不断努力和进步，这几乎是大家公认的教育理念。表扬也好，赞美也罢，用心理学理论来讲，都是正强化的一种形式。每个孩子都会犯错误，都或多或少有缺点，对孩子苛责与批评，本身就是一个负面心理暗示，会扩大其缺点的存在感。纠正孩子不良行为的正确方法是正强化的"赞美"，比如，纠正孩子爱咬手指甲的不良行为时，可以巧妙地给孩子找个需要动手的活儿，让孩子去帮大人拿东西或者做手工，然后赞美孩子"勤快，爱动手"，孩子在大人的善意提醒和赞美中会慢慢淡化咬手指甲的不良行为。简言之，用赞美的眼光发现孩子正在"努力改变"的每一个细节，用赞美的语言肯定孩子在纠正错误过程中的每一点进步，及时赞美其"好"的一面，忽略其"弱"的一面。这样，孩子的优点才会慢慢扩大，缺点才能逐渐缩小，孩子才会在不知不觉中有所改变。

3. 妙用赞美培养良好的人际关系

学会赞美别人，养成善于发现他人优点并及时给予赞美的习惯，这样可以帮助自己培养良好的人际关系。大人的世界如此，孩子的世界也是如此。善于发现别人的优点并会赞美别人的孩子，往往能交到很多朋友。孩子与同伴相处时，总会产生各种小纠纷、小矛盾，所以找教师、家长告状、打小报告是家常便饭。跟孩子在一起，每天都会听到一些孩子说"老师，某某不遵守纪律""老师，某某打人了"……孩子仿佛对同伴的缺点特别敏感。为纠正有些孩子只盯着别人的缺点、不去发现同伴优点的习惯，我要求打小报告的孩子不仅要说出同伴的错误行为，还要说出同伴的一些优点。这样孩子在打小报告的同时，也肯定了对方的长处，不至于影响同伴关系。而对方也会发现自己虽然犯了错误，但不至于在别人眼里"一无是处"，如果自己改正了小错误，就会更完美。这样做，在帮助孩子有效处理同伴之间矛盾的同时，还教会孩子如何与同伴相处。幼儿园可以每周固定时间组织开展"夸夸我的好朋友"的活动，让孩子讲述同伴最近做的好人好事、同伴的优点及长处等，让孩子尝试用赞美与同伴相处。

4. 妙用赞美树立榜样

想让孩子拥有一双善于发现他人长处的眼睛和一颗赞美他人的心灵，成人的榜样作用很重要。我在接待家长时，总能听到一些家长问："老师，我的孩子最近表现怎么样？是不是不听话……"我总是说孩子最近值得表扬的长处和优点，然后提一点需要改进的不足。这样，既可以融洽家园关系，又可以纠正家长"只盯缺点，不念优点"的片面做法，最主要的是给孩子树立了良好的榜样，让孩子学会如何客观地评价他人。

我们还应为孩子树立同伴榜样。在集体生活中，同伴也是孩子模仿的对象，能更有效地影响孩子的自我调节能力和控制能力。所以，教师可以经常在班级中表扬能按要求行动的孩子，让其他孩子模仿学习，发挥同伴间的榜样作用。如早操回来后，有的孩子进教室时总是跑跳打闹，教师就在教室门口轻轻地对他说："请你看看教室里的小朋友坐得多好，他们正静静地等老师上课呢！"吃饭的时候，第一组的孩子爱讲话，就说："第二、三、四组的小朋友吃饭时很安静，是'文明小餐桌'。"孩子有了同伴的榜样，就能清楚地知道自己该如何做、该向谁学习了，也就有了努力的方向。

智慧妙语

赞美，是一种生活智慧，是我们所有人都应该养成的一个好习惯。用赞赏的眼光和赞美的语言跟对方沟通，往往能够赠人玫瑰，手留余香！

13. 妙用肢体语言，轻松与孩子对话

作为一名幼儿教师，徜徉在孩子五彩斑斓的世界里，让我萌生许多梦想。

我梦想能长出许多只手，和孩子们在一起时，让每个孩子都能拉着我的手，一起欢呼雀跃、追逐嬉闹，而再不会看到孩子因拉不到我的手而失望的眼神。

我梦想能长出许多双眼睛，和孩子们在一起时，能同每个孩子进行眼神的交流、心灵的对话，并及时调节孩子的喜怒哀乐，而再不会看到孩子们忧愁的模样。

我梦想能长出许多只耳朵，和孩子们在一起时，能聆听到每个孩子的心声，与他们共同分享快乐与伤心，而再不会听到孩子们委屈的哭泣声。

也许大家觉得，我的梦想不会成真。而我要说，只要我用心爱孩子，努力寻找教育的真谛，总有一天，我的一双手、一个怀抱会使所有的孩子感受到温暖，我的一双眼睛将盛满每个孩子的喜怒哀乐，我的两只耳朵也将变成童话里的"百变神桥"，能与所有孩子进行心灵的沟通，让我和孩子走得更近、爱得更浓，成为朋友、知己。

每当孩子们围着我，争着跟我说话、抢着拉我手的时候，我都会因应接不暇而产生深深的无奈，恨不得变成"千手观音"。提起教育，大家都觉得是关于语言沟通与交流的艺术，殊不知，无声的肢体语言往往在教育中能起到潜移默化的作用。美国心理学家艾帕尔·梅拉比经过一系列研究发现，在面对面的交流中，55%的情感内容是由非语言形式暗示的，如面部表情、姿势、体态、眼神等；38%的情感内容是由声调表达的，只有7%的情感内容是用语言说出来的。所以，如果我们在与孩子沟通交往的时候，懂得巧妙地运用肢体语言与幼儿对话，可能会另辟教育蹊径。

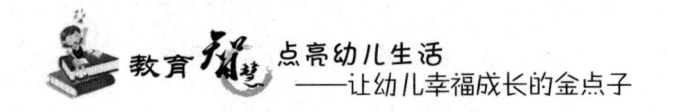

1. 妙用肢体语言与孩子沟通

利用眼睛"说话"。眼睛是人最常用、最重要的身体器官,灵活恰当地运用各种眼神,能有效促进师幼之间的沟通与交流,吸引孩子的注意力,调动孩子的主动性,使孩子产生一种受重视的感觉,最终形成"关注效应"。比如,个别孩子淘气影响课堂纪律了,如果当众批评,势必打断我们本来顺畅的教学活动,分散其他孩子的注意力,可能使整个课堂纪律更为混乱。此时,教师可投过去一个责备的眼神,让孩子明白教师的不满,心生愧意而有所收敛。对于回答问题漂亮的孩子,用赞许的目光配以微笑,自然代替语言"你真棒",可使孩子信心倍增。课堂上,用亲切柔和的目光扫视所有的孩子,既能看清课堂全景,又仿佛告诉孩子们"我在注意并关心着你们每一个人",孩子就不会产生被忽略的沮丧感。对于一些缺乏自信,不敢举手发言的孩子,教师以鼓励的眼神注视,就像在亲切地问:"请你来说说你的看法,好吗?我相信你会说得很好。"通过教师的眼神鼓励,孩子们可能会尝试把小手举高一点,当孩子勇敢地举起小手后,教师再以肯定的眼神凝视着他,不一定要马上请他回答问题,只需要用眼神告诉他:"你能举起手来,老师真为你高兴。"向孩子表达你的肯定与赞许。孩子是天生的心理学家,教师只要善于观察,用眼神去表达自己的想法,孩子就能明白教师的"教育意图"。

利用抚摸传情达意。抚摸是人与人身体的接触,但传达的却是心灵沟通的语言。3—6岁的孩子特别喜欢父母或教师亲近自己,当我们无法跟每个孩子交流对话的时候,顺手摸摸孩子的头、拍拍孩子的背,都可以让孩子感受到关注和爱护。孩子每天与教师密切相处,他们会关注教师的每一个眼神、表情、动作,哪怕教师只是轻轻抚摸一下他的小脑袋,都会给予孩子很大的鼓励。比如,在学习过程中,孩子常常会因遇到疑难问题而犹豫不决,教师发现后应及时走到他身旁,轻轻地抚摸一下他的小脑袋或小脸蛋,表示出你愿意与他共同解决难题,这样能给予孩子鼓励,增强他们克服困难的决心。孩子的作品完成了,满怀成就感来到教师身边,教师一个肯定的眼神,一个表达爱的抚摸动作,孩子马上就能感受到教师对他的肯定与表扬。在所有的肢体语言中,最有魅力的是拥抱。孩子的情绪是多变的,他们会因为与同伴的小矛盾或教师无意的批评而突然变得沉默、沮丧，甚至产生第二天不愿意上学或不愿意与教师、同学说话等各种小情绪。这时候，教师如果蹲下来默默地送上一个无声的拥抱，孩子就会在教师的拥抱里放松心情，并愿意敞开心扉跟教师分享自己的内心世界。对低龄的孩子来说，教师的拥抱比父母的拥抱更有力度和温度。因为教师是孩子踏入社会后第一位重要的"他人"，孩子适应社会所需要的安全感、信任感都是通过教师的鼓励而获得的。对遭遇挫折、面临困难的孩子，教师轻轻的拥抱，常常能使倍感孤单、害怕的孩子流出眼泪，而孩子流泪，说明孩子的内心情感找到了宣泄口，这常常是他们信任教师的第一步，也是向教师敞开心扉的第一步。对于午睡时难以入眠的孩子，教师一个紧紧的、长长的拥抱，可以安抚孩子躁动的心，带给孩子安全感，让孩子放松下来。

利用手势交流。善用手势的教师往往可以省去很多烦琐的语言，手势是教师使用频率最高的身体语言，许多优秀的幼儿教师都能用手势巧妙地鼓励孩子。比如，竖起大拇指，几乎已成为全世界公认的表示"好""干得出色""你真棒"等十几种表扬的信息。教学活动中，孩子踊跃回答问题或发表意见后，教师应及时竖起大拇指，表示"你说得真好""你的意见很好"；对于有进步的孩子，教师应及时看到孩子的成长并竖起大拇指，孩子会获得前进的动力。比如，"OK"手势，可以起到交流、示意的作用。体育活动中，孩子们的比赛活动将要开始了，教师摆出"OK"手势，孩子们也会马上做个"OK"手势回应教师，表示他们已经准备好了，从而让互动交流更直接、有效。

2. 妙用肢体语言强化常规教育

有一年，我在学期中途接手一个班。刚到班级的前几天，因为我不能叫出所有孩子的姓名，所以常常是我一边讲、孩子们一边忙自己的事。于是，在一次晨间谈话时，我将一些规则要求以肢体动作的形式明确告诉了孩子。我将大椅子搬到活动室中间，端正身体，拍拍膝盖，表示孩子们要赶快围坐在我身边准备上课；我在唇上竖起一根手指，做一个"嘘"的动作，表示应该安静；我指指自己的眼睛，伸出手沿着眼睛画出一个半圆，表示我在找孩子们的小眼睛，孩子们要集中注意力看老师；外出活动排队时，我像交警一样，面朝孩子伸直胳

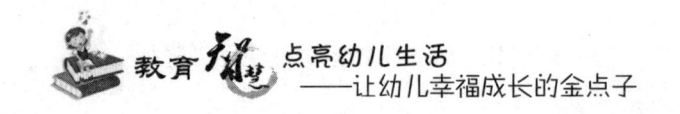

膊，表示要注意队列整齐，站成一条线；我两脚并拢，跺一下脚后跟，同时双手并拢紧贴裤缝，表示要求大家身体站直等。当我的语言化为各种动作，孩子们在好奇中熟悉了动作包含的内在语言规范后，也很快接受了我。我将这些属于我的特定动作带到了班级的日常活动中，对日后轻松组织活动起到了很大的作用。

3. 妙用肢体语言传递默契

大人和孩子之间最融洽的境界是建立一种默契，即大人一个手势或者孩子一个动作，彼此就能理解对方要表达的意思。在跟孩子相处时，我们之间建立了很多有默契的"无声语言"。比如，在组织观摩教学时，我跟孩子事先约定好，当我做转身动作时，就表示孩子要转过身向大家问好；当我摊开手臂时，就表示孩子要入座；当我做举手动作时，就表示孩子要开始回答问题了……一系列的动作约定，让我跟孩子之间配合默契，省去了很多烦琐的语言交流。还有一些特定场合的约定，如中午孩子午睡，有的孩子想大小便，如果一个孩子大声报告，受"模仿"效应，有的孩子会跟着学。所以，利用无声语言，想去厕所的孩子举手示意，教师用眼神或点头回应，这时孩子可以悄悄地在不影响其他孩子的情况下如厕。

智慧妙语

肢体语言所起到的作用是无穷的，一个点头、一个微笑、一个手势、一个眼神、一个拥抱就可以把肢体语言演变为沟通、激励孩子的精神力量，让孩子的童年在大人会说话的点头、微笑、抚摸、拥抱中快乐度过。

14. 装傻小妙招，让孩子越来越聪明

著名儿童心理学家皮亚杰指出："你教给儿童的越多，儿童自己发现的就越少。"在教与学的关系上，很多家长和教师只重视如何去"教"，而忽略了对孩子"学"这一能力的培养。所以，面对孩子提出的一些问题，大人总喜欢以知识灌输的形式把答案告知给他，殊不知，

过于标准化的东西往往会扼杀孩子的天性，也不利于锻炼孩子解决问题的能力。《3－6岁儿童学习与发展指南》中指出，幼儿在活动过程中表现出的积极态度和良好的行为倾向是终身学习与发展所必需的宝贵品质。所以，我们要重视对孩子良好学习品质的培养，不要过多地灌输知识。如果我们做一个会装"傻"的教师或者家长，凡事让孩子通过动脑筋思考、感悟后自己解决，可以增强孩子的好奇心和学习兴趣，帮助孩子逐步养成积极主动、认真专注、不怕困难、敢于探究、勇于尝试、乐于创造的良好品质。

1. 妙用装傻对待孩子的犯错

装傻妙招用在等待孩子成长方面，十分有效。在面对孩子犯的小错误时装傻，可以起到淡化效应。每个孩子都会犯错误，善意淡化错误，强化优点，可以让孩子保持昂扬向上的自信。孩子犯错误以后，最怕的就是被老师批评，尤其是那些偶尔犯错的孩子，面对同伴的告状、老师的指责时会非常难为情。很多时候，其实可以给孩子一个自己去思考与反省的空间，这样既不会伤害孩子的自尊心，也有利于孩子的自我教育，激励他们自觉反思，改正错误。以前我的班里有这样一个孩子，平时上课很认真，还经常帮助其他孩子，可是有段时间，他上课时总是和旁边的同伴讲话，我眼神示意了他几次，还走到他面前摸摸他的头，可这些都没用。如果是以前，我一定会对他进行批评教育，但这次我没有那么做。后来有个孩子当着我的面对他说："老师就是喜欢你，你上课讲话，老师也不批评你。"他听了以后，竟然问我："老师，你是不是忘记批评我了？"我微笑着说："老师真的是忘了，因为老师只记得你是个听话的孩子，从来都不让老师操心，最近你肯定有事才这样，对吗？"在这件事情的处理上，我有意装傻，让孩子去讨论，去促进孩子自我教育、自我改正，从而达到了此时无声胜有声的教育效果。

2. 妙用装傻对待孩子的提问

好奇、好问是孩子的天性，他们问得最多的就是"为什么"。当我们面对孩子提出的问题，是忽视、告知，还是引导孩子找答案？我们对待问题的方式会影响孩子的思维方式，因为孩子对每一个"为什么"的提出都是从漠然无知到对事物因果关系进行感受及认知的探索过程。

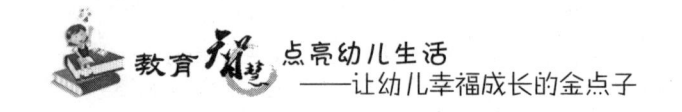

比如，炎炎夏日带孩子进行户外活动，当阵阵知了声传来，有的孩子问道："老师，这是什么在叫？"如果教师忽视不理，就可能扼杀了孩子对这个现象的好奇心，如果直接告知，就可能扼杀了孩子对这个现象的探究欲。此时，不妨妙用装傻方式引导："是啊，老师也听到了。是什么在叫呢？我们找找看。"这时候，一个个孩子伸长脖子、竖起耳朵、眯着眼睛开始了寻寻觅觅的探听之旅。终于，有个孩子发现："老师，声音是从这棵树上传来的。"有的孩子说："老师，这是知了，好像在树上趴着呢。"还有的孩子说："我在奶奶家见过知了，知了猴是从土里爬出来的……"顿时，孩子寻找到的答案越来越多，比教师的直接告知更加精彩。所以，教师适时的装傻，遇到孩子问"为什么"时，不妨也顺势问问"为什么"，或者假装不知道，跟孩子一起寻找答案，或许更能激发孩子探究问题的兴趣。

3. 妙用装傻处理孩子之间的矛盾

大多数孩子都以自我为中心，缺乏解决问题的能力。因此，在日常生活中孩子间的冲突、哭闹现象屡见不鲜，不仅影响了孩子的心理发展和交际能力，而且还会扰乱教学秩序。对于那些分不清谁对谁错而又不影响大局的矛盾，教师就可以用装傻的方法去解决。当面对孩子玩玩具时的互相争抢、互相指责，教师的过早介入会让孩子产生依赖心理，下次一有矛盾就靠他人来解决。教师可以适当装傻，遇到孩子之间的纠纷，多问问孩子"怎么办"，然后冷静地旁观、等待，给孩子解决问题的时间和空间。比如，两个孩子因为抢东西打起来了，如果我马上过去处理，他们就会互相指责、埋怨，可能会伤及两个人的感情，所以我就派另外两个孩子前去拉架，我在一旁观察。这些孩子也很会调解矛盾，一个孩子劝说："你想玩别人的东西要好好说话。"另一个孩子劝说："别人抢你的东西你也不能直接打人。你打人，别人也会打你。"让孩子在自己的理论世界里思考、成长，有助于孩子养成自主解决问题的能力。

4. 妙用装傻激励孩子

我们常把孩子比作早晨的太阳。那么，能力和智力发展较晚的孩子就是正在上升的朝阳，比起其他孩子，他们更需要教师的呵护、关怀、体贴、理解、尊重。然而，在鼓励孩子时，许多教师习惯奖励表现好的孩子，对那些表现平平、不够突出的孩子则视而不见，以至于一些孩子总是进步很慢。面对能力稍弱的孩子，教师不妨"傻"一点儿，对其进步和闪光点看清楚一些，哪怕只是点滴的进步，都要及时给予鼓励，这样会极大地激励他们的上进心和自信心。对于不足，适当装傻，给孩子留下慢慢进步的时间。

5. 妙用装傻培养聪明的孩子

聪明孩子是培养出来的，如果给孩子创设了"想点子"的机会，就能培养出孩子乐意想点子的能力。比如，组织联欢会布置教室时，我总让孩子参与布置和讨论。每次我都先给孩子宣布幼儿园的要求，然后装出一副无奈的表情对他们说："唉，我知道你们想给自己的节日布置一个非常漂亮的环境，但老师真的想不出什么好主意，你们能给老师出些点子吗？"顿时全班孩子活跃起来，你一言我一语，纷纷提出自己的建议，想出很多方案，有的甚至第二天拉着家长来谈方案。虽然从表面上看教师显得十分"傻"，但这样做可以给孩子创造发挥才能的机会，满足孩子自我表现的需要，反而能使活动更有吸引力。

智慧妙语

育人者不仅要有知识，更要有大智若愚的育人智慧。孩子在成长过程中需要的不是一个"百科全书式老师""字典式妈妈"，而是一个能启迪他们的思维、引领他们前行的"傻"一点的"大朋友"。

15. 偷懒小妙招，让孩子越来越自主

很多人都听说过帮助蝴蝶幼虫破茧成蝶的故事：有人看到一只蝴蝶幼虫挣扎着想从蛹里脱离出来，他出于好心帮蝴蝶剪开了蛹。但没想到，蝴蝶出来以后翅膀却张不开，最后死了。原来，蝴蝶从蛹中挣扎出来的过程正是蝴蝶需要的成长过程，破茧成蝶时的帮助让蝴蝶轻松了，可也让蝴蝶失去了未来面对生命中更多挑战时所需要的力量。如果我们希望孩子能破茧成蝶，那就得让孩子经历在蛹里挣扎的过程，为其将来展翅高飞积聚能量。

无论教师还是家长，我们常常是"两眼一睁，忙到熄灯"，天天围着孩子转，忘记了自己曾有的那一份从容、优雅、淡定，每天重复着"昨天的故事"，还时常抱怨孩子不听话、不思考、不学习。我们应该反思自己：我给孩子自我管理的机会了吗？我给孩子思考的时间了吗？我除了教孩子一堆知识，引导孩子提升能力了吗？"学而不思则罔。"我们平时不去思考、一味付出，又能培养出什么样的孩子呢？或许我们可以试着做智慧的"懒"老师，适当的时候偷偷懒，可能会给孩子留下更多"化蛹成蝶"的空间。

这里所说的"懒"，不是照搬，更不是懒惰、懈怠。育儿过程中，想让身体"懒"，先得心"勤"；想教学"懒"，还得有方法"教"；想心"懒"，就得"放"手。

1. 妙用"懒"招，激发孩子自主思考

一个"懒"教师，组织活动时会甘愿退居幕后，放手让学生"折腾"。比如，开展教学活动"认识有弹性的物体"，教师不去直接讲解，而是提前把有弹性的物体预先放到教室周围，然后引导孩子自己去寻找、发现有弹性的物体，让孩子们经历一个观察发现、猜想假设、形成问题、交流探究的思考过程。又如，户外活动拍皮球时，大多数孩子在认真拍皮球，而有的孩子拿到一个皮球后会尝试着"摆弄"，可能会让皮球滚一滚，在平地上滚、斜坡上滚、滑梯上滚……教师这时如果不去制止孩子的"瞎玩儿"，就会发现，孩子在这一次次的探索尝试中开始发现并思考皮球为什么在不同的环境中滚动的速度不同。由此可见，孩子的智慧、个性、创造力可以在反复的尝试中被激发。反之，如果一个教师事事放不下、事事去操劳，结果只能是自己疲于奔命，而孩子在长期"保姆式"的教育中学会了被动地接受与等待。

2. 妙用"懒"招，激发孩子的自主服务意识

做一名"懒"教师，给孩子更多动手、动脑、动嘴的机会。著名教育家陶行知提出了儿童"六大解放"的教育主张：解放眼睛，使之能看；解放双手，使之能做；解放头脑，使之能想；解放嘴巴，使之能说；解放空间，使之能"飞"；解放时间，使之能"闲"。它对育儿者的启示是，能让孩子做的，让孩子自己做；能让孩子看的，让孩子自己看；能让孩子听的，让孩子自己听；能让孩子想的，让孩子自己想；能让孩子说的，让孩子自己说；能让孩子做主的，都让孩子自己做主；能让孩子体验的，都让孩子自己体验；能让孩子参与的，都让孩子自主参与。

"懒"教师育儿的核心不是事事替孩子做、教孩子做，而是思考如何让孩子"自主做"。比如，每天给孩子一个个倒开水，倒一天的确辛苦，如果懒一下，提前把开水放在孩子自己可以提动的小茶壶里冷一下，然后让孩子在需要时自己去倒水，这样既让孩子动手"自主做"，教师又省了力，何乐而不为呢？又比如，午睡起床的时候，针对孩子穿衣难的情况，教师一个个帮孩子穿，也是十分累人的，如果懒一下，让孩子能自己穿的自己穿，不能自己穿的请同伴帮忙穿，孩子在此过程中不仅锻炼了自主穿衣的能力，还学会了如何向同伴求助，同时教师也省了力，何乐而不为呢？看来，"懒"教师适当的"懒"不是错误，而是可以激发孩子"我自己来""我自己能行"的智慧。

3. 妙用懒招，激发孩子的助人意识

著名特级教师魏书生就是一位会"偷懒"的大师。在班级管理和语文教学中，他放手让孩子参与、检查、督促、评价，本着"人人有事干，事事有人干"的原则，很多事情都由孩子自己着手处理，从而培养了一批优秀的班级干部。他们都能够有条不紊地协助魏老师管理班级各项事务，使得魏老师轻松了很多。作为幼儿教师，我们更要本着"大人放手、孩子动手"的原则，设置多岗位，利用小任务，分配孩子做力所能及的事情，并由其主动完成。比如，设置小值日生，负责帮大家分发学习用具、餐具等；设置小点名员，负责每天点名、统计人数；设置小接待员，负责每天早上接待家长、同伴；设置小饲养员，负责每天照顾植物角、动物角；设置小衣物管理员，负责帮同伴整理、收放衣物；等等。孩子在"懒"教师"懒招"的锻炼下，由自主意识发展到助人意识，主动说出"老师我来帮你吧""让我来干吧"等此类语言。

常常感慨自己现在才懂得放慢匆匆的脚步，停下来思考。在懒懒的遐思中，自己的思维变得更加凝练，自己的视野变得更加开阔，自

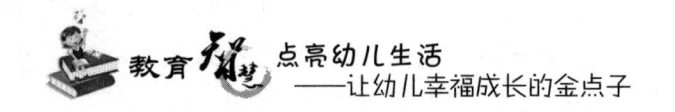

己在工作中更加有方向。"懒"教师是一种成长方向，适度的懒是为了更好地前行。

智慧妙语

优秀的人都是会"偷懒"的人，"偷懒"需要一种高超的技能和巧妙的艺术。从某种意义上讲，适度的懒是为了给自己留一个遐思的空间，以利于看清前行的方向！

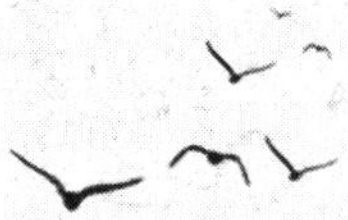

第二章

教育小体验，让生活更美好

第二章 教育小体验，让生活更美好

人生在于经历，生命在于体验。想让孩子热爱生活，首先要让孩子体验到生活的美好。不同时代的人所拥有的童年经历不同，带给生命的体验也不一样。作为出生在农村的"80后"，我自小穿梭在广袤的田野里，仰望碧蓝的天空，体验四季的缤纷，编织属于自己的梦。春天，嗅着槐花香，看满树槐花随春风如白雪般纷纷扬扬飘洒，小心翼翼地捧起一把，放在瓶子里，当"春茶"；再跟小伙伴一起躲过嘤嘤嗡嗡的蜜蜂，采摘芬芳的野花，或编织个花环当"新娘"，或布置自己的"娃娃家"。夏天，蹚着河水在小河沟边垒"小池塘"，捞小鱼小虾给它们安个"家"。秋天，钻在玉米地里给玉米梳头发，给这棵玉米梳个"披肩发"，给那棵玉米编个麻花辫儿，感觉自己是多才多艺的"妈妈"。冬天，徜徉在呼啸的北风里，偷偷品尝枝头白雪的甘甜……还记得和小伙伴一起捋榆钱、捕蚂蚱、摘桑葚、掏知了猴、用狗尾巴草编动物的童年趣事；更难忘和小伙伴比赛跳房子、跳绳、踢毽子、丢沙包、玩泥巴、挑冰糕棍、捉迷藏、爬柴火垛……这些童年回忆香甜又刻骨铭心，带给我更多的是对大自然和生活多姿多彩的快乐体验！

现在的孩子拥有什么样的童年呢？他们大多过着高楼林立、游乐设施丰富、脚下踩着柏油路和地板砖的生活。出门一般坐公交车或私家车，极少走路，也很少有机会关注周围的景象。更重要的是，孩子的周围已经没有了田野，所见到的树木、花草多是人工种植供观赏的景观绿化，已失却了自然的野趣。随着大人工作越来越忙，生活节奏越来越快，孩子的世界大多被高科技电子产品占据。大多数孩子知道苹果手机，却弄不清楚"苹果长在哪里"，有的孩子甚至会闹出西瓜长在冰箱里、韭菜跟麦苗分不清的笑话。

这样的孩子长大后，童年带给他们的回忆将是什么样的呢？或许是游戏机、电动玩具以及堵塞的马路，或许是虚拟的网络、快餐以及各种上不完的特色班、补习班，又或许是一个人待在家里的孤独……这正如三毛所写的"塑料儿童"——孤单、自闭而让人感觉冷漠。

美国海洋生物学家蕾切尔·卡逊说："那些感受到大地之美的人，都能从中获得生命的力量，直至一生。"回想一下，上次躺在地上感受微风习习、欣赏白云飘飘、去森林捉小虫是什么时候？当孩子不再对太阳、月亮、星星感到好奇，当孩子沐浴不到自然界温暖的阳光、白亮的月光、闪烁的星光，当孩子触碰不到山谷中潺潺小溪的清凉，当孩子感受不到树林中清新的空气，当孩子体验不到花的芬芳、草的清香，当孩子害怕泥土、害怕各种昆虫、害怕各种动物，而只是沉迷于网络游戏，或和一堆塑料玩具玩耍，或看着电视、玩着手机度过时间……大自然就在孩子面前消失了，生活中最美妙的体验在孩子的世界里就缺失了。

专门研究家庭关系和儿童教育的美国作家理查德·洛依在《丛林中的最后一个孩子》一书中说，很多孩子患"自然缺失症"，众多现代化因素让孩子失去与自然亲近的乐趣，导致一些孩子出现肥胖、运动能力差、沟通障碍等问题。

《3－6岁儿童学习与发展指南》中指出，孩子的学习是在直接感知、亲身体验、实际操作的过程中完成的。体验的价值是把不可见的东西变得可见，把抽象的事物形象地根植心田。作为教师、作为家长的我们，有空就带孩子接近大自然、体验大自然的美妙吧。让孩子走进大自然，自己去体验、去发现生活的美好，这样才能激活生命，让生命自由发展。让孩子体验种花种草，感悟生命的成长；体验雨雪天气，乐享大自然赐予的礼物；体验花开花落，感悟生命变化的奇妙；体验油菜花田，感受玩中学习的魅力；体验花园畅游，学会与大自然交流；体验写自然角日记、户外写生，尝试用自己的语言，把生活中的每一个美好瞬间植入自己的心田。

大自然才是最好的课堂。一草一木，风霜雪雨才是最好的老师！自然的力量才是最好的肥料，而尊重生命才是最好的法则。也许一粒种子、一片叶子、一块石子、一粒沙子、一滴露珠都能走进孩子的心灵，带给孩子最美妙的生活体验，影响孩子的一生。

1. 体验种花种草，感悟生命的成长

> 春风一吹，
>
> 芽儿萌发，
>
> 吹绿了柳树，
>
> 吹红了桃花。

春季，草长莺飞，万物萌发，当孩子们整齐地坐在教室里朗诵儿歌《春风》，感受万物生长的时候，如果让孩子们亲身体验种花种草，感悟生命成长的快乐，那又是一番什么样的情景呢？猜猜看，孩子们会种些什么呢？

在每年温度适宜的季节，各个班级都会围绕"播种"展开课程。有的班以"种子发芽"为主题，开展收集各种植物种子的活动。经过询问家长、互相讨论、多渠道收集，孩子们找到的种子有黄豆、蚕豆、土豆、油菜籽、萝卜籽、苹果籽，等等。大家把收集到的种子放在一起，观察到种子形态各异、色彩丰富，有的种子是果实，有的种子是果核；有的种子个儿很大，有的种子却很小……孩子们在讨论中有分享、有质疑、有惊叹、有发现。

到了播种的时候，孩子们又产生好奇，这些种子会发芽吗？是不是所有的种子种下去都会发芽呢？孩子们怀着猜测，在教师的带领下来到种植园，种下自己认为会发芽的种子，可以是牵牛花、蒲公英，也可以是西瓜籽、苹果籽，只要是孩子们能想到的，都可以

种子大收集

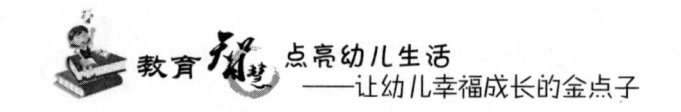

将它们种到土里,然后等着它们生根、发芽、开花、结果。也许有的种子不会发芽,但是这对于孩子们来说并不重要,重要的是这个播种的过程给他们带来的快乐和期待。

有的班以"豆子发芽"为主题,事先让孩子们了解豆制品,对豆子产生兴趣,认识常见的黄豆、绿豆、红豆等。让孩子们回家询问家长如何选豆子,了解到豆子首先要泡一泡,这样才容易分辨出好豆、坏豆,从中筛选出优良的种子。接下来,教师邀请家长跟孩子们一起种豆子。孩子们小心翼翼地在自己的小花盆里铺好土壤,然后用手指在土里点坑,放入两三颗豆子,之后盖好土,做上标记,浇水之后把花盆放置在自然角里。接下来,孩子们每天都会满怀期待地来幼儿园,精心地为自己种的豆子浇水。一段时间后,豆子发芽,给孩子们带来了莫大的惊喜和成功的喜悦。孩子们仔细观察豆子的发芽情况,并尝试用自己熟悉的符号来记录豆子发芽的过程……整个过程,带给孩子们的不仅是多感官的观察、探索的经历以及种植知识的丰富,更多的是一份责任和对生命的崇敬。孩子们在探索选豆—尝试种豆—豆子发芽—豆子生长的漫长过程中,学会了去专注做一件事情。

有的班则养水培植物,让孩子观察、探索不同水培植物的根的特点;有的班则把土培植物和水培植物混合种植,让孩子对比观察同一种植物在不同生长环境中的变化。比如,通过对比,他们发现,同一时间,水培的大蒜和土培的大蒜在生长速度、生长状态上有很大区别,水培大蒜出芽快,蒜苗嫩而叶长,土培大蒜蒜苗粗壮。

有的班种了会开花结果的植物,如丝瓜、豆角等攀爬植物比较有趣;马铃薯、土豆等块茎植物成活率高;喇叭花、太阳花等花类植物

深受孩子们喜爱。这些都让孩子们体验到了春季花样繁多的植物使生活充满了生机的喜悦。

让我们一起快乐种植吧！当孩子们参与到种植活动中，就会对万物生长充满期待。小班的一个孩子在植物角跟教师一起种下了一颗洋葱后，每次闹情绪不想来幼儿园时家长都会说："去看看你种的洋葱芽长高了没？"孩子就带着期盼和牵挂高高兴兴走进幼儿园。可见，孩子在感受种子萌发的神奇，体验生命带给生活生机的同时，也培养了其积极向上的心态。

让我们一起快乐种植吧！在快乐种植的过程中，年轻的教师们从不知道如何播种，到尝试"泡豆子"，学会"生豆芽"，积累了许多经验。例如，水培植物利于观察，往下生长的植物需要吊挂起来，往上生长的植物需要搭架子，喜阴植物和向阳植物要放置在不同地方，不同季节种不同的植物等。种植活动可以让教师和孩子们一起感受小草生长的快乐，体验和孩子们一起看花儿开放的喜悦。种植活动使不拘小节的教师变得更加细腻，使生活节奏快的教师变得做事更加淡定、舒缓，使性格急躁的教师变得更加温情……

智慧妙语

种花种草，带给孩子的是对如何"种活"植物的关注、期盼；带给成人的是如何"种活"植物的思索。当我们放下手中忙碌的工作，走向田间地头，我们这颗心就在花的芬芳与草的清香中慢慢舒缓了下来，褪去尘世的追名逐利、浮华躁动，在低头侍弄花草、守望生命萌发的那一刻找到内心的安宁与淡定！

2. 体验写自然角日记，读懂万千生物的成长图谱

"你知道一粒种子从种植到发芽需要多长时间吗？""你看我把小豆豆发的芽画出来了。"……伴随着植物生长的是孩子那期盼的目光、倾心的付出、耐心的等待，最终植物能否走进孩子的心田，记录是无可

替代的最佳选择。体验写自然角日记，可以把在种植活动中孩子亲眼所见、亲耳所听、亲身所感形象地呈现出来，帮助孩子将获得的关于植物的零碎知识经验系统化，逐步自我建构科学知识与经验。

写自然角日记，首先，教师要引导孩子学会观察、学会发现。记录前，要激发孩子的好奇心，引导孩子通过多感官进行观察，以增强感官体验。比如，在植物角的一角张贴以"你发现了什么？"为主题的观察记录表，记录表可以分为三栏：第一栏，用眼睛图示做标记，引导孩子把眼睛看到的植物的茎、叶、花、果等的不同变化记录下来；第二栏，用小手图示做标记，引导孩子轻轻地触摸植物的叶子，感知叶子的光滑或毛糙，感知植物生长土壤的湿润和干燥；第三栏，用鼻子图示做标记，引导孩子用鼻子闻闻，看是能闻到大蒜、葱的特殊气味，还是能闻到植物开花的香气，体验植物的气味特征。

其次，教师还可以适当地借助事物或工具引导孩子进行细致的观察，让观察记录有依据。如日历、放大镜、尺子、温度计、洒水壶、小铲子、小耙子等都是孩子开展种植活动所必备的探索工具。日历便于孩子查询植物的种植日期、发芽日期；放大镜可以用来观察植物的细小部位；尺子可以用来测量植物的生长高度；温度计可以用来了解当天的气温情况；小铲子、小耙子便于孩子翻土，进行细致观察。引导孩子进行细致的观察，可以促使孩子不断强化已有的经验，提升孩子探究植物的兴趣。

能准确、连贯地表达自己的发现，是写自然角日记的关键。教师要创设条件让孩子运用多种形式记录观察结果。表格记录法、符号记录法、图画记录法、语言记录法、实物粘贴记录法等都是适合孩子的记录方法。这些方法既可单独使用，也可穿插使用。比如，让小班的孩子"了解植物每个生长阶段典型的外形特征"时，只记录植物的一些外部特征即可。小班的孩子记录能力较弱，可采用语言记录法、实物粘贴记录法、亲子照片记录法等。家长和孩子每天早上到植物角，家长对一株植物连续拍照，孩子在照片下面记录上日期，用贴纸贴出植物新长出的叶、新开出的花，用简单的方法记录自己的发现。中班、大班的孩子开始关注事物之间的简单关系，能在教师的启发引导下发现事物变化的本质原因，可以进行图画记录、对比性记录、统计性记录以及分析与推理，以此获得有关植物生长条件及生长规律的经验。比如，给每个孩子一张用于记录的大挂历，每天孩子来幼儿园后，都要把细心观察到的植物的变化用自己能看懂的符号记录到当天日期的后面。一个月下来，孩子借助自己的记录，可对比发现植物的生长变化。教师还可以让每个孩子种一株植物，并在植物旁边标注上名字、日期，同时在旁边放置一本记录本，每天浇水，每周都抽出固定时间画一次植物的生长变化图。一个月、两个月过去后，关于这株植物的"连环画"就是一本真实有趣的植物成长日记。这本日记可以让孩子直观感受植物的生长过程，养成爱观察、爱记录、会记录的良好习惯。

总之，种植区就像是一本孩子亲近自然、融入自然的"活教材"，为孩子提供了天天接触、长期观察、亲自管理、动手操作的机会。在种植活动中，孩子不仅可以掌握简单的种植技能，更重要的是培养了孩子的爱心、耐心、责任心以及观察、对比等多方面的能力，从种子发出的第一个小芽到长出第一片嫩叶，从叶子长大到开花结果，这些细微的变化全逃不出孩子的眼睛。这样的活动，使孩子了解了植物的生长过程，体验到写自然角日记与种植、观察、记录的乐趣，并用自己能看懂的符号把对植物的了解内化到了心里，读懂了大自然的变化，感受、记录了生命成长的奇妙过程，激发了他们观察生活、感受生活的兴趣。

智慧妙语

一次次的记录，让孩子走进了植物的世界，也让我们走进了孩子的心里。孩子用自己的记录方式"读懂"了大自然，我们通过阅读孩子写的自然角日记读懂了每一个孩子的内心世界。

3. 体验果实成熟，分享累累硕果

咬一口，香甜的苹果，
秋天——被我塞进嘴里。

掰一棒，金黄的玉米，

秋天——被我塞进筐里。

摘一个，火红的石榴，

秋天——被我填进肚里。

哼一曲，丰收的童谣，

秋天——被我编进歌里。

看一眼，丰收的景色，

秋天——被我记在心里。

这是一首描写秋天丰收景象的童谣，每一句都透出孩子对秋天收获的喜悦和快乐体验。

感受收获的乐趣非要等到秋天吗？体验收获非要到广袤的田野里去吗？在幼儿园或家庭的小天地里，巧种植，妙设计，一年四季、角角落落或许都可以让孩子体验到收获的喜悦。

春天是万物萌芽的时节。当幼儿园的窗台上、走廊里，那些孩子曾种下的豆苗、蒜苗、小青菜等各种苗苗、芽芽儿都郁郁葱葱的时候，或剪下一把蒜苗，或拔几棵香菜送到食堂，撒在香喷喷的面条上，告诉孩子，这是他们的劳动成果，孩子就会特别珍惜，争着舀那些翠绿的蒜花、香菜，觉得自己特别能干，能亲手出美味儿来！成人千万不要忽略了这样的机会，要及时让每一个孩子都能体会这种成功的快乐，并把它放大再放大。

夏天，是瓜果蔬菜生长、成熟的季节。适宜在窗台植物角生长的薄荷发出耀眼的绿，轻轻地摘下几片叶子，跟孩子一起制作凉甜解渴的薄荷水。摘几片十香菜捣碎放进捞面条里，孩子吃得津津有味。还可以把孩子和教师在春天种的番茄、豆角、土豆等移植到空间较大的种植园或走廊的大泡沫箱子里。在走廊靠窗边，支个小架子，让孩子每天都可以观察到一些植物的藤蔓不断向上缠绕、攀爬。某一天，当一截儿翠绿的藤蔓里，忽然露出一个刚结的小果实时，马上就会成为大家观察和讨论的焦点。当果实成熟的时候，孩子满怀期待，去采摘种植园的豆角、番茄，品尝自己跟老师、同伴一起种出来的果实，感受成功的喜悦。

秋天，是一个丰收的季节，田野里一片收获的景象，苹果、柿子、石榴、梨等各种各样的果实挂满枝头。如果没有机会带孩子去野外，可以把丰收的景象带回来让孩子体验。去郊外揪一把金黄的水稻穗儿插到教室里，或者带回孩子平时难得一见的各种植物果实，如玉米棒、红辣椒等，都可以让孩子感受到秋的气息。最好还是在幼儿园开辟出一个种植园，带孩子到种植园刨花生、摘黄豆、掰玉米，孩子可以直观地感知到花生原来是埋在土里，不像黄豆挂在茎上；黄豆在未成熟的时候藏在毛茸茸的豆荚里，原来这就是餐桌上的毛豆。只有孩子亲身感知到果实成熟的景象，才能深深地印在脑海里。

我们还可以带孩子一起开启快乐采摘活动，比如去采摘石榴。教师拿着长杆儿够石榴，孩子兴奋地仰着脖子、瞪着眼睛、伸着手，期盼着石榴能掉到自己的手心里，每摘下一个就能引来孩子的一片欢呼声；还可以找个裂开缝的石榴，让孩子凑在一起观察里面的石榴籽儿。像这样的采摘活动，是孩子最期待的，即便一个班只采摘到一个石榴，每个孩子只能分享到嘴里一点点石榴籽儿都会觉得幸福无比。我们也可以让孩子收集各种成熟的果实，在果实上粘贴五官，制成果实"娃娃"，如苹果娃娃、南瓜娃娃等。将这些果实"娃娃"摆放到自然角，供大家欣赏，孩子在体验收获的同时，也可以感受果实在生活中的妙用。

冬天，万物沉寂，是储存果实的最好季节。我们可以把秋天成熟的果实收集起来，投放在孩子的日常活动中。比如，植物角相对萧条，就利用各种果实丰富美化。小麦种子泡在水里，就能发出绿绿的嫩芽；萝卜、白菜根种在水里，就能生出长长的根须。在日常生活操作活动中，可以让孩子用各种种子进行剥、捣、夹、切、炒、煎、榨等操作；在数学活动中，可以让孩子用种子进行数数、比较、分类、排序，用玉米棒来比较长短、粗细等；在科学活动中，可以让孩子将种子解剖，了解种子的结构，对比、观察、记录种子在室内和室外的生长情况；在美术活动中，可以让孩子用花瓣、落叶、种子、果皮进行创作，或者用麦秸、玉米皮等编成草裙、项链和手链等。将这些果实融入生活中，让孩子感受到果实的多种多样与其实用性，体验到收获带给生活的丰富多彩，既创造性地开展了各项活动，又提高了孩子的创造力、想象力。

> **智慧妙语**
>
> 一分耕耘，一分收获。不让幼儿体验耕耘的乐趣，又如何让他们感受收获的喜悦？

4. 体验雨雪雷电，乐享大自然赐予的礼物

每一个雨雪天气，对成人来说，可能增加了出行的麻烦，增添了惆怅阴郁的气息，可是对孩子来说却别有一番滋味和趣味。你听：

滴答滴答，下小雨啦，

种子说：下吧下吧，我要发芽。

梨树说：下吧下吧，我要开花。

麦苗说：下吧下吧，我要长大。

小朋友说：下吧下吧，我要种瓜。

这是一首写给孩子的诗歌，诗歌里的雨充满生机、润泽万物，孩子对雨兴趣盎然、情有独钟。在孩子的眼里，下雨的日子虽然不能出去滑滑梯，可是可以撑着心爱的小花伞，穿着别致的小雨鞋在雨里接雨滴、踩水坑，溅得满身泥，却不顾大人的吆喝制止，还要偷偷尝试。更别提下雪天啦，白茫茫的世界里，处处传来孩子们的打闹声、尖叫声……这就是孩子天真烂漫的真性情。对于孩子来说，雨、雪恰恰是大自然赐予的最真实、最珍贵的礼物。利用生活中最自然的元素进行教育，是不是可以让生活自然地渗透到教育中，让教育与生活无痕结合？

1. 和雨约会

利用孩子的兴趣点，我们在幼儿园设立了"雨雪节"，每一个下雨、下雪的日子，都是孩子们的"雨雪节"。各班让每个孩子都从家里带来了雨伞、雨鞋、雨衣，平时放置在教室里。每当雨天来临，就让孩子们撑着雨伞，穿着雨鞋、雨衣，充分去体验听雨、看雨、玩雨的乐趣，引导孩子们在雨天里寻找快乐。孩子们撑着小伞穿梭在雨里，清晰地聆听到了雨的声音："你听，今天的小雨落下来是什么声音呢？""哗啦哗啦。""淅沥淅沥。""滴答滴答。""雨落下来时像什么？"孩子们睁大眼睛仔细地观察，有的说"像长长的线"，有的说"像头发"，

还有的说"像面条",等等。"雨都落在哪里?""雨落在雨伞上。""雨落在草地上。""雨落在房子上。""雨落在大树上。""闭上眼睛感受一下,雨落在身上什么感觉?"有的说"雨滴落在脸上真舒服",有的说"凉凉的",还有的说"湿湿的"。"看看小草、小花、小树在雨里是什么样子的?""小花在雨里点头,很开心,长大了。""小草很舒服,像在洗淋浴。"……就这样,雨天成了课堂,雨中万物成了教具,孩子们在雨里学习成长,不知不觉,教育已经悄然进行……

2. 和雪嬉戏

对孩子来说,最妙的还是下点大雪吧。没有雪的冬天是不完美的,没有雪就没有属于孩子的童话世界,尤其是对城市高楼里孤独的孩子来说,雪是他们童年的玩伴,堆雪人更是他们对冬天最纯洁、最浪漫的儿时记忆。在孩子的眼里,冬日的雪是最动听的歌、最美丽的画、最有趣的玩伴、最眷恋的记忆。

下雪天是幼儿园最盛大的节日,所有的孩子拥到操场,打闹声、尖叫声、追逐嬉戏声……孩子们在这白茫茫的世界里,快乐地跑啊、跳啊、追啊、赶啊,伴着飘扬的雪花洒下一路的欢笑,与雪球、雪人、雪松、雪地一起,创造出了"赏雪""画雪""戏雪"等一系列的"雪课程"。

你听,雪的世界里,孩子们会说些什么?"老师,雪落在我的头上、脸上、手上啦,我仔细看过,雪花是六角形的,晶莹剔透,上面还带着细细的花纹呢!""老师,小雪花在飞,像蒲公英那带茸毛的种子。""老师,顽皮的小雪花像在跳舞一样,像银针,像落叶,还有的像碎纸片,真好看。""落在地上,像棉花糖;落在树上,像给树穿

画雪

上了银装；落在汽车上，就像新鲜出炉的奶油蛋糕……"

你看，在雪的世界里，孩子们伸出嫩嫩的小手，抓起雪，揉成球，或扔向天空，或扔向同伴，你追我赶，尽情展示着自己的快乐和激情。教师也可以带着孩子们小心翼翼地玩踩雪，孩子们一个跟着一个，走呀，走呀，在雪地里走出了漂亮的脚印画！

你看，孩子们勇敢地扑向冷冰冰的雪地，翻滚着雪球，三三两两合作堆起小雪人，找根树枝当作雪人的小胳膊，再解开自己的小帽子、小围巾，给雪人认真地戴上，并傻傻地互相笑着，冻红了鼻子、湿透了鞋子，但还是乐呵呵地嬉闹着。

戏雪

你看，雪的世界，赋予孩子们更多的是冰雪聪明。一块小纸板被孩子们拉到有点斜坡的雪地里就变成了雪橇，滑下去，拉上来，尖叫声不断。一根小木棍被孩子们当成画笔，雪地当画板，一会儿画小鸡，一会儿画小人儿，直把雪地画成了"大花脸"。一棵棵落满雪的树，被孩子们当成"下雪神器"，看见有小伙伴在树下，就跑过去摇一摇，雪花纷纷落下，树下的孩子就变身为雪娃娃，摇树的孩子乐得笑哈哈……

在雨雪的世界，孩子通过视觉、听觉、触觉等不同的方式与大自然充分接触，不知不觉，孩子笑声多了、话语多了、想法多了、脑子活了……

雨雪的世界是大自然的礼物，既是孩子的课堂，也是孩子的天堂！

智慧妙语

大自然赐予人类风霜雨雪，不是让我们去躲避，而是让我们能融入其中，产生回应和共鸣，不去经历风霜，吸纳雨雪之灵气，孩子又怎能"冰雪聪明"呢？

5. 体验花开花落，感悟生命变幻

春天来了，桃花开了，杏花开了，梨花开了；一阵微风吹来，吹落了桃花，吹落了杏花，吹落了梨花。

花瓣儿乘着风儿，飞呀飞呀飞呀，飞向绿绿的草地，草地变成了花地毯；飞向清清亮亮的小溪，小溪荡起了一条条小船儿……

这是一篇描写春天花开花落的优美散文，花开花落的美好景象总能引起人们美好的遐思和联想。

随着生活节奏的加快，人们忽略了很多身边的风景。其实不经意间一抬头，路边迎春花的枝丫上又绽放了新的黄色花蕊，一树辛夷花不知何时已经开始迎风绽放。可是到了初夏，那一树树、一簇簇花团又突然消失了，不留一点痕迹。所以，花开花落在我们眼里仿佛就是儿歌里所描述的那样：春天来了，花儿开了，风儿一吹，花儿落了。我们的孩子在大声读儿歌的时候，脑子里印下的花开花落的景象也是如此——春天来了，花儿就开了，风儿一吹，花儿就落了。可是，春天来了，花儿是怎么开放的？花儿落了又会发生什么样的变化？这些在儿歌中是体会不到的，需要我们和孩子一起去用心观察、用心体验。

巧借照片，完整记录一棵开花的树。我们可以提前带孩子们找到一棵即将开花的树，告诉他们，春天来了，这棵树要开花了，带孩子们细心观察树枝上渐渐隆起的花苞。每次去看，孩子们都会着急地问："老师，花儿怎么还不开？""花儿在哪儿？"我尝试着让孩子们摸一摸硬硬的花苞，告诉他们花儿在里面藏着呢，让孩子们带着期盼每隔三四天去看一次即将开花的树，顺便拍一张照，记录一下变化。在经历了漫长的等待后，终于有一次当孩子们去看花的时候，枝头开出零零星星的小花，他们兴奋极了，互相转告："开花了，开花了。"大家围

教育点亮幼儿生活
——让幼儿幸福成长的金点子

等花开

着花儿，看一看，摸一摸，闻一闻，说一说，尽情地体验花儿绽放带来的喜悦。接下来，在这棵开花的树上或者教室墙面上张贴出花开的整个过程的照片，跟孩子们一起回顾"春天花开"。春天到了，花儿是怎么开放的？孩子们通过看图片、对比观察图片上花苞的变化，发现花儿是慢慢地、一点一点地开放的。花儿藏在花苞里睡了好长时间，花苞大的先开放，小的后开放。再来一起数一数照片，算算花开的时间，领悟有些花不是一朝一夕就能开放的，而是要经历一二十天的历程。这时候，孩子们对于花开的体验就从儿歌中简单的"春天来了，花儿开了"过渡到了"春天来了，花儿慢慢地开了""春天来了，花儿一点一点地开了""春天来了，花儿冒着雨开了""春天来了，花儿从花苞里跑出来了"这样丰富的语言描述。这种深刻又真实的体验支撑了他们的认知发展。

我们还可以用拍照片的方法记录一种植物花开花落的整个过程。比如，记录一棵玉兰树开花、结果的整个过程，从春天玉兰树绽放出洁白的玉兰花，到初夏玉兰花瓣飘落后露出椭圆形的花心开始孕育果实，到初秋结出红红的果子，再到初冬果实脱落，留下果壳，等到隆冬风雪来临，果壳又随树叶一起掉落到土里，等待第二年重新发芽。整个过程以图片的形式展现出来让孩子欣赏，不仅可以让孩子体验到开花结果的历程，还可以让孩子发现花瓣落了之后，花心还能孕育果实的神奇，让孩子思考、感慨生命的奇妙。

花落的过程更是美妙，千万不要错过有风的日子，这是带孩子们到大树下赏花的好时机。"纷纷扬扬""地上像铺了一层白白的雪""花瓣儿落在头上像白雪公主"，这些美妙的语言都是孩子们的真实体验。

孩子们或者捡一些美丽的花瓣放在盒子里当"礼物",或者折几枝野花带回来放到瓶子里,这些都是他们的收获。孩子们会用花瓣来布置"小娃娃"的家,给白雪公主做花环,还会模仿成人把花枝插在水瓶里"养花"。某一天孩子们会惊喜地发现:带回的花枝在花落的地方长出新芽了,折回的野桃花花苞居然在桌子上的花瓶里盛开了……孩子们这些美妙的小心思、小发现都是在体验花开花落的过程中不知不觉积累的。慢慢地,孩子们的语言丰富了,视野开阔了,对周围世界的变化敏感了,对生命有了奇妙的感悟,自然也就对生活越来越热爱了。

智慧妙语

如果生活就是生下来、活下去,那么带孩子去发现生活中的美,孩子才能感受到活着有多美;带孩子去体验花开花落,孩子才能体会到生命的奇妙变幻。

6. 体验油菜花田,感悟天然课堂的独特风韵

> 走进三月的麦田,
> 就像掉进了绿色的湖;
> 走进三月的油菜花田,
> 就像跳进了金色的海洋。
> 那金灿灿的油菜花,
> 一朵朵、一簇簇,
> 一层层、一片片,
> 风儿,抱着油菜花,跳起美妙的舞蹈!
> 太阳,望着油菜花,绽放灿烂的笑颜!

这是一首描述油菜花田美景的小诗歌。油菜花是三月最美的风景,记得那年带教师们一起去郊区村镇幼儿园支教,途经一片片地毯似的油菜花田,素有油菜花情结的我,人坐在车里,思绪却飘进了油菜花海之中。伴着扑鼻而来的阵阵清香,我脑海中浮现出诗人们对油菜花美的形容:"沃田桑景晚,平野菜花香。""百亩庭中半是苔,桃花净尽

菜花开。""日暮平原风过处，菜花香杂豆花香。""儿童急走追黄蝶，飞入菜花无处寻。"

一路欣赏着油菜花，当走进支教的幼儿园时，脑子里猛地迸发出一个大胆的想法：何不带孩子走进自然课堂，以蓝天为顶，大自然为课堂，在阳光照耀下，在油菜花田中开展接纳的教育，享受诗意的生活。

听说要去墙外的油菜花田，孩子们一下子沸腾了，欢呼着迫不及待地走出教室。让孩子们排好队后，我带着他们一起哼着歌曲出发了。走进油菜花田，花海一下子变得生机勃勃，孩子们赏花、嬉戏、欢笑……天真烂漫，一切是那么自然、美好。

油菜花课堂

在这美好的气氛中，我采取师生谈话的形式，进行了一节"油菜花诗歌创编"的语言活动课。我先请大家围坐在油菜花田埂上观察油菜花："看一看，油菜花是什么颜色的？"孩子们七嘴八舌地说："黄色的。""金黄色的。"我继续追问："看到金黄色的油菜花，你想到了什么？"孩子们有的说想到了"太阳"，有的说想到了"黄色的火焰"，有的说"看到金黄色的油菜花，想到了春天"。"油菜花开了，蜜蜂来了，春天来了，天气变得更暖和了。"孩子们抢着说。"再仔细观察油菜花花瓣，你们还发现了什么？"孩子们嗅着油菜花香，摆弄着油菜花花瓣，或自言自语，或和同伴交流："香喷喷的，像洒了香水，花瓣像蝴蝶……"油菜花在微风中摇动，孩子们的思绪随着油菜花的香气飘散。

怎样把孩子的话语用诗的形式表达出来呢？在我的启发下，孩子们进行了热烈讨论，创作了自己的诗歌《油菜花》，并进行了朗诵：

看到金黄色的油菜花，
我想到了暖暖的太阳，
想到了黄色的火焰，
想到了金色的沙滩。
油菜花开了，春天来了，
美丽的油菜花花瓣儿，
像蝴蝶，像小鸟，
像小风车，像小太阳。
油菜花是用金子做成的，
油菜花给大地铺上了金色的地毯。
……

孩子们个个兴致勃勃，围坐在油菜花海里，看看、闻闻、想想、说说，你一言，我一语，思维在放飞，想象在碰撞……漫山遍野的油菜花开得正艳，教师和孩子们对油菜花田的真实体验就是一首首动人的诗，油菜花那浓浓的香气沁入了我们每个人的心里。

试想一下，在油菜花田边，看着花儿画画，尝试跟风儿一起随油菜花跳舞，尝试创作油菜花诗歌……多少精彩的教学活动可以在油菜花田里进行！又有多少欢笑、多少语言、多少歌声记录下了孩子们对"油菜花课堂"的精彩体验！

智慧妙语

孩子的课堂在哪里？在生活里，在田野里，在大自然的花花草草和山山水水里。大自然的万物带给孩子的是最真实的教育！

7. 体验花园畅游，感悟大自然的细语呢喃

猜猜看！花园里，看得到的是什么？
花园里看得到的是丁香花、酢浆草、金盏菊，以及小小的椰树，
还有……还有……哎呀！太多了，我说不完啦！
花园里，看不到的是什么？

花园里看不到的是花草的清香，凉凉的微风。

还有呢？还有……还有……

有一些东西，有时看得到，有时看不到。你知道那是什么吗？

像藏在树叶下面的毛毛虫，藏在草丛里的蚱蜢，以及停在花朵上面的小蝴蝶……

有些东西是真的看不见的。

嘘——拉长耳朵仔细听，你有没有听到小虫铃铃的叫声？

嘘——睁开眼睛仔细看，你有没有看到花草正在抽芽？

嘘——翻开泥土仔细瞧，你有没有看到土里的蝉宝宝，正在睡香香甜甜的午觉？

嘘——闭上眼睛仔细闻，你有没有闻到花儿的芳香、草儿的清香？

嘘——嘘——嘘——小声点，不要吓跑了花园里各种看得到、看不到的小可爱。

这是根据一个绘本故事《花园里有什么》改编的散文诗，故事里，作者没有一本正经地介绍花园里的花草树木，而是用知性与感性交融的态度、诗意的语言，引导孩子们走进花园，看一看、听一听、闻一闻、摸一摸、挖一挖，多角度认识、感悟大自然的丰富多彩，多感官探究大自然的神奇美妙。

每个人的心中都有一座花园，回想一下你心中的花园给你留下印象最深的是什么？也许是似锦的繁花，也许是蝉鸣鸟叫，每个人对花园的体验方式不同，对花园的感受就不一样。苏霍姆林斯基说："在人的心灵深处，都有一种根深蒂固的需要，就是希望自己是一个发现者、研究者、探索者。而在儿童的精神世界中，这种需要则特别强烈。"我们要给孩子提供亲近大自然、体验大自然的机会，让孩子自己去体验、去感悟、去追寻自己心目中的花园。我们都逛过花园，但是我们体验过用自身多种感官，即视觉、听觉、嗅觉、触觉、味觉去亲身探究花园的秘密吗？

1. 体验在幼儿园寻找"花园的秘密"

在孩子的心中，有花、有草、有树、有虫子的地方都是花园。当我们尝试用多种感官去接触周围世界的时候，即便再熟悉的地方，也能挖掘出秘密。在幼儿园寻找"花园的秘密"的过程十分有趣，只需运用几个词——看一看、听一听、闻一闻、摸一摸,再给孩子们带上小桶、铲子、放大镜、昆虫收集瓶,还有小镊子,孩子们的花园体验之旅就可以开始了。幼儿园的花园里有什么呢？走进幼儿园的草丛,孩子们开始了有趣的寻宝之旅,一会儿喊着"蚂蚁",一会儿叫着"这儿有蜘蛛"。孩子们发现了墙脚的蜗牛、树根边的小蘑菇,还有草丛中的小蚯蚓,甚至看到一个蝉蜕皮都会惊奇地大叫……这时,每一片树叶、每一只小小的虫子都是孩子们探究的焦点。又有时,所有的孩子都坐在大树下的草地上,闭上眼睛,静静地、用心地体验,耳朵能听见什么？鼻子能闻到什么？有的孩子说听到了树上的小鸟叫、知了叫,其他孩子就好奇地东张西望仔细寻

寻宝之旅

找知了、小鸟藏在哪里；有的孩子说闻到了花儿的香味,其他孩子就开始了对花香的寻寻觅觅。好像闭上眼睛,其他感官一下子变得特别敏锐。偶尔,当一片树叶飘落在一个孩子身上的时候,他大叫起来："老师,我听见了树叶飘落的声音。"接着,一阵微风吹来,孩子们纷纷说："我听见了风吹树叶的沙沙声。"其实哪儿有什么沙沙声,这是孩子将此刻的感受和平时在书中学到的语言结合了起来,在内心产生了美妙的意境。这就是体验带给孩子的影响,让平时视而不见的各种各样的动物、植物甚至微风以不同的形式植入了孩子的心田。此刻,花园在孩子心里,不再只是花花草草,耳边回荡的蝉鸣鸟叫,草丛里的蚱蜢、小虫,甚至自己挖出的泥土里的草芽、树根,都会是孩子们对花园最宝贵的记忆。

2. 善待孩子的"新发现"

孩子是天生的科学家,不管在家还是幼儿园,当孩子寻找到虫子

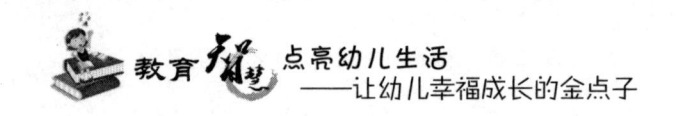

或其他新奇的动物的时候，都非常兴奋，觉得特别有成就感。所以，这就是为什么野外出游回来的孩子衣兜里总会藏着一些小石子、小虫子、小树枝。这些小东西让孩子产生了美好的体验。

  一次户外活动，有个孩子发现了一只蟋蟀，但不敢去抓，我将蟋蟀抓了起来，让这个孩子到教室观察。回到教室，我把蟋蟀放入容器里，拿给他细细观看。这个孩子一开始不敢碰，手放在背后，一旁的另一个孩子却不停地用手逗着蟋蟀。在我的鼓励下，这个孩子也慢慢伸出了手，但很快又缩了回去。渐渐地，在大家的鼓励下，他也敢用手指去碰蟋蟀了。我说："试试捉住它，它在手里会很好玩的。"于是这个孩子慢慢地开始尝试去捉蟋蟀，最后他成功地捉住了，还笑得特别开心，并对我说："蟋蟀在手心里，痒痒的。"

  现在的孩子，平时远离自然，虽然他们很乐意去观察、寻找、发现虫子，但胆子小，不敢去捉。通过一个"小发现"激发孩子的好奇心，一步步引导他们去亲近蟋蟀，触摸、感受蟋蟀。通过亲身体验，孩子在与蟋蟀的互动中得到了乐趣，渐渐地克服了恐惧心理，获得了突破自我的成功体验。

  当孩子尝试用看一看、听一听、闻一闻、摸一摸的方法体验大自然时，就能发现自然界里用眼睛看不到的奇妙。平时多带孩子走进花园、菜园、果园，给孩子提供体验大自然的机会和工具，一把小铲子、一个放大镜、一个空瓶子，就可以让孩子调动视觉、听觉、触觉、嗅觉、味觉等多种感觉去体验大自然，当孩子睁开"第三只眼睛"时，就能发现自然界更多、更美的花园。

智慧妙语

  带孩子探究花园的旅程中，孩子发现了"好像戴着眼镜的毛毛虫""细长的草""穿着黄白道毛衣的蜜蜂"，这些富有想象力的语言正是孩子对花园最真实的感受。尝试让孩子运用多种感官去体验、去发现，每个孩子的心中都会有一座最美的花园。

8. 发现眼睛里的春天，体验春的斑斓

春季，微风把花草召唤
于是
大地不留痕迹
绿红一片

夏季，蝉声把炎热呼唤
于是
顶着荷叶晒得黑泥鳅样儿的
荷塘里孩子们的笑声一片

秋季，红叶把霜天浸染
于是
老农脸上堆满花朵
金黄色的收成一片

冬季，雪花飞舞把天地罩白
于是
纷杂的世界变成童话
唯留寻食的麻雀一片

大自然的美，美在花开花落，美在风霜雨雪，美在春夏秋冬，美在色彩斑斓。孩子对季节的最初印象往往来源于自己的亲身经历和感悟，比如，孩子经常会问什么时候下雪，而很少去问什么时候过冬。所以，我们要帮助孩子自己认识、感悟四季，而不是将我们对四季的认识、理解、感悟强行灌输给孩子。即便我们一遍遍给孩子讲"春天来了，柳树绿了，花儿开了"，也不如孩子自己走出教室去观察"桃红柳绿"，去理解"草长莺飞"。春夏秋冬四个季节，各有其典型的特征，怎样帮助孩子认识、感悟四季呢？在家里或者教室里看图片、画册，坐而论道显然是不行的，应尝试让孩子用自己的方式去体验春夏秋冬，用自己的体验去感悟季节的不同所带来的生活方式的不同。

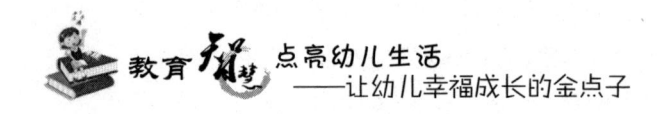

点亮幼儿生活
——让幼儿幸福成长的金点子

春天,是一块浸染着生命之色的画布。新绿、嫩绿、鲜绿、翠绿,满眼的绿色,温柔着我们的视线,还有那星星般闪动的一点点红、一点点黄、一点点粉、一点点紫,也惊喜着我们的目光。色彩斑斓的春季,带给大家强烈的视觉冲击,适宜我们带孩子去发现、去体验"眼睛里的春天"。

如何发现春天的色彩斑斓?带孩子到幼儿园的小花园或者最近的小区,一起去"寻找春天的色彩",带上自己的画笔盒、白色的小卡片,去观察春天的颜色,教师可以适时引导:"低头找一找小草,看一看,小草是什么颜色的?跟你拿的水彩笔盒里哪种颜色一样呢?拿出跟小草颜色最接近的画笔,涂个色彩卡片,送给小草,告诉小草我们找到了它的颜色。"这样,孩子们一路观察、比较,发现了"草绿色"到底是什么颜色,更发现了原来小草有好多种绿色,有的草刚刚发芽,嫩绿嫩绿的,有的草则是墨绿的。孩子们兴奋地拿着画笔盒,观察着,比较着,涂涂画画,理解了"春天来了,小草绿了"。大家兴趣浓厚地在寻找花儿、草儿、绿树,在观察对比中,在涂涂画画中感悟春天的丰富色彩,并通过自己的观察、寻找、对比、涂色,用自己的画笔找寻到春天的颜色。之后当孩子们再去朗诵儿歌"春天是一本彩色的书,红的桃花、绿的柳叶、白的梨花……"的时候,脑子里就有色彩丰富的画面了!

带孩子们开展一次"寻找春天图鉴之旅"的活动,提前跟孩子们一起猜想春天哪些花儿会开,和他们一起制作春天开花的植物的图片,然后在幼儿园内寻找图片上的植物。当孩子们根据图片上的一朵桃花找到一树桃花的时候,当孩子们根据一朵油菜花的颜色、花瓣儿形状找到一片油菜花地的时候,那种观察后自我发现的喜悦感会油然而生,大家不仅仅经历了对植物从局部到整体的认识,更在有目的地寻找开花的植物的同时,对春天会开花的植物有了更细致的观察、更深刻的体验。

最美妙的是春游活动了。教师可以带着孩子们沐浴在春风里,让孩子们感受春风的和煦;或者带孩子们沉浸在春天的花园里,让孩子们闻到春的气息;或者带孩子们行走在春天的田野里,让孩子们感受到春天万物生长的勃勃生机。当孩子们体验到了吹面不寒的"杨柳风",嗅触到了清新湿润的"杏花雨",耳边、发梢悄然粘上了杏花、桃花瓣儿，衣服上微微染上绿色、黄色、红色等缤纷的田野色彩，就真正融入了春天里，走进了大自然最美的画卷里！

智慧妙语

一年之计在于春。春是播撒希望的季节，只有带孩子去自然界里亲身体验春之万物，才能让春天在孩子眼里不再是符号，而化成孩子心目中最美的画卷。

9. 探寻耳朵里的夏天，体验夏韵绵远

夏天到，怎知道？
轰隆轰隆雷公闹。
夏天到，怎知道？
咕呱咕呱青蛙叫。
夏天到，怎知道？
蜻蜓跳舞荷花笑。
夏天到，怎知道？
头上汗珠往下掉。

当姹紫嫣红的大自然逐渐"绿肥红瘦"，泉水叮咚、蝉鸣鸟叫的夏季就不知不觉来临了。不同于春天的百花齐放，夏天的大自然似乎少了一份绚丽与明艳的美，但它依然呈现出勃勃生机。孩子眼中的夏天是怎样的呢？是可以尽情享受冰淇淋的夏天，是可以穿上自己最喜欢的吊带裙的夏天，是可以听着那么多的知了在树上一起欢歌的夏天……看，夏天在孩子的眼中就是这样美丽！听，会发现夏天的什么奥秘呢？

夏天最美的是夏雷轰隆隆、夏雨哗啦啦、青蛙呱呱呱，最有趣的活动是带孩子探寻各种"小生命"带来的声音。你听，不知道什么时候开始，小知了在耳边唱起了歌。带孩子户外活动的时候，一起玩"找知了"的游戏，孩子们一个个屏住呼吸，侧着耳朵，走走、听听、找找，最后不知道谁惊喜地大呼："老师，我找到了！"一群孩子仰着

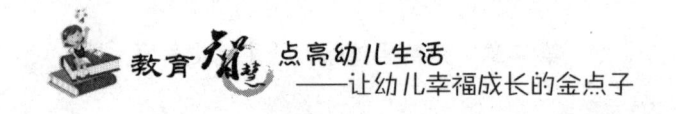

头望着树上隐隐约约的小知了,高兴地在树下守望着、谈论着……

夏季,可以带孩子感受夏天的声音。比如,进行"探寻夏天的声音"的活动,引导孩子细细倾听夏天的声音,提升孩子对夏天典型特征的体验。夏天的夜晚是最迷人的,也是最生动的,小虫鸣叫的声音混杂在人们消夏纳凉的各种活动中,教师模拟夏天夜晚的场景,收集青蛙的叫声、蚊蝇声、知了声、雷声、喝饮料声、电风扇的呼呼声等,引导孩子去听、辨这些声音,并去回想什么时候听到过这些声音。孩子结合夏天自身熟悉的经验,回忆起轰隆隆的打雷声、哗啦啦的雨声、嗡嗡嗡的蚊子声,教师可以适时引导:"这些都告诉我们夏天到了。在夏天,你还听到过哪些声音?回家仔细搜寻,和小伙伴一起交流。"孩子通过一段时间的搜寻,对夏天的打雷声、下雨声、小虫鸣叫声、大人夜晚纳凉时的欢笑声由留意到熟悉,自然就对夏天的特征——电闪雷鸣雨水多、小虫鸣叫蚊虫咬、荷花盛开青蛙叫、夏夜热闹人欢笑,有了深刻的体验。

我们还可以让孩子去创造夏天的声音,制造和体验美妙的大自然之声。利用筷子、不锈钢小勺、塑料垫板、塑料袋、空纸盒、铁盒、硬币、木块以及装有米粒的塑料瓶等,用自己的方法让这些东西发出声音,有的孩子用装有米粒的塑料瓶制造出了沙沙沙的下雨声;有的孩子敲打铁盒发出了轰隆隆的打雷声;有的孩子抖动塑料垫板发出了呱呱呱的蛙鸣声。一边播放夏天下雨的声音,一边让孩子们用普普通通的东西创造声音,孩子的头脑里想着下雨、打雷的情景,手里用敲、拍、搓、拉等许多方法演奏出头脑里的声音,全身心体验夏天声音的奇妙,感悟大自然和生活的无穷乐趣!

智慧妙语

既然我们每个人都有两只耳朵、两只眼睛,就说明听和看都很重要。当美妙的夏季来临,不妨多带孩子去聆听夏天的泉水叮咚,观看夏天的海浪呼啸,亲历夏天的电闪雷鸣,铭记夏天的蝉鸣鸟叫……

10. 触探脚下的秋天，体验秋意绵绵

秋天的小精灵，往林间小路上撒下许多金色的树叶。

老爷爷走过小路，脚下的树叶发出好听的声音，他像小男孩一样在树叶上跳来跳去。

兔妈妈走过小路，脚下的树叶发出好听的声音，它脱下鞋子，像小姑娘一样在树叶上跳舞。

小刺猬走过小路，脚下的树叶发出好听的声音，它把身上的果子摘下来，在树叶上滚动，树叶发出一连串沙沙的声音，像许多小刺猬在树叶上慢慢地散步。

蚱蜢也跳进小路，它在一片树叶上摇啊摇，树叶发出吱吱呀呀的声音，像是摇篮在晃动。

静静的林间，有一条撒满黄叶的小路，谁走过都能听到好听的声音。

这是一篇儿童散文《撒满黄叶的小路》，当一片片树叶从树上摇曳飘落的时候，和孩子们一起走进秋天，踏上撒满黄叶的小路，与树叶亲密接触，会对秋天有丰富多彩的感受。

可以来一次"体验秋天"之旅，带孩子们去落叶纷飞的地方，脱下鞋子，赤脚踩在树叶上，感受脚下树叶的软绵绵、凉飕飕，或穿上鞋子踩在不同材质的落叶上，聆听脚下传来的沙沙沙、哗哗哗的声音。尤其深秋大风刮起的时候，拍摄落叶纷飞的景象或者带着孩子们置身于大树下，让他们仔细观察树叶是怎么飘落下来的。他们会发现，有的树叶是"晃晃悠悠落下来"，有的树叶是"旋转着落下来"，还有的树叶是"像小鸟一样飞起来"。根据孩子观察到的落叶纷飞的景象，引导孩子用自己的身体动作学一学。孩子脑子里想着落叶纷飞的样子，用身体动作体验着落叶飞舞的样子，不知不觉就会沉浸在秋天落叶纷飞的景象里。教师还可以组织孩子一起玩《大树妈妈》的音乐游戏，孩子像树叶一样围着一棵大树，当听到歌曲里唱到"小树叶离开了妈妈"时，就以自己的动作纷纷"飘落"到自己想去的角落，等到歌曲里唱到"春天树叶回来，打扮树妈妈"时，孩子又纷纷从四面八方回来围在大树身边，跟着音乐体验树叶飘落、树叶生长的景象，跟树叶

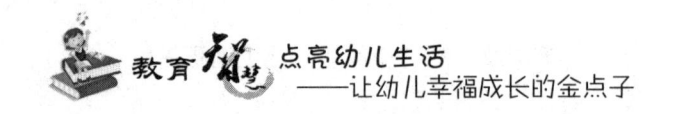

玩游戏，感受秋天落叶的多姿多彩和有趣。

最美的还是"树叶贴画"活动。深秋之时，带孩子一次次驻足于幼儿园高大的银杏树下，树叶不停地飘落下来，脚下遍地金黄，仿佛置身金色的海洋。孩子们早已经欢腾在树下面了。树下是绿绿的草地，那些金色的树叶飘落在草地上，把大地装扮成了花地毯。孩子们感觉落叶很美，纷纷捡起来，装进衣兜里，夹在书本里，要把美丽的秋珍藏起来。我见机行事，带领孩子制作树叶贴画。孩子把美丽的树叶想象成自己熟悉的事物，有的把银杏叶变成一只蝴蝶、变成一朵花，有的把梧桐叶变成大山，还有的用树叶拼成小树林……每一幅树叶贴画在孩子的眼中都是秋天里最美的感悟。孩子们走进了秋天的大地，观察了各色各样的树叶，在思索的天空里把秋天存进了头脑，带进了教室。

把树叶带进课堂，带进家里，让秋天永驻心间。

秋天最美的景色在野外。教师可以联合家长进行"亲子秋之秀"，让家长和孩子一起利用节假日收集各种形状的树叶，提前制作各种造型独特的树叶服装、树叶头饰、树叶花环，然后组织"秋之秀"服装节，配合着动感的音乐，一个个小模特穿上和爸爸妈妈一起制作的树叶服饰闪亮登场。这样的活动让孩子体验了树叶的奇妙魅力，让家长了解了如何跟孩子一起走进大自然，去收集秋天的美丽、体验秋天的魅力。

秋天大地上欢乐的孩子，不是教室里坐得端端正正等待接收知识的学习机器，而是一群正在尝试自由飞翔的雏鹰！我，也是秋天田野里站立的那棵大树，在阳光下温暖地注视着脚下生长的生命！

智慧妙语

如果你有时间，一定在秋风起的时刻带孩子出去走走。俯拾脚下的一片落叶，观察它变化的轨迹；抬头仰望那一缕缕斑驳发黄的柳丝，倾听其荡漾的离歌。

11. 探寻泥土里的冬天，寻觅冬的秘密

我爱冬天，
那六瓣的小雪花，
是冬爷爷送给我们的礼物。

我爱冬天，
那小朋友堆的雪人，
是圣诞老人给我们带来的欢乐。

我爱冬天，
那一片雪白的世界，
是小朋友们的游乐场。

我爱冬天，
那一件件五颜六色的棉袄，
给雪白的世界增添了色彩。

我爱冬天，
那洁白无瑕的冬天！

当枝头树叶萧瑟，林中鸟声寂寥，冬天终于如约而至。在岁月的旅行中，我们踏着春的希冀，顶着夏的炎热，跨过秋的萧瑟，与落叶一起满怀深情地走进冬天，品味冬的严寒与寂静。冬天，万物沉寂，孩子对冬的认识大多是"漫天雪花"，可是漫长的冬季有时雪花稀少，甚至整个冬天也找不到雪的影子。从孩子的兴趣出发，带孩子去探寻"泥土里的冬天"，会给百无聊赖的冬天带来勃勃生机。

时间是一个可爱的"小偷"，无声之间就把秋天的最后 丝余温包裹在了冬天寒冷的怀抱里。当然，孩子并没有放过这其中的变化，随着冬天的到来，孩子发现人们的穿着有所改变的同时也产生许多迷惑："为什么看不到小蚂蚁出来搬食物？""树上的小鸟不见了，它们都到哪儿去了？"孩子对动物的生活习性的改变产生了好奇。为了顺应孩子的兴趣需要，教师可以组织活动"泥土里的冬天"，让孩子们跟随教师一

起去翻翻菜地的泥土，发现藏在土里过冬的蚯蚓，再去草丛里寻找蚂蚁洞，趴在地上观察蚂蚁储存粮食准备过冬的景象……体验到很多动物都有自己的过冬方式，有的冬眠于土里，有的迁徙到南方，还有

冬天泥土里的秘密

的穿上厚厚的"大棉袄"，如小白兔、小山羊。通过翻土，孩子们发现了冬天的泥土里藏着明年要发芽的草根、树根，发现了小动物不同的过冬方式，了解到冬天对动物生活习性产生的影响。

冬天寒冷的气候带给生活的变化，也可以让孩子亲自去体验。如有的孩子在来幼儿园的路上发现"路上到处冒着白色的烟"，经过询问教师，才知道那是冬天来了，要送暖气了，冒出的是热气而不是烟，于是孩子在不知不觉中对"白烟"产生了兴趣。大家开始围绕着冬天展开探寻，站在寒冷的操场上，看大家嘴里呼出的哈气秒变成白烟，感悟冷空气给生活带来的奇妙变化，开始在生活的每个角落里寻觅冬天的身影。他们找到了在阳台上结了冰的水，发现了大风天人们要围上厚厚的围巾、戴上口罩，由此引发思考，人们是怎样度过寒冷的冬天的呢？为此，教师可以发放调查表让孩子和家长一起搜寻、记录，答案会非常丰富。

有的孩子说："寒冷的冬天来了，妈妈给我买了漂亮的羽绒服，穿上非常暖和，可是妈妈自己却没舍得买，我想给妈妈设计一件漂亮暖和的衣服。"孩子的话语感动了所有的人，孩子们纷纷争着为自己的妈妈设计漂亮的棉衣……有的孩子在调查表中记录道："冬天虽然很冷，但如果锻炼身体，多运动，就会暖和的。"孩子们又投入了"如何让身体变暖"的话题讨论中，经过一段时间的讨论、实践，发现冬天增加运动，穿羽绒服保暖，用暖气、空调取暖，多吃热饭、热菜，都可以取暖。孩子们通过观察、调查，亲身体验了冬季跟自身生活的关系。

智慧妙语

冬日，雪藏万物的季节，如果怀一颗敏感的心去体验，你会跟孩子一起发现冬日太阳的温暖、北风呼啸的凛冽、大雪纷飞的奇幻、树林的疏影横斜！

12. 体验影子，与光影私语

连续的阴雨与雾霾天气之后，太阳终于露出了难得一见的灿烂笑脸。在上午的户外游戏时间，孩子们格外兴奋，一个个像小鸟一样冲出活动室。他们有的开起了"小飞机"，有的玩起了跳绳，还有的玩起了《剪子、包袱、锤》游戏。突然，一个正在飞跑的孩子大声喊叫起来："哇，我的影子飞起来了！"大家循声望去，只见随着这个孩子的奔跑，他的影子也快速地飞舞起来。显然，他对自己的发现兴奋不已，一会儿学蜻蜓、蝴蝶上下舞蹈，一会儿开着"飞机"上下翻飞。"哎呀，我的影子也会飞！"有人跟着惊呼起来。"看我，我的影子！""我也是，我的影子还跟我一起跳绳呢！"其他孩子也跟着寻找起自己的影子来，户外游戏活动瞬间演变成了找影子游戏。

1. 找影子

当影子落入孩子眼里，就激发了他们强烈的探究兴趣。兴趣是引发和支持孩子学习的最好动力，何不趁机引领孩子深入探索和发现影子的秘密呢？于是，我改变了计划，请孩子们再看看周围还有哪些地方能找到影子，引导大家继续探索与发现。孩子们纷纷说："我看见房子有影子！""大树有影子！""我还看到了滑梯的影子！"我继续追问："你们发现许多物体都有影子，再仔细看看，影子是什么样的？还有什么发现？""老师，怎么所有的影子都朝一个方向斜呢？""你观察得真仔细！"我赞许道。"老师，我发现琪琪没有影子，好奇怪！"眼尖的翔翔突然发现了一个有趣的现象。"为什么很多东西都有影子，而琪琪却没有影子？请你们仔细观察、思考一下！""她站在房子旁边，那里正好有一个房子的影子。"还是翔翔观察得仔细。"对，是楼房的影子挡住了琪琪的影子，所以看不见了！"我继续追问："那你们有什么办法也让自己的影子消失呢？"这个问题一下难住了孩子。"躲到树下应该看不到自己的影子了吧？"翔翔边说边迅速跑到大树底下。"看，我的头、身体的影子真的被树叶挡住了一些，一会儿有，一会儿又看不见了！""我也去试一试！"孩子们争先恐后地跑到大树下、楼房边、大型玩具旁验证起来，"看，我的头被房顶挡住了！""我看不到自己的影子了！"孩子们大声讲述着自己的发现，体验跟影子捉迷藏的乐趣。

2. 量影子

当影子引起了孩子的好奇，它就成为孩子世界中的"玩伴"。中午，带孩子户外散步时，孩子依然沉浸在发现影子的好奇中。"老师，我的影子好像比我的身高要矮一些。"辉辉忽然发现了一个有趣的现象。"我也是，影子比我的身高矮！"影子和人的身高到底是一样长，还是有时比身高长，有时比身高矮？这是一个值得深入探讨的、有价值的问题。我决定抓住这个契机，引导孩子继续深入地探索与发现。"影子和我们的身体一样高吗？"我把问题抛给了孩子。"怎么才能知道影子比我们的身体高还是矮？""我们量一量影子到底有多长不就知道了吗？""好主意！"孩子们兴奋地跳了起来。"可是影子会动啊！怎样才能量准确呢？"有孩子提出疑问。"老师，给我一支粉笔，我和翔翔合作，先让翔翔把我的影子画下来，等会儿再用尺子量，这样量肯定准确！""真是个好办法！"我不禁由衷地赞道。于是，翔翔将辉辉的影子沿着轮廓先画了下来。其他孩子也纷纷效仿，三三两两地合作。不一会儿，满操场都是孩子所画的一个个影子。先画好的孩子拿起尺子量起来。"老师，我也要尺子。"有孩子提出了要求。"可是我们只有一把尺子，想一想，还可以用我们身边的哪些材料来测量呢？"我趁热打铁引发孩子讨论。"我有绳子，可以用绳子量！""对，我们用积木量过桌子的长度，也可以用积木接起来量影子的长度！""还可以用脚步量一量。""还可以用我的手掌量……"孩子们你一言我一语，思维的窗户仿佛一下被推开，他们迁移着已有的经验，不时冒出新奇的想法！于是，我鼓励孩子们寻找身边的自然材料，用自己喜欢的方法去测量和记录，并将大家的记录展示在科学区……接下来的几天里，影子的秘密在孩子们的持续关注中一点点被发现、探索。孩子们在不同的时间段去发现影子、测量影子，又陆陆续续地发现了影子不是一成不变的，它在一天中的不同时段都会有变化，早晨、傍晚时段影子最长，中午时段影子最短。

3. 画影子

夏季，户外活动的时候，阳光透过树叶，斑驳的影子会像水墨画一样投射在孩子的身上、头上、脚上……拿起小粉笔，带着孩子进行奇妙的"树影拓印"，把树叶的影子、树枝的影子画在操场上、描在墙壁上，树影就成了天然的"范画"，只要有影子的地方都是"画布"。给每个孩子一张白纸，孩子拿着白纸来到大树下，奇妙的事情就发生了，树叶、树枝自己铺满画纸，拿起水彩笔顺着轮廓描一描、涂一涂，五彩斑斓的画就出现了……

4. 制造影子

当影子走进了孩子的心里，就能激发孩子奇妙的想象。但烦恼的是阴雨天，没有阳光的笑脸，就等不到影子的出现，此时我们可以创造影子来寻找一番乐趣。我在班级里创设了光和影的探索区域及手影游戏区。最有趣的是手影戏，把活动室的灯全部关掉，教师拿出小手电，照在墙壁上，孩子们就开始了好玩的手影戏。他们一个个伸出小手，一会儿嘻嘻哈哈变小鸡，一会儿嘻嘻哈哈变小狗，欢笑声伴着变幻的手影

找影子

不断飞扬。还可以玩《找影子》的游戏，提前在纸上画好各种动物、人物的影子轮廓，让孩子们根据影子去辨别、寻找匹配的动物、人物。

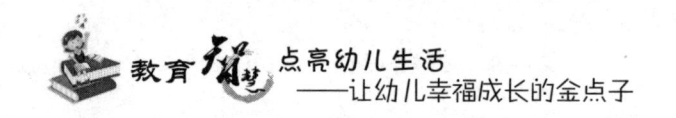

在制造影子的过程中，孩子们越玩越有兴趣，居然玩出了"会动的影子"。我把蝴蝶、蜜蜂等小昆虫粘在白板上，把灯全部关掉，孩子们居然拿着手电筒照出了蝴蝶、蜜蜂的"会动的影子"，我们一起仔细研究，原来，是孩子手里照明的手电筒在动，影子就会随着光线的摆动而"活"起来。这神奇的影子世界，带给孩子的是更多的奇妙体验！

之后，孩子们又通过实验和调查，进一步了解了影子对人类的启示，如民间艺术家用影子的原理发明了有趣的皮影戏，人们用影子的原理发明了电影等。影子探索活动变得越来越丰富有趣。

智慧妙语

牛顿坐在苹果树下发现了万有引力定律。试着带孩子去阳光下，尽情地跟影子做游戏吧，孩子会发现什么呢？

13. 风中探究，揭秘风的奥秘

> 春风一吹，芽儿萌发，
> 吹来了燕子，吹醒了青蛙，
> 吹绿了柳树，吹红了山茶，
> 吹得小雨沙沙下，我们一起去种瓜。

花瓣漫天飞舞，池塘的水荡起涟漪，彩旗摇曳生姿，自然界因为风的到来而展现出了生动的画面。

作为只能闻其声而不能观其形的"风隐士"，孩子无法真正了解它的形成。但是，生活中总有一些起风的日子，孩子会因为裙带飘起来、发丝乱起来、树叶摇起来而变得特别兴奋，根本不可能将注意力放在其他事情上。既然能扰乱孩子的心绪，说明孩子对风这一现象感兴趣，风对孩子的行为产生了影响，所以，在有风的日子里，不妨带领孩子开展观察风和探索风的活动，让孩子用自己的所见所闻和亲身感受来体验风的奥秘。

自古以来，文人墨客对风的描述都是借助风对自然界产生的作用而捕捉到的。比如,南唐词人冯延巳的"风乍起,吹皱一池春水",唐代诗人高骈的"水精帘动微风起,满架蔷薇一院香"。我们看到波光粼粼、"水精帘动",闻到花香弥漫、香气宜人,就探寻到了风的影子。孩子们对风的第一感知也是靠眼睛观察的。当一阵大风吹过,孩子们议论纷纷:"我看见迎春花的花瓣被风吹到了地上。""大风把垃圾吹得到处都是,清洁工人又要重新打扫了。""我的头发被风吹乱了。"……孩子们从周围生活的小变化发现风来了。让孩子体验风的最直接的办法是让他们从"看不到风"到"看到风"。作为教师或家长,把孩子引导到能看到风的地方,就是我们的教育智慧所在。

1. 寻找风的影子——看到风

引导孩子敏锐捕捉风的影子。在孩子经常活动的场所悬挂风铃、风车,让风铃的响声、风车的转动引起孩子对风的敏感;引导孩子有意观察小草摆动、花儿点头、树枝摇动,发现风就藏在生活中;当孩子徜徉在风中,提醒孩子注意衣服、头发、身体的变化,让孩子觉察风吹时衣服、头发飘动,皮肤感觉凉凉的,从而感知风就在自己身边。

借助一些小道具可以让孩子看到风。比如,可以让孩子去户外放风筝,将风筝的线和一只手提袋系在一起,风筝飞起来的时候,手提袋也会鼓起来,装满了风,于是孩子就体验了捕捉到风的喜悦。

2. 探寻风的声音——听到风

赶上起大风的日子,让孩子驻足,屏住呼吸,聆听耳边传来风吹树叶的哗哗声,风吹铃动的叮当声,甚至是风灌入烟囱的呼呼声。还可以跟孩子一起迎风举起塑料袋、风车,聆听风吹袋子的哗啦哗啦声和风车转动的嗖嗖声,感知风给生活带来的奇妙乐章。

3. 挖掘风的秘密——了解风

当风走进了孩子的视野,孩子就会开始对有关风的事情感兴趣。一些有关风的话题就悄然产生,有孩子问:"天气预报说今天有北风,北风是什么意思?"还有孩子问:"为什么有时候刮的风很大很大,有时候却很小很小?"当孩子对风向、风力开始产生好奇,教师就可以组织孩子们围绕风开展一些探索活动。如让孩子观察旗杆上的国旗飘动,或者将羽毛、塑料球放在操场中间,让孩子观察它们随风滚动的样子,或者将树叶扔到空中,观看它们在风中飘舞的样子,让孩子根据树叶落下的位置预测风向，真正明白风是有方向的。了解了风是有方向的这一特征后，要鼓励孩子想办法把风向记录下来，通过标汉字或标箭头，让孩子了解风向的特征。我们也可以在绳子上系上发带或长布条，将绳子牵至室外，分别在无风、有微风以及刮大风的时候观察布条的变化，将看到的景象画下来或拍下来，和孩子们一同讨论这些图片之间的区别，感受风力大小不同对布条产生的影响。起风时，将一只螺旋状的卡片挂在室外，观察它的旋转，讨论一下将会出现的情况，以及这些运动产生的原因。用塑料桶做一只简易小船，用两只吸管或者铅笔做桅杆（可以利用橡皮泥来固定桅杆），手提袋做帆，观察船只在户外水槽里的行进。通过实验来证明风的大小，判断风的方向，让孩子对抽象的风力、风向的理解融合在各种各样的趣味活动中。

4. 开动脑筋——制造风

当孩子喜欢上了和风一起做游戏，无风的日子也不会觉得百无聊赖。在风和日丽的天气，我用一句话燃起孩子们制造风的热情："没有风可不可以制造点儿风呢？"接着，我拿一个透明塑料袋，在空中神秘地抖一抖，然后抓紧鼓鼓囊囊的塑料袋口，对着孩子们的小脸蛋慢慢将空气挤出，问孩子们感受到了什么。孩子们纷纷说："感受到了凉气，像风吹过来⋯⋯"我顺势告诉他们，这就是空气从袋子里流动出来形成的风。当孩子们发现，只要让空气流动就能够产生风后，一下子都对探寻让空气流动起来的方法产生了兴趣。孩子们自己寻找材料，如吹风机、电风扇、扇子、气球、打气筒⋯⋯用纸板、扇子扇，把气球吹鼓后再撒气⋯⋯孩子们用各种方式尝试制造风，并在制造风的过程中发现："我用扇子扇一扇，就变出风了。""我打开电风扇的开关，就变出风来了。""我用力捏洗洁精瓶子也会变出风。"⋯⋯他们明白了，原来用图书、垫板、扇子、手工纸等来回扇就会有风；而各种塑料瓶等用手连续捏它们也会产生风；针筒、喷雾器等上上下下来回推动拉杆也会产生风；有风叶的电扇、电动汽车、飞机等一按开关，风叶转动起来就会产生风⋯⋯孩子在用眼看、动嘴说、用耳听、动手做、动脑想的过程中不断丰富、扩展有关风的经验，逐步发现风能帮人类做许多事情，如利用风可以发电、传播种子，等等。虽然孩子没有真正看到风的形成过程，但是这些生动有趣的探索活动让孩子养成了好奇、好问、好动手、好发现的习惯，对他们今后的成长具有深远的意义。

智慧妙语

风是自然界最美妙的乐章，带给生活灵动的气息；风是人间常客，带给平淡的生活几分生机。让孩子去看风、听风、说风、造风，保持对生活常见现象的敏感和好奇，为他们感知生活、热爱生活、创造生活打基础！

14. 体验沙子，感悟大自然的奇妙馈赠

玩沙是孩子喜欢的游戏之一，沙子可以给孩子带来无穷的乐趣。有沙子的地方，经常会看到提着小桶，拿着小铲子，撅着小屁股挖沙坑、堆沙堡，玩得不亦乐乎的孩子。他们或是堆砌各种奇形怪状的沙堆，或是在沙子里挖大坑，往里边不厌其烦地浇水。孩子乐此不疲地沉浸在一堆沙子里，浑身湿漉漉的，沾满了沙土和水迹，但小脸上洋溢着明亮和满足的笑容。这样的笑容是如此震撼人心，以至于让我在很长时间里思考：玩沙，这个在成人看来平淡无奇的游戏究竟有着怎样的魅力呢？

1. 通过玩沙子游戏，体验沙子的自由、随意

沙子细小、松软，是一种不定型材料，无固定的形体，可随着孩子的喜好而随意变化，想变成什么样就变成什么样，能充分满足孩子喜欢摆弄物体和控制活动的愿望。孩子可以在沙堆里任意地掏洞、挖洞，也可以自由地操作、摆弄沙堆，充分发挥了其创作力和想象力。有的孩子喜欢体验沙子飞扬，就一遍遍捧起沙子从高处撒下来看沙子飞扬；有的孩子喜欢在沙堆上"垒山""建城堡"，就不厌其烦地挖沟、建墙，忙得不亦乐乎；还有的孩子喜欢在沙子上画画、栽树；等等。通过玩沙，孩子创造出了自己想象中的世界，把自己置身于一个又一

个的幻想中，其想象力得到了最大程度的发挥，获得了极大的满足感和成就感，感受到了自主游戏的乐趣。尤其对于那些缺乏自信心或者比较容易退缩、内向的孩子来说，玩沙子游戏，能让孩子的动手能力得到锻炼，让孩子体验到成功和快乐，获得情绪上的满足。

沙子乐园

2. 通过玩沙子游戏，体验别样的感官刺激

在玩沙子游戏中，孩子大胆地运用多种感官去比较、去发现，真正做到了在玩中学、玩中练、玩中想。让沙子从手上、腿上、皮肤上滑过，可以感受滑溜溜的沙子带给皮肤的舒服的感觉；脱了鞋子，光脚踩在沙子上，可以感受到脚下传来的松软的、滑滑的、凉凉的滋味儿；或者躺在沙地上，让身体的各个部位跟沙子亲密接触，体验沙子带来的别样的感官刺激。

教师还可以启发孩子多感官探究，如沙子是什么样的？沙子有气味吗？通过有趣的提问，激发孩子的探究兴趣。起初，他们仔细地观看，用手轻轻地摸，然后又尝试着用口吹、用鼻子闻，最后，他们还挖起了"山洞"，修起了"大桥"……于是，他们发现，沙子和泥土不一样，是一粒一粒的，不黏在一起，没有气味。"沙子会不会流动呢？能让沙子流动起来吗？"问题的进一步提出，让孩子们觉得探究更加有趣。为了让沙子流动起来，孩子们想尽了办法，他们收集了各种工具、器皿：水桶、铲子、漏斗、筛子……有的顺风扬沙，有的用筛子筛沙，有的合作装沙……在操作的过程中，他们变换着不同的操作材料，纷纷介绍自己的发现："老师，风能让细沙飘得很远很远。""老师，筛子能截住石子，让沙子流下去。"多感官体验沙子，让孩子接触到不同质地的沙子，如湿沙、干沙、颗粒粗细不同的沙子等，使孩子真实感知到了沙子的多种特征。

3. 通过玩沙子游戏，体验玩中学的乐趣

对孩子来说，只要给他们提供一堆沙子，创设适当的游戏情境，玩沙子就只有"玩"的乐趣，没有"学"的枯燥。孩子亲密接触沙子的同时，也会因为风吹沙子带来"沙子迷眼"的苦恼。怎样才能让沙子飞不起来呢？我把问题抛给孩子，他们商量出了一个办法。"可以在沙上洒些水，沙子就不会飞起来了，对了，我们家盖房子就是把沙子和水和在一起的。"有孩子说道。

湿沙的秘密真不少，飞扬的"沙尘暴"得到了有效的控制，孩子们埋头于各自的工程，洒水也自然成为"防尘"必不可少的步骤。他们不时地给身边的沙子洒水，初试湿沙的惊奇现象接二连三地出现：有的孩子的双手沾满厚厚的沙子，把小鱼模具装满湿沙，倒扣过来时，小鱼竟然变了模样，模具里的沙子没有全部倒出来；有的孩子不停地往沙池中洒水，却怎么也无法让面前的沙子都变潮湿，倒进沙池里的水到底流向了哪里？还有的孩子不知给小桶里的沙子加了多少水，两手还不停地抓沙，看到沙子从指缝间被挤压出来成为条状而兴奋不已……看到眼前的一幕，我不失时机地引导孩子感知、比较干沙与湿沙的不同，他们纷纷挤到我面前，急于表达自己的发现："老师，干沙是一粒粒的，湿沙是黏黏的。"还伸出双手验证自己的观点："手上的干沙可以拍掉，湿沙拍不掉，粘手。""干沙像小米，湿沙像油泥。"不知是谁插了一句。"不对，干沙像面粉，湿沙像面团。"有人反驳道。他们争论得小脸红扑扑的，在玩沙的实际操作中，他们直接感知了沙子的不同特性，大胆地与同伴交流自己的发现，亲身体验了探究的乐趣。这些看似简单的现象，对孩子来讲，却是足以和科学家的发明相媲美的"伟大发现"。他们迁移已有的生活经验，一次次成功地解决了问题。

4. 通过玩沙子游戏，体验手眼协调

在玩沙的过程中，孩子用力拍打沙子或者用铲子将沙铲起，需要运用身体各部位的肌肉，这个过程可以锻炼身体的协调性，也可以控制手的动作。孩子常常会不厌其烦地将沙子从一个小碗倒入另一个小

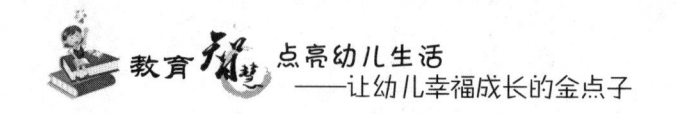

碗里，在这个简单的游戏里，孩子的手眼协调能力得到了发展。

5. 通过沙雕游戏，体验想象和创造

用沙子来塑型，是培养孩子创造力、空间造型能力的有效方法。在沙池里，给孩子提供一些建筑图片，孩子会自发地开始修长城、建城堡、挖地道……大家自选工具，如铲子、水桶等，自制模具后开始造型。一阵忙活过后，沙堆上到处是大大小小我们大人看不懂的"建筑"，孩子们会饶有兴致地讲解着，这是坦克车，那是生日蛋糕，还有黄河、大桥、汽车……此时，孩子建成了什么不重要，重要的是游戏让他们真正体会到了创造的快乐。沙雕游戏不但提高了孩子的想象力、创造力，同时也提高了他们解决问题的能力。

6. 通过玩沙子游戏，体验合作互助

沙土蕴藏着无数游戏的契机，是多种游戏的有机结合。如玩《运沙》游戏时，孩子自由结合，一部分孩子装车，一部分孩子负责挑运，还有一部分孩子负责测量记录结果。在游戏过程中，孩子自然而然地相互商量、相互合作、谦让场地、分配玩具。玩游戏的过程也是与同伴合作的过程，孩子体会到了合作的必要性和分享的乐趣，增强了沟通和交往能力。

7. 通过"沙中探宝"，体验探究意识

投放多种材料，让孩子在游戏中开展"沙中探宝"活动，培养孩子的探究能力和探究兴趣。在"藏宝"的过程中，我有意识地投放了多种材料，游戏中，请孩子自由结成人数相同的两组，用磁铁进行沙里寻宝，在相同的时间里看谁寻到的宝贝数量多。孩子们兴奋极了，他们用磁铁找到了各种宝贝：铁球、钥匙、螺母、铁瓶盖、区别针、钢笔……孩子们发现，沙子里还有很多宝贝，但是不能用磁铁把它们都找出来，这可怎么办呢？我装出无计可施的样子。于是孩子们纷纷想办法，有的说："继续用磁铁找。"有的说："用手拣。"有的说："用筛子筛。"于是他们再次尝试，在操作中大家发现：筛子最好用，可以把宝贝全部找出来。大眼的筛子可以寻找大物品，小眼的筛子可以寻找小物品。在分类的过程中，他们还发现，磁铁只能吸铁制的东西，如平头螺钉、螺丝帽、区别针、铁球等，磁铁不能吸的物品有塑料瓶盖、玻璃球、塑料玩具、塑料球、木珠、铜钥匙等制品；他们还发现磁铁上的黑色粉末会"跳舞"！孩子们在游戏中不断地探究、不断地发现并不断地变换游戏的玩法。他们边玩边学、边学边玩，自己操作得出结论，不断地发现问题、解决问题，人人都在玩中表现自己、发展自己，感受成功的乐趣。

智慧妙语

没有一种玩具能像沙子一样松软而千变万化，沙子有利于孩子随心驾驭、自由操控，体会自主的感觉。孩子在玩沙的过程中自然地要动、要想、要做、要摸、要数、要量、要找……玩沙子，真正做到了让孩子在玩中学、玩中乐、玩中思考、玩中探索。

15. 体验静电，发现生活中的神秘趣事

在冬季干燥和多风的天气，我们会碰到这种现象：晚上脱衣服睡觉时，黑暗中常听到"噼啪"的响声，而且伴有电火花；见面握手时，手指刚一接触到对方，会突然感到指尖针刺般刺痛，令人大惊失色；早上起来梳头时，头发经常会"飘"起来，越理越乱；拉门把手、开水龙头时都会"触电"……我们大人都知道这是静电在作祟，可孩子们对此却十分好奇。当孩子从滑梯上滑下来，手碰触到滑梯感到刺痛的时候，会惊奇地大叫："滑梯有电！"孩子对静电也是非常感兴趣的，如何让孩子体验生活中的神秘隐客——静电呢？

1. 在生活中感知静电

冬天是比较干燥、多风的季节，每当大风来临的时候，带孩子在户外梳头发，就会发现头发随着梳子飘起来。如果让孩子在黑暗的卧室脱衣服，就能听见"噼啪"的响声，看见蓝色的闪光，当孩子看到、听到、感觉到这些现象的时候，我们可以告诉孩子，这就是静电现象。

我们还可以带孩子一起去户外体验静电，如孩子在玩滑梯的时候，通过身体与滑梯的摩擦，就会产生静电，当他用手轻轻触碰别人的时候，就会突然感觉到针刺般的刺痛。当孩子看到、听到、碰触到静电时，就对静电有了感知。

2. 在实践中探究静电

当孩子有了触电的感觉，就可以利用小实验，让孩子探究静电产生的原因。我们可以这样做：首先，把塑料袋剪出一段，接着吹好一个气球，因为用的时候需要摩擦，所以不能吹得太大，以免爆掉。然后，我们可以拿干毛巾在气球表面来回摩擦，注意不能太用力，同样，用干毛巾在剪下来的一截塑料袋上也来回摩擦几下，再把塑料袋打开，弄成一个圈。现在我们把塑料圈放到气球表面，会惊喜地发现，塑料圈居然会悬浮在气球上方，而且能随着气球的移动而移动。把塑料圈做成别的形状，或者把气球换成橡胶棒也能达到一样的实验效果。孩子在实验过程中用力摩擦，亲身感知了什么叫摩擦起电，明白了皮肤与衣服之间以及衣服与衣服之间互相摩擦，便会产生静电。

3. 在生活中妙用静电

当孩子体验了触电的感觉，经历了摩擦起电，就了解了静电的成因。于是，我们可以引导孩子探索如何利用静电、防止静电。利用"神奇的魔术花"来引导孩子妙用静电：拿一个胶棒，快速地摩擦布块，边摩擦边说"魔力魔力，快快发力"，然后迅速把胶棒靠近小纸屑，会发现小纸屑被吸上去了。这时候，我们可以让孩子亲自动手试一试，一起来做一个美丽的串串花。我们需要为孩子准备塑料棒、各种颜色的小纸屑和小布块，先让孩子用小布块摩擦塑料棒，然后再去吸五颜六色的小纸屑，一个个美丽的串串花就出现了。当孩子没有做成串串花时，可以引导孩子反思："是不是摩擦的力量不够？或者是手上太潮湿了？"及时总结并让做得好的孩子来演示，让其他孩子发现摩擦起电要用力、环境要干燥。孩子了解了如何去摩擦起电的同时也就明白了如何去防止静电干扰，如干燥的季节，

摩擦起电

出门前去洗一下手,或者往身上涂抹一些润肤乳,或者在梳头发的时候,梳子上蘸点水,或者在户外玩耍时尽量减少摩擦。尽管是一些粗浅的小经验,却是孩子真实感受到的、自主体验到的小常识。

智慧妙语

意大利著名的教育家蒙特梭利说过这样一句话:"我听见,我会忘记;我看见,我会记得;我做了,才会理解。"只有让孩子在生活中发挥主观能动性,放开手脚投入各种体验活动中,学习对他们来说才会变成了一种愉快的感知旅程。

16. 体验泥土,嗅触大地的奇异芬芳

捏呀捏,捏泥巴,
先捏一只鸡,
再捏一只鸭,
捏只山羊咩咩叫,
捏只母鸡咕咕哒,
捏只小猴蹦蹦跳,
捏只青蛙呱呱呱,
捏个小孩就是我,
快快乐乐是一家。

这首《捏泥巴》的童谣仿佛把人的思绪带回到了孩提时代。那时候放学,约上几个小伙伴,拿着小锹,拎着水桶,来到田间,用力将泥土挖松,倒上点水,将泥和好,双手齐下,就开始玩起了泥巴。团泥团、搓泥条儿、摔泥块儿,一会儿造房子,一会儿做电视,忙得不亦乐乎,手、脸、衣服都脏兮兮的,但内心却欢呼雀跃。而回过头来看一看现在的孩子,当各种钢筋水泥把松软的土地覆盖,各类电动玩具、各色橡皮泥和轻黏土代替了传统的玩泥巴,孩子还能嗅出泥土的奇异芬芳吗?当孩子的记忆里不再有广阔的泥土地,长大后,他们还会知道自己的"根"扎在哪里,知道什么是"故土"吗?现在的孩子,

不管身居城市还是农村，随着城市化进程的加快，"土"好像逐渐在远离他们的视线，孩子不熟悉土地，对土地的认识和感情也很淡薄。我们要有意识地带孩子走进泥土地，孩子会嗅触到泥土的芬芳，在《泥乐》游戏中绽放智慧。

1. 接触泥土，嗅触泥土的芬芳

我们带孩子参加户外活动的时候，要有意识地将他们带到草地上、大树旁、花坛边、种植园，引导孩子"找一找，什么地方有泥土"。孩子会走进草丛，用小棒、树枝拨开小草小花，寻找到藏在草丛里、花坛下的土。有的拿小铲在地上挖。挖土的过程中，孩子会发现土里藏着的各种小东西：小草的根、小石子、腐烂的树叶等。还有的孩子会发现泥土中的小洞，抠一抠，发现了小蚂蚁、蚯蚓……随着发现的秘密越来越多，孩子的问题也随之而来。他们发现，地上的土是干的，黄色的，特别细，被风轻轻一吹就起来，但是挖出的土的颜色很深，而且是湿湿的，捏在手里黏黏的。

2. 感知泥土，对泥土产生兴趣

当孩子对泥土从漠不关心到认识，并对泥土产生了浓厚的探究兴趣时，我接着引导："我们已经知道幼儿园的土里有什么，想一想，哪里还有土？那儿的土里会有什么？"这时孩子们就会开始关注田野里、工地上、马路边、花池里、松树下、山上的泥土，于是"土里有什么"就成为孩子们关注的话题。为此，我邀请孩子的爸爸妈妈一起进行调查。孩子们交流分享后总结出土里面有各种东西，如石块、枯树叶、小草根、小虫子等；土里的宝贝种类与挖土的地点有关，如果是从路旁挖土，挖出的石块会比较多，如果是从山上挖土，土里的树枝就会多些；各种土的颜色是不一样的，有的发红，有的发黑，有的是深黄色或浅黄色；各种土的土质也不一样，红色的土比较黏，黄色的土比较细并夹杂着大大小小的沙子，黑色的土很松软。孩子自然而然地开展了比较观察，在观察和探索的基础上，尝试进行简单的分类、概括。当发现土里有很多不知名的小虫子时，孩子又产生了诸多不解："土里多黑呀，它们怎么住在土里？""埋在土里，它们怎么没被憋死？"孩子的新问题需要更多的资源支持，同伴、家长、图书、网络等都是孩子解决问题的有效途径，为孩子以后的学习奠定了良好的基础。

3.《泥乐》游戏，动手动脑

泥塑前的一项基本准备活动是和泥，可以让孩子自主感受土加水变成泥的过程，亲身体验土的松软、黏性等特点。为了让孩子清楚和泥的过程，我们先制订了一个简单的小计划，孩子由于没有相关经验，原以为和泥会很快完成，但是捡石子、挑小棍、砸大土块、把土和水混合在一起等实际问题的解决并不轻松。看似简单的和泥活动，既培养了孩子的劳动技能，也提高了孩子的动作协调性、观察力、解决问题能力，和泥经验也为下一步泥塑奠定了基础。

捏泥。事先我们用泥土做了各种各样的玩具，摆放在活动室的玩具架上供孩子欣赏，以激发孩子对泥土的兴趣。孩子最喜欢泥土会变的特性，团圆就变成"小汤圆"，拉长就出来一根"火腿肠"，多搓几下就变成一根面条，压扁再卷一卷就变成了烧饼……孩子的手很巧，他们根据自己的想象可以捏出各种各样的形状，如十二生肖、小汽车、水果等，姿态各异，惟妙惟肖。在这些有趣的活动中，孩子大胆地动手操作，双手配合手腕转动小臂、大臂用力，这种合理的锻炼不但能使孩子的小肌肉群得到最佳锻炼，提高孩子手部的灵活性和协调性，还能调动孩子的视觉、听觉、触觉等多种感官的积极参与，对脑部发育有着极其重要的影响。通过玩泥巴，还可以对孩子进行空间思维能力的培养，让孩子在玩中认识简单的形体特点。我们还可以让孩子捏出各种几何形体，并对这些几何形体进行认真观察，了解几何形体的基本特点。例如，球体圆圆的，没有棱角；正方体是由6个正方形组成的，有12条边，每条边都一样长；圆柱体像一个圆柱子，上面和下面都是圆形的，而且上、下圆一样大。这样的游戏活动，不断加深孩子对其特征的认知，还促使孩子在操作的过程中进一步理解了形体之间的关系，锻炼了孩子的空间思维能力和感知能力。

存泥。和好的泥被孩子堆放在盆里，如果不及时储存，就会风干，因此，我们又开展了"怎样保存泥"的讨论活动。作为教师，我没有直接把自己知道的方法告诉孩子，而是让他们收集方法、寻找材料、进行猜想、实践验证，在亲力亲为中获得真经验，满足好奇心，发展自身探究能力。在开放的环境中，孩子找到了很多方法，有的说在外面抹上一层油，有的说放在塑料袋里，还有的说放在封闭的罐子里。

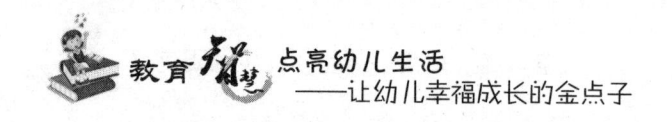

我支持孩子们的想法，并给他们留下了从猜想到验证的时间，让他们通过自己的实践去验证。

4. 参观实践，绽放智慧

可塑性只是土的特性之一，如何让孩子了解土与人类生活之间的密切关系，才是《泥乐》游戏的重点。于是，我带领孩子来到附近的生态园，进行实地参观。孩子发现了各种各样的蔬菜都长在土里，听了农民伯伯的介绍，他们知道了要想让蔬菜长得壮，就要给土施肥。除了能长出好吃的菜，土还有什么本领呢？参观后，我们积极发挥家长的教育资源，一起收集答案。通过同伴交流，孩子发现，土不仅能把营养输送给植物，让植物长得更加茂盛，还能给动物洗澡、降温，有些动物还把土当成美味佳肴。人更离不开土，土地上能栽种蔬菜和庄稼；土经过改造，变成日用品，如陶瓷的盘子、碗都是用土烧制成的；土可以变成砖头，用来建造漂亮的房子，还能制成精美的工艺品，如艺术陶瓷。

智慧妙语

泥土是大自然孕育万物的"温床"，人类与生俱来就有一种亲近泥土的天性，"落叶归根""故土难离"都是表达人对哺育自己的故土的深深眷恋。而现在成年人根深蒂固的"泥巴脏"的观念，却生生隔断了孩子与泥土的亲密关系。我们要让孩子回归泥土的怀抱，在《泥乐》游戏中释放天性，绽放智慧。

第三章

教育小经验，让生活更快乐

第三章　教育小经验，让生活更快乐

每天孩子放学后，家长问孩子的第一句话不仅会影响孩子的心情，甚至可能影响孩子的心态和性格。如果家长问的第一句话是"你今天遇到什么有趣的事情了吗""你今天开不开心""你跟小朋友玩了什么好玩的游戏""给妈妈讲一个你今天觉得特别好玩的事吧"，那么这些问题可以提醒孩子关注在幼儿园一日生活中快乐的事情，培养孩子乐观、积极、向上的性格。幼儿园快乐的生活、学习经验将会影响孩子性格的塑造。

这个世界上有两样东西是美好的、不能少的：一样是音乐，一样是孩子的笑脸。孩子的笑脸是世界上最美丽的风景，我们要为了孩子的快乐而实施教育，为了教育出快乐的孩子而自豪。每个教师的心中总有一些快乐教育的瞬间，总结那些印象深刻的能让孩子发出欢笑声的教育教学经验，重复那些成功的快乐教育经验，可以让自己的教育之路因快乐的经验而出现更多的笑声和笑脸。

《幼儿园教育指导纲要（试行）》中指出："幼儿园应为幼儿提供健康、丰富的生活和活动环境，满足他们多方面发展的需要，使他们在快乐的童年生活中获得有益于身心发展的经验。"因此，教师要记录下孩子一日生活中那些点点滴滴的快乐教育经验，比如，快乐生活经验——快乐进餐、快乐点名、快乐排队、快乐入园离园、快乐午睡，让孩子在快乐中完成一日生活的吃、喝、拉、撒、睡；快乐学习经验——快乐"三听"、快乐"三讲"、快乐"三游戏"，让孩子在快乐中长知识；快乐家园沟通经验——"我教爸妈学本领"，让孩子在快乐中架起家园沟通的桥梁……这些可以让孩子生活得更快乐、学习得更快乐，让教育的每个瞬间都成为孩子的快乐之源！

1. 总结快乐入园经验，让新生入园更快乐

每学期的开学季，对于幼儿教师来讲都是难熬的时间。孩子因分离焦虑和生活节奏的改变，常常出现哭闹、不吃不喝、来回走动等现象。当教师满耳都是孩子的哭声，满脑都是孩子打架、告状的画面，满地的玩具狼藉一片，在手忙脚乱安抚孩子的同时出现了内心焦躁等现象。如何改变孩子哭闹、教师烦躁的现状，快乐度过开学季？我总

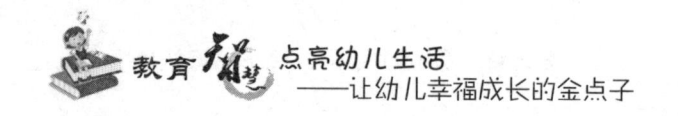

结了一些让孩子快乐入园的经验，打造了"快乐入园第一周"活动。

对新入园的孩子，首先要奉上第一道大餐——"安心餐"，即组织各种安抚活动，让孩子安心入园。一般来说，安抚活动要做到"看、听、抚、逗"。

"看"即察言观色，观察孩子的情绪及其爱好，以便"投其所好"。比如，我在接待新生辉辉时，发现他虽然哇哇大哭，眼睛却紧盯着操场上的滑梯。于是我说："辉辉，如果你不哭，我就带你去玩那个大滑梯。"果然，辉辉一会儿便止住了哭声，我就带他玩了滑梯。其实每个孩子都有自己的兴趣点，就看教师能否观察到、拿捏准。

"听"即听声寻因，教师应适当允许孩子哭闹，倾听其诉说。若仅仅要求孩子"别哭了，再哭就……"只会加重孩子的心理负担，反而不利于疏导其不良情绪。由于环境及生活规律的改变，孩子往往会因处理不好吃、喝、拉、撒等生活方面的问题而用哭来代替，因此教师要听其声、寻其因、帮其忙、解其惑。

"抚"即安抚，教师的安抚可分肢体抚触和语言安慰两种。对于处在"入园彷徨期"的孩子来说，教师的安抚动作要饱含爱、扶持和安全感，当孩子因分离焦虑而大声哭闹时，安抚往往需要技巧。比如，入园第一天，童童紧紧拽着妈妈的手说："妈妈不要走，我要回家……"李老师赶紧走过去，先拉过孩子紧攥的小手，然后把孩子"心贴心"抱紧，轻轻抚摸孩子的后背。此时，正沉浸在分离气氛中的童童大声哭喊着，任何语言对他都是无济于事的，而李老师耐心倾听和抚触他的小手、后背的举动，可舒缓其紧张害怕的情绪，让其感受到"妈妈走了，但老师会陪着你"。待童童将大声哭闹变成连声哭求"找妈妈，找妈妈"时，李老师笑眯眯地轻声安慰说："她要去上班，我会一直陪着你。""你吃过饭，睡了觉她就来接……"在李老师的一番安抚语言里，其巧用"她"替代"妈妈"这两个孩子敏感的字眼，对于处于直觉形象思维阶段的低龄孩子来说，不易引起他们过度伤心，而且从孩子当下的心理需要出发，把话直接说到孩子的心里，给孩子做出了明确的解释，比"再哭，就不让妈妈来"更有稳定情绪的作用。

"逗"即用夸张的表情和肢体动作逗乐孩子，教师的诙谐幽默往往能快速消除师生间的紧张、陌生情绪。比如，有一个叫多多的新生，每次来园都哭闹着要回家，无论教师怎样哄劝，都难以奏效。一次，高老师灵机一动，一边使劲蹦了起来，一边大声嚷着"你哭得我都伤心了，我也不上班了，我也要回家"。其他孩子都笑了，多多也安静了下来。显然，高老师的做法让孩子产生了认同感，拉近了师生之间的距离。

接着可以奉上第二道大餐——"交心餐"，即组织各种谈话活动，用交谈的方式与孩子交心。要想让孩子入园有话可谈，并谈出趣味和快乐，谈话的切入点很关键。首先，教师要围绕孩子熟悉的话题和场所切入，比如，围绕"假期趣事""游乐场"谈话，往往能一下子打开孩子的"话匣子"。孩子有话可说、有内容可谈，对环境的陌生和羞怯心理就会逐渐转化为自信和勇气。教师也可从孩子的年龄特点和兴趣入手，比如小班组织"我的玩具"活动，从孩子最亲密的朋友——玩具那里寻找突破口。谈话前请每个孩子都带来他最喜欢的玩具，然后围绕"我带了什么玩具，可以怎样玩"展开交谈，不仅能使孩子通过介绍熟悉的玩具产生说话的自信，还能使孩子在与教师、同伴交谈的过程中拉近彼此的距离，找到"知己"。谈话的形式也应该灵活多样，有针对性，根据入园第一周孩子晨间离别的不适应，教师要做好晨间谈话活动和离园交谈活动。早上孩子入园时，除了一句"早上好"，教师可及时夸一句"你笑起来真漂亮"或倾诉一声"我昨天晚上都想你啦"，离园时组织"今天在幼儿园你都有哪些开心的事""明天来园我们要做哪些好玩的游戏"等谈话，让孩子带着今天的快乐和对明天的美好憧憬离开幼儿园，为孩子第二天快乐入园埋下伏笔。

然后奉上第三道大餐——"暖心餐"，即用"暖暖"的方式组织系列常规活动，让孩子在幼儿园找到熟悉感。成人常说这样一句话："要想抓住他的心，先要抓住他的胃。"对于孩子来说，要想温暖孩子的心，就要照顾好他的吃、喝、拉、撒、睡。

"吃""喝"方面要照顾到孩子的家庭习惯。对于集体生活中的独立进餐，小班有个别自理能力弱的孩子有些不适应，为锻炼孩子自己用勺、用筷，可采取"两把餐具进餐"的策略，即孩子拿一把小勺吃饭，教师用另一把小勺在一旁帮助，在孩子吃得不好或没吃干净时帮一把。此举既能让孩子吃好饭，又适时起到了示范、指导作用。

针对孩子新入园不敢自主去喝水、不爱喝白开水的普遍现象，可在活动室的显眼位置开设"宝宝水吧"，让家长为孩子准备一种口味的水，如现榨西瓜汁、菊花水、冰糖梨水、山楂水、蜂蜜水、白开水等，把孩子惯用的水杯带来，需要喝水时孩子就可以熟悉而兴奋地自己找水喝。教师也可根据孩子需求适时宣传白开水："今天我的小水吧开业有优惠，送给每人半杯白开水。"孩子都会饶有兴致地尝试喝教师准备好的白开水，这样，不仅保证了孩子的饮水量，而且让他们在游戏中慢慢培养了多喝白开水的好习惯。

针对"拉""撒"，我们要让孩子熟悉环境，敢于表达。小班的一位教师这样组织孩子熟悉环境："来，宝宝看看，这是咱家的大客厅，里边有……这是咱家的卧室，睡觉的时候可以……这是咱家的厕所，想解手的时候可以自己来。宝宝，我是李老师，这是张老师，这是……"具体而亲切的方式既能使孩子听懂、看明白，又抓住了新生不敢表达的特征，使其可以自由自主如厕。

"睡"也是孩子入园第一周的一大难关，教师可运用音乐、故事、游戏等多种方式缓解孩子想家的情绪。对于个别哭闹着不肯睡觉的孩子，需实施"母爱教育"式的哼歌谣、轻拍等方法，对于情绪特别不好的孩子，可以让其坐在床上看书或玩一会儿，缓冲一下，孩子慢慢也会随着其他孩子入睡。另外，教师还要提醒家长纠正孩子的入睡习惯，尽量让孩子的作息习惯与幼儿园保持一致。

最后奉上第四道大餐——"开心餐"，即组织趣味游戏活动，让孩子在园乐翻天。入园第一周，组织快乐的游戏是必不可少的。首先要组织能促进交往的游戏，比如《碰碰车》游戏，孩子围圈面向里，双手做开车动作，教师站在中间主持说："碰碰车，真有趣，碰哪里？"孩子齐声说："碰碰头。"教师："碰几个？""碰两个。"随即两个孩子头碰头碰在一起，接下来再碰碰腿、碰碰手……随着游戏的深入，不断改变同伴与同伴以及同伴与教师之间的身体接触部位，让孩子感受身体各个部位在接触中的不同感受。像这样的游戏有很多，比如《打电话》《拉拉钩》等，多角度的接触会使孩子迅速对教师和同伴产生熟悉感、依恋感，尽快让孩子排除孤独感并感受到集体的温暖。其次，疏导和宣泄情绪的游戏也很重要。有时，适时疏导和释放一下孩子的情绪和体力可以缓解孩子心里的紧张感和孤独感。这类游戏也有很多，如《找笑脸娃娃》《逛逛幼儿园》《快乐值日生》《给我的小花浇浇水》等，可使孩子的情绪和体力得到疏导和释放。教师还应多组织锻炼孩子生活技能的游戏活动，孩子入园的很多不适应现象都是孩子在幼儿园活动时遇到困难所致，开展如《给镜子里的娃娃穿衣服》《扣扣子》等游戏能使孩子迅速掌握必要的生活技能，培养孩子的自信心和自理能力。教师还可以录制一些家长安慰孩子的话，家长和教师的谈话录音、活动录像以及孩子的家庭生活录像等，通过让孩子听、看，从而知道妈妈、爸爸干什么去了，大概什么时候会来接他。入园第一周的游戏时间要有所控制，在孩子对某个活动特别感兴趣并玩上兴头时，可引导其转移活动，告知明天再玩，给孩子明天快乐来园做铺垫。游戏的形式也要不断更新，让孩子觉得天天都有新花样，便能乐此不疲。

智慧妙语

大人对孩子要永怀接纳的心态，接纳孩子的情绪，接纳孩子的不完美。教师用积极快乐的心态接纳孩子的分离焦虑，孩子变得平静了，教师的内心就平和了；孩子心情愉悦了，教师就轻松快乐了！

2. 总结快乐点名经验，让点名时光更快乐

点名在社会各个场合都可以遇到，更是幼儿园常见的一日生活环节之一。多数教师的点名方法通常为"一点一答式"，即教师喊出孩子的名字，孩子回应"到"。往往是点前几名时，孩子还挺安静，点到后面，就被大家说话的声音给掩盖了，需要教师多次要求和提醒，才能顺利点完名。这样不仅浪费了一日活动环节的时间，有时也会因为孩子的不注意而未听到点自己的名字，更让点名时光变得沉闷无聊。如何让孩子在快乐中度过点名时光？教师与其千方百计让孩子安静下来进行点名，不如把点名变成一项孩子想做、喜欢做、乐意做的活动。我总结了几种快乐点名方式，巧妙地变换不同的方式点名，让点名变得井然有序又妙趣横生。

1. 快乐标记式点名让孩子因"名字大变身"而感受新奇、快乐

标记式点名,就是把点名册上孩子的名字"变身"为各种标记,这些标记都是孩子喜闻乐见而又熟悉的。比如,"水果标记点名法",孩子年纪小,对数的概念不太清楚,所以在开学初让每个孩子选择用自己喜欢的水果符号来代替自己的名字,如×××是苹果,×××是橘子,一张"水果点名册"就形成了。教师把点名的权利交给孩子,孩子在点名的时候就可以根据"水果点名册"进行点名了。当孩子点到"苹果"时,一个可爱的小姑娘大声答"到",随着"橘子""香蕉""葡萄"等的呼叫声,不断有孩子快乐应答。在笑声中,孩子仿佛置身于水果乐园。大家在点名的同时,不仅领略了自己秒变水果的趣味过程,而且认识了多种水果。教师还可以每月更换主题,如本月为水果主题,下个月就换成动物主题,将点名册上孩子的名字变身为各种动物,让点到的孩子学所变的动物叫。一个小小的创意,就让点名时光变成了快乐畅游动物园的情境。更别提把孩子的名字变为各种各样的花、各种各样的树、各种各样的蔬菜、各种各样的图形啦!因为孩子的具体形象思维占优势,很容易就会沉浸到"我是小花、小草"的想象情境中。

花样点名册

当然,我们还可以把孩子的名字变为他们喜闻乐见的动画人物。提前征集孩子喜欢的动画人物,教师把孩子自己选择的动画人物图标打印出来,或者让孩子自己绘制自己喜欢的动画人物图标,然后用动画人物图标代替点名册上的名字,这样,点名时就更热闹非凡了。"加菲猫""小熊维尼""熊大""光头强""小猪佩奇"……这些孩子熟悉的动画形象取代了孩子的名字。每个孩子在点到自己的动画人物图标时，还要模仿动画人物做出相应的动作。比如，点到"小魔仙"，"小魔仙"要马上开始做一个念咒语、变魔术的动作，一下子所有的孩子都被逗得哄堂大笑，在笑声中，一个个被点到名字的孩子模仿各种动画人物形象，或滑稽，或可爱，或勇猛，在欢声笑语中找到了共鸣，找到了欢乐，度过了美好的点名时光。

2. 快乐游戏式点名，借点名游戏让点名化静为动

游戏永远是孩子快乐学习某种本领的最佳途径。自创点名游戏《逛花园》，教师或孩子根据点名册上的名字点到一个孩子，问："星期一，逛花园，×××看到什么花？"被点到名字的孩子答："我看到玫瑰花。"然后被点到名字的孩子接着问旁边的同伴："星期一，逛花园，×××看到什么花？"旁边孩子作答后，接着往下传递玩游戏。统计名字的教师或孩子，一边组织游戏，一边做好点名统计工作。这个游戏还可以改为《逛动物园》《逛菜市场》《逛水果店》等，并在玩游戏的过程中增加难度，如《逛动物园》，"星期×，逛动物园，看动物，两条腿动物×××说"，被点到的孩子就要说一说自己所知道的两条腿的动物有哪些，接着游戏向下传递。整个游戏在孩子的互动中进行，在玩乐中丰富了孩子的科学常识。

游戏是孩子在互动中学会某种本领的捷径。比如，自创点名游戏《开火车》，教师或孩子发出口令，从一号孩子开始："我是一号×××。"一号孩子说完后，二号孩子马上跟上："我是二号×××。"二号孩子说完，三号孩子马上跟上……就像开火车一样一个接着一个说下去。也可将难度调整为"开火车顺数点名字""开火车倒数点名字""开火车单数（或双数）点名字"等，让孩子在说说笑笑中一边学数学，一边感受点名的快乐。除此之外，教师还可以组织一些激发孩子表现力和创造力的点名游戏，如《找小鸡》游戏，教师发出游戏口令："鸡妈妈，找小鸡×××。"被点到的孩子一边模拟小鸡做动作，一边发出"叽叽叽"的声音，接下来，也可换作其他动物，让孩子在玩乐中表现不同动物的形象。还有游戏《小小造型师》，教师点到谁的名字，谁就站起来摆一个造型，看谁的造型最特别，这不仅可以激发孩子的表现力，还能培养孩子的创新能力。还有《打电话》游戏，孩子围成一个大圆圈，教师站在圈内，做打电话的手势走到孩子对面："丁

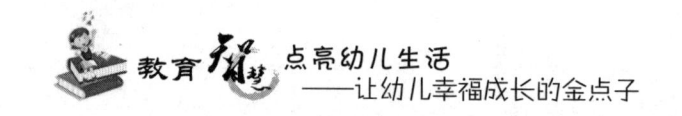

零零……"孩子马上做接电话的样子说:"你好!我是×××!"教师走到哪个孩子对面,哪个孩子就响亮地回答一句,还没有接到电话的孩子会伸长脖子等待。在这样的一些小小的点名游戏中,孩子们个个欢呼雀跃、兴致勃勃。

3. 快乐点名儿歌式,让孩子在快乐中学习语言

我们成人都有这样的体会,就是直接问某个孩子叫什么名字的时候,这个孩子不一定会直接、顺利地应答。如果能巧借一些儿歌、歌曲,就能让孩子在说儿歌、唱歌曲的过程中不知不觉缓解紧张情绪,增强孩子乐于与他人互动的兴致。比如,自创点名歌《找朋友》,教师说:"找呀找呀找朋友,找到×××小朋友。"×××小朋友回答:"我来了,我来了,我是你的好朋友!"自创点名歌曲《你来唱,我来和》,让孩子以熟悉的节奏回应。例如,

师:|×××(王乐乐)|×××(在哪里)|

幼:|×××(我来了)|×××(在这里)|×××(在这里)|

教师点到谁的名字,谁就按一定的节奏拍掌、跺脚应答自己的名字。这些通过对唱、说唱来进行点名的活动,是让孩子感受音乐的一种方式,在快乐游戏中培养了孩子对音乐的兴趣。

4. 多种形式快乐点名,每天带给孩子不一样的快乐心情

出其不意的点名方式,往往会给孩子带来别样的感受。如无声式点名,教师张口不出声,用嘴形来提示,孩子通过嘴形来判断教师点到的是谁。在教师用嘴形表示出孩子的名字时,被点到名字的孩子用手势回应教师"我在这儿"。还有小游戏《我的眼里只有你》,教师用眼睛点名字,看到哪个孩子,哪个孩子就以各种形式答"到",这时候,所有孩子的注意力都集中看着教师,生怕漏掉自己的名字。孩子个个伸长脖子、睁大眼睛,偶尔看到其他同伴做出滑稽的动作还被逗得哈哈大笑……这样的无声式点名,可以更好地训练孩子敏锐的观察力、细腻的感知力,留在孩子心里的是永不消失的笑声。

还有一些别出心裁的点名方式,如颜色点名法,教师出示不同颜色的色卡,这时,穿相应颜色衣服的孩子起立应答,多名孩子可以一起站起来,这样的方式不仅可以丰富孩子对颜色的认知,也能提升孩子敏锐感知自己和观察同伴的能力。教师还可以自制签到卡,布置在

班级一角，把孩子的名字按序号依次排列，孩子每天来园后在相对的日期一栏做出标记，表示"今天我来了"，最后请一个孩子进行总人数的统计汇总。

这些花样点名方式，都是在与孩子说说笑笑中总结出来的，目的是改变以往点名一成不变的单调形式，改变孩子在点名过程中的被动地位，让孩子学做点名的主人，调动孩子主动参与点名的积极性、主动性，使点名这一活动变得丰富、有趣。自此，点名不再只是教师统计人数的一种形式，而是变成了一项孩子乐于参与、利于孩子快乐成长的益智小活动。

智慧妙语

点名是人与人沟通的一种方式，在点名过程中，你能从中感受到"名字"这个代号带给你和对方的快乐吗？尝试着为点名加点儿小智慧，用心去点名，让点名妙趣横生，成功开启对方的心灵之门吧！

3. 总结晨间三部曲，让孩子入园更快乐

清晨，朝霞升起，迎来了一天中最充满希望的时刻，每个人都为自己将拥有新的一天而祝福、期盼，家长们也满怀希望地把宝贝们送入幼儿园，希望他们能在幼儿园度过轻松、愉快的一天。"好的开始是成功的一半""一日之计在于晨"，入园是孩子在幼儿园一日生活的重要开端，当他们睁开惺忪的睡眼，朝气蓬勃地迎着初升的太阳迈进幼儿园时，我们怎样给孩子开启轻松、快乐的入园晨曲呢？我总结了晨间入园三部曲，让好心情伴随孩子度过轻松快乐的一天。

晨间入园第一部曲："提前预约进行曲"，让孩子入园奔着快乐出发

早晨孩子入园，总会或多或少有一些对家的依恋和对父母的依赖。我采取提前一天预约制，和孩子约定第二天的入园任务，计划第二天的入园活动，往往可以让孩子带着期待和快乐入园。比如，文明礼仪小天使预约制。第一天下午离园时，我跟孩子约好谁是第二天早晨的

"文明礼仪小天使"，第二天早晨入园时，"文明礼仪小天使"便会早早地来到幼儿园，佩戴着礼仪绶带，站在门口向孩子及家长问好，一句句"你好，欢迎来园""阿姨你好""再见"……都是孩子精心准备了很长时间的话。那种看到同伴来园的兴奋，看到家长的大胆问好，使孩子在入园第一刻就体验到了成功的快乐，既提升了"文明礼仪小天使"的语言表达能力，也对其他孩子起到了示范、影响作用。类似的预约活动很多，如"植物角管理员""值日生"预约制等。当孩子记得和教师的约定，第二天早晨自己要照顾小花小草、小动物时，早晨不想起床的懒惰情绪就会被积极的情绪所代替，还有什么比明天早晨有快乐的事情在等待着自己更开心的事呢？

晨间入园第二部曲："晨间接待变奏曲"，调整孩子入园的快乐情绪

晨间接待将影响孩子一天的情绪。早晨，若孩子的情感需求得到满足、情绪得以稳定、不良因素得以控制，那么在全天的学习、生活中，孩子将会快乐度过。早晨，我们要用欣赏的眼光、快乐的心情做好晨间接待，把烦琐的工作当成爱的享受，这样就会爱上晨间接待那段美好的时光。也许一个微笑、一次抚摸、一声问候、一点耐心，就能奏出晨间快乐接待曲，影响孩子的入园情绪！

用一个微笑拉开接待前奏。俗话说："微笑是世界上最美的语言。"微笑对幼儿教师来说，是一件最重要的法宝，是最重要的教育感染手段。教师经常把笑意露在脸上，自然而然就会形成一股内在的亲切感，孩子就会对教师产生好感，愿意亲近教师。早上，用微笑迎接孩子、家长，用微笑与孩子、家长沟通交流，能让家长对教师产生信任，让孩子受到教师良好情绪的影响。

用肢体语言做到情感交融。晨间，孩子入园，对家人依依不舍，情感上很需要教师的抚慰，这时候教师蹲下身子，给孩子一个大大的拥抱，或是抚摸孩子的头、小手，就能把爱传递。同时，也能在拥抱、抚摸孩子的同时，检查孩子的口袋里是否装有小弹球、小瓶子之类的不安全物品，不仅给孩子传递了爱和接纳，更保证了孩子的安全入园。

用一声问候开启交流沟通。要为孩子营造快乐的入园氛围，教师的问候语至关重要。看到孩子入园,"你今天真精神!""你今天没哭哦,真棒!""今天这么高兴,有什么开心的事啊?"一句简短的问候,却能给孩子带来一种愉快的情绪和发自内心的喜悦,轻松愉快的交流沟通就开始了。教师还可以跟送孩子的家长聊几句,对家长所描述的孩子在家的表现及时送上激励和赞美的语言,让孩子产生积极向上的心态,更加喜欢幼儿园。

用一点耐心来关注孩子的情绪。教师要做好晨间接待,耐心倾听孩子的表达;看到个别孩子哭着来园,耐着性子听其哭泣,因为有时候,哭是孩子发泄情绪的一种手段,等其发泄完,再耐心询问原因,使孩子平静地打开"话匣子";看到孩子情绪不好,可以给孩子找个好伙伴,让他们一起玩,用同伴的情绪来影响他。教师还可以用听一听、抱一抱、逗一逗等多种方法跟孩子建立更好的默契与亲近感,孩子会把他开心或难过的事告诉教师,与教师分享他的小秘密。

晨间入园第三部曲:"晨间活动交响曲",让孩子乐于参加晨间活动

丰富多彩的晨间活动会让孩子入园有事可做,不仅能转移孩子晨间入园的不适应情绪,还能让孩子沉浸在各种快乐的活动里。比如,教师提前安排孩子来园后的晨间活动,将孩子来园后需要做的事情用图画或照片的形式记录下来,布置"来园四部曲"——向教师问好、洗手、脱外套、搬椅子坐好。孩子进园就可以自己对照图示做好活动准备,接下来就可以有序地投入晨间活动里,或者自主选择区域游戏活动,如观察自然角的动植物、填写观察记录表;去生活区为娃娃穿衣服、系鞋带、扣纽扣等;去科学区进行科学小实验;去美工区剪、贴、画等。还可以进行晨间阅读活动或者晨间户外活动。晨间活动越丰富多彩,孩子越能动起来、乐起来,尤其是晨间活动结束环节,教师巧用手机拍摄孩子的晨间活动剪影,作为对晨间活动的总结,共享在电视屏幕上,让孩子通过看照片,了解自己和同伴们进行活动的情况,看到同伴的不同活动、不同玩法,通过互动分享,进而产生对下次晨间活动的期待。

在教育生活中总结的"晨间入园三部曲",在带给孩子快乐有序的晨间生活的同时,也改变了教师的心态。通过"提前预约",教师能养

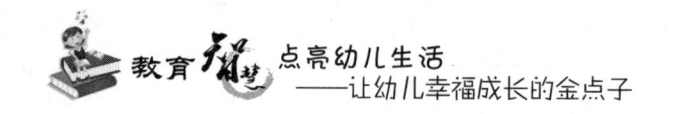

成做事情提前计划的习惯，每天早晨以积极的情绪用心接待孩子，使孩子快乐入园，也在无形中塑造了自己乐观、积极、向上的良好心态。

智慧妙语

南怀瑾先生曾说过："能控制早晨的人，方可控制人生！"每天早晨满怀快乐去提前规划好新的一天，想清楚自己今天要干什么，乐观的心态和明确的目标将会带给你快乐而充实的一天！

4. 总结午睡三部曲，让孩子午睡更快乐

午睡是孩子一日生活中不可缺少的环节。经过半天的活动之后，高质量的午睡能让孩子疲劳的身体得到休息，紧张的情绪得到放松，让孩子精力充沛地迎接下午的活动。那么，如何让一群精力无限的孩子主动、积极、快乐地午睡，做个甜甜的梦呢？我总结了让孩子喜欢的"午睡三部曲"。

午睡第一部曲：静心曲，引导孩子静下心来逐渐入睡

午睡是一个调节身心的环节，或甜甜的睡眠，或短暂的闭目养神，都可以让孩子上午躁动的内心得以平复，以更舒适的身心进入下午的活动。静心曲又包含环境清心曲、音乐静心曲、闭目遐想曲。

巧用环境来清心。当你走进一个干净、温馨、静谧的环境中，心情是不是瞬间能得到调整？这种安静、舒适的睡眠氛围，可以让孩子静下心来进入午睡的佳境。睡前一小时，打开门窗交换空气，拉好窗帘，保持寝室适宜的光线，选择浅粉、浅蓝、浅紫等颜色的窗帘会使人产生睡意。另外，寝室的环境布置、色彩图案要柔和，温馨、静谧的环境能使孩子快速入睡。适宜的室内温度也是睡眠环境的一部分，能帮助孩子进入深度睡眠。我们可以将室内的温度调至 26 摄氏度左右，并根据天气情况适时关注室内温度，让人体感觉舒适，为午睡做好准备。

巧用音乐来静心。当我们耳边伴随着宁静、悠扬的音乐，或舒伯特的小夜曲，或莫扎特的回旋曲时，我们的心怎会不随之沉静下来呢？

音乐具有调节心情、放松自我、缓解压力、帮助睡眠等作用。我通常会提前在寝室用较低的音量播放优美、舒缓的催眠曲或轻音乐等,当孩子走进寝室听到轻柔、舒缓的音乐时,受音乐的熏陶暗示,他们的脚步变轻了,轻轻走到小床前,轻轻打开小被子,轻轻躺在小床上,这时我轻轻地说:"闭上眼睛听音乐会更美。"慢慢地,孩子在美妙的音乐中就会甜甜地睡着了。

巧用闭目遐想来安心。当我们结束了半天的疲劳工作,马上躺下来休息的时候,总会有一些心烦意乱和难以入眠的感受。孩子也是这样,他们刚刚躺下午睡,总会做各种小动作表示自己"睡不着",这时可以让孩子闭目遐想,帮助孩子安心地进入睡眠。

午睡第二部曲:安心曲,让孩子平稳入睡

午睡时,由于每个人的睡眠习惯和入睡节奏不同,所以部分孩子存在不爱午睡、入睡慢等问题。把午睡的教育价值定位在"安心",即通过情绪的安抚、睡眠过程的贴心引导、入睡过程中的游戏陪伴,可让孩子从被动到主动安静、平稳地入睡。

睡前,或带孩子进行自由的散步,或抱一抱那些因精力旺盛而难以入眠的孩子。消耗掉体内旺盛的能量,能使孩子的身心逐渐放松下来。进入宁静的寝室后,组织睡前主动叠衣服、摆放鞋子等小活动,可缓解部分孩子不会脱衣服的不安和焦虑,既锻炼了孩子的动手能力,又提高了孩子安心午睡的自主性。

在入睡过程中,孩子有喝水、大小便等需求,又担心自己有需求的时候因不能在寝室大声说话得不到教师的回应。在此环节,教师要和孩子提前约定,约好如果有需求用什么手势向教师示意,教师用什么手势回应。这样,既解决了部分孩子的需求,又保持了入睡环节的安静,使其他孩子能安然入睡!

除此之外,针对小班的孩子,如果被窝里有一个自己熟悉或喜爱的毛绒玩具或图案,或许更能让孩子感受到安全和安心。在孩子的世界里,妈妈的声音也许是世界上最美妙的安抚工具,当我们用温柔的语调讲述美好而温馨的故事时,孩子就像依偎在妈妈的怀抱里,能够带着甜甜的笑进入梦乡。

午睡前的一些小游戏,也可以缓解孩子入睡慢的问题。比如,《躲猫猫》《裹蛋卷》游戏，就是帮助孩子安心入睡的法宝。《躲猫猫》游戏就是让孩子积极主动地把小手、小脚藏到被子里，把眼睛闭上，教师发出指令："小手、小脚、小眼睛都藏好了啊，我要开始找了。"这时候，孩子静静地躺着、藏着，还盼着教师来找，可藏着、藏着，他们就开心地进入梦乡了。还有好玩的《裹蛋卷》游戏，让盖被子变得不再那么单调无聊，而变成孩子乐意主动去做的一件事。玩《裹蛋卷》游戏的时候，教师边念儿歌："裹、裹、裹蛋卷，小脚裹起来，肚子裹起来，小腰裹起来，小手裹起来，蛋卷裹好了，我来品尝它……"这时候，孩子一个个兴奋地把自己裹得严严实实，还小声嘀咕："我是草莓味的。""我是巧克力味的。""我是奶油味的。"我一边走，一边轻轻地、有些夸张地做闻的动作，还小声说："嗯，好香哦，现在开始烤蛋卷了，等你们睁开眼后就熟了，哪个蛋卷最好吃，谁就是我最好的朋友。"此时此刻，孩子带着"烤蛋卷"的喜悦心态，逐渐进入了梦乡。

其实还有很多引导孩子快速、快乐入睡的小游戏。比如，《小手机充电》的游戏："小手机，来充电，快快藏好小天线，关上开关闭上眼，安安静静电充满。现在你们都变成我的小手机，开始充电啦。"听了我的话，孩子马上藏好了"天线"——把胳膊放在被子里，闭上了眼，安静"充电"了。对付难以入睡的孩子，我会和他们做《拉钩》游戏，在他们躺下后，我轻轻走到他们身边和他们小声说几句鼓励的话，再和他们拉拉钩，约好等他醒来后可以得到自己想要的东西，为此他们会很快入睡的。还可以玩数字游戏，一起来数数，既培养了孩子数数能力，又提高其入睡速度。在孩子安静入寝室以后，我引导孩子开始数数，顺着数到 10，然后倒着数到 1，要求孩子在数数的时间内脱了衣服，钻进被窝。在数 1—10 这段时间内躺下的孩子，及时给予表扬，等到再倒数完 10 个数，孩子基本上都躺在被窝里了，我只需帮助个别孩子就行。除了顺数、倒数，还可以以两个两个、五个五个、单数双数的方式来数。经常变换花样，孩子说着、想着，一会儿就能进入甜甜的梦乡了。

午睡第三部曲：开心曲，让孩子开开心心起床

午睡后的起床环节，往往是教师和孩子最为手忙脚乱的时刻。这时候，教师往往忙着给孩子穿衣服、找袜子、叠被子，很容易忽略自理能力比较差的孩子。有些孩子很早就穿戴整齐了，有些孩子面对穿衣服、系扣子、穿袜子等生活细节时却表现得磨磨蹭蹭，很不耐烦。如果梳理出整理衣服的过程，将每个步骤、要点编成浅显易懂的儿歌，让儿歌引领孩子开心起床，将起到代替教师指导孩子穿衣的效果。比如，起床时教师适时播放《穿衣歌》："一件衣服四个洞，下面一个大洞洞，旁边两个小洞洞，上面有个中洞洞，拿起衣服自己穿，先把头儿伸大洞，再从中洞钻出来，最后小手伸小洞。"孩子一边听儿歌，一边跟着儿歌穿衣服，不知不觉地哼着儿歌就穿戴整齐了，这时候，孩子对穿衣服等烦琐的起床环节就会表现得开心又积极。

教师还可以利用生动形象的图示，将孩子的起床过程归纳为"三幅画"，第一幅"穿衣服"，第二幅"穿鞋子"，第三幅"叠被子"，让孩子在看看、说说、做做中积极主动地学习穿衣服、叠被子等技能。教师还可以利用伙伴互助，鼓励能力强的孩子帮助能力弱的孩子穿衣服、叠被子，增强孩子自我服务、自我管理的意识和能力。

午睡只是一日活动中的一个小环节，但仍有着极其重要的意义，是孩子进行快乐的一日生活的枢纽和中转站。总结一些能让孩子静心、安心、开心地午睡的小经验，可以培养孩子良好的午睡习惯，让孩子的午睡更有质量。

智慧妙语

人生是一个有张有弛的过程，不仅仅要有夜以继日的奔波，更要有午睡的短暂休整。休息是为了更好地前行，只有学会有规律地生活，学会休息静心，学会且行且思，才能达到"宁静致远"的境界。

5. 总结离园三部曲，让孩子离园更快乐

离园活动是指孩子吃完晚餐到离开幼儿园的这一段时间内所进行的活动，是孩子一日生活的重要组成部分。离园活动不仅是为孩子一天的幼儿园生活画上圆满的句号，也是为了第二天和孩子更加美好的相遇。为了让孩子开开心心地离园，快快乐乐说再见，并对第二天生

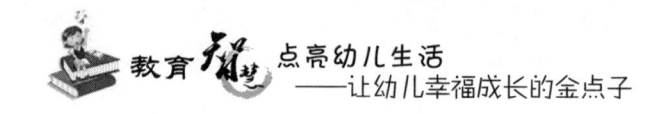

活充满向往和期待，我总结了"快乐离园三部曲"，以期待孩子快乐、家长快乐、教师快乐。

离园第一部曲："整理"序曲。有序的整理，可以让孩子条理清晰地离开

从一早来园开始，教师和孩子就像上了发条一样，一刻不停地运转着。从入园到早操到上课再到离园，孩子经历了满满一天的幼儿园生活，即将从集体大家庭回归到熟悉温暖的小家庭，马上要见到爸爸妈妈的那种欢呼雀跃，让离园活动氛围多了几分躁动，也让忙碌一天、此刻已经疲惫不堪的教师在面对孩子找衣服、物品的烦琐场景时感到有点手忙脚乱。所以快乐的离园首先要从整理开始：整理仪表、整理物品、整理情绪，来一次由外到内的整理，让离园变得有序。

整理第一步：利用"抹香香、照镜子"活动，请孩子整理自己的仪容仪表。在晚餐后，孩子洗干净自己的小手、小脸蛋，并抹上香喷喷的护肤霜，最后照照小镜子，看看自己的仪容仪表是不是已经干净整齐。在这一环节中，可运用儿歌和图示法，比如，在洗手区域张贴七步洗手法的图示，引导孩子按照顺序清洗自己的小手。在"抹香香"的环节里创编小儿歌："宝宝霜，香喷喷，蘸一蘸，点一点，照一照，抹一抹，小脸蛋儿滑又香。"在"照镜子"的环节里创编儿歌："小镜子，真神奇，能够看到我自己，对着镜子穿好衣，再来提提小裤子，小脸蛋也看仔细，文明卫生我第一！"

整理第二步：安排孩子进行教室内务整理。离园前，教师可以组织孩子适当地劳动，整理一下教室的物品；还可以组织《找一找》的游戏，让孩子找找自己的衣服和物品，使孩子在离园时及时带走属于自己的东西，避免养成丢三落四的习惯。

整理第三步：整理自己的情绪。利用音乐、谈话、故事调整孩子的心情，让孩子带着愉悦的心情离园。播放轻柔舒缓的音乐，如《走线歌》："小脚踩到小线线，脚跟挨着小脚尖，一步一步慢慢走，不推不挤最安全。"孩子在温馨的氛围里沿着直线轻轻散步，既有助于消化晚餐食物，又可以平复孩子躁动的情绪。

离园第二部曲:"活动"交响曲。有趣的活动,可以让孩子带着欢声笑语离开

离园时间,教师往往处于忙碌状态,打扫卫生,整理教室,准备孩子的离园物品。在离园时,除了适当组织一些安静的活动,也可以组织一些适合孩子的自主、自娱、自乐、自由的小活动,既能减少因教师忙碌、孩子无所事事带来的安全隐患,又能减少孩子离园前的消极等待。离园活动分为谈话活动和游戏活动。谈话活动可以是夸夸自己、最开心的事、今日趣事分享等,让孩子从感兴趣的话题出发,为一日生活做总结。游戏活动以组织可以集体参与、自主游戏的活动为主,比如,播放音乐,孩子自发进行音乐游戏《幸福拍手歌》《我在花园散步》等;组织听说游戏《小小邮递员》《传话游戏》等;组织手指游戏《蝴蝶飞飞》《五个兄弟爬上山》等。这时候,由教师或个别孩子发起游戏,孩子三三两两一组,或围成圈,或排长队,在游戏中说说、做做、笑笑,既娱乐了身心,又让离园时光过得快乐而充实。

离园第三部曲:"预约"畅想曲。预约式的离开,可以让孩子有"备"而来

孩子今天有准备的离开是为了明天到来时更欢乐。离园前,教师要花点心思巧预约,提前预约孩子明天的任务。提前预约明天早晨需要来值日的孩子,让孩子带着任务回去;提前了解明天的天气、气温,第二天早晨来做好"迎接小朋友""照顾植物角""播报天气"等值日任务;提前预约孩子明天活动所需要做的知识、经验、物品的准备,如教学知识、经验的准备,如果第二天组织数学活动"认识人民币",可以让孩子提前去超市感受一下"买卖"活动;提前预约孩子明天的心情,针对个别孩子的入园小情绪、入园小懒惰等现象,教师可以趁离园时间,有针对性地宣传第二天的精彩活动,让孩子带着对明天活动的期待,积极克服入园倦怠。最主要的,还要预约需要沟通的家长,针对当天有特殊表现的孩子,提前以电话、微信等形式,预约在离园时与家长进行深度沟通。

智慧妙语

离园三部曲，为孩子快乐的一日生活画上了圆满句号，不仅快乐了孩子、快乐了家长，还提升了教师的梳理、总结能力，更让教师及时盘点今天的收获，提前安排、预约明天的精彩。其实，我们每个人都需要总结今天，预约明天！

6. 总结奖励经验，让孩子快乐接受鼓励

美国一位哲学家曾说过，人类天性中都有"做个重要人物的欲望"。所以，能够获得赞美以及所受赞美程度的大小，便成为衡量一个人社会价值的标准。心理学家认为，要想让一个人发挥出全部能力和潜能，赞美和鼓励是最好的方式。

在幼儿园，鼓励和表扬已经成为教师常用的策略，我们经常可以看到教师用小红花、五角星、盖印章等方式来奖励孩子，这样的奖励效果虽然也很好，但是据心理学家分析，用物质鼓励会出现两大弊端：一是容易使行为降低到只以获得奖励为目的，在客观上阻碍了行为的养成；二是靠物质激发起来的行为，必须靠不断升级的物质奖励来维持，孩子的注意点也会从事情本身转移到事情之后的奖励上，从而使欲望逐渐膨胀。因此，鼓励不能仅仅只是获得更多的物质，还应该是一种价值观的体现和塑造，能够帮助孩子树立正确的情感与价值观。结合自身工作，我总结了一些奖励和表扬的经验。

1. 以体验自豪感和荣誉感为目的的鼓励

活动室里，我坐的那把椅子总是固定摆放在前边。有一次，我听到两个孩子在谈话，一个孩子满脸自豪地说："我的椅子和老师的一样！"另一个说："一点都不一样，老师的椅子比你的漂亮！"其实椅子款式是一模一样的，可是到了孩子的眼里，这把普通的椅子被老师坐过以后就格外神圣了。我灵机一动，何不把老师坐的椅子也当成一种鼓励策略呢？这样一方面能满足孩子崇拜老师、渴望成为老师的心理，另一方面也能让孩子感受到努力获得进步带来的荣誉感。于是我和孩子约定：谁表现好，谁就可以坐到老师的椅子上，领大家讲故事、唱歌、做

游戏……类似这样的奖励小策略还有很多：谁回答问题大胆、积极，老师就可以奖励他拿着点名簿，标注上数字符号，代替老师点名，统计班级人数；在排队上、下楼的时候，奖励表现好的孩子代替老师整理队伍。通过小小的奖励让孩子感受因自己努力而带来的荣誉感。

2. 以体验自主选择为目的的鼓励

在集体生活中，为了帮助孩子尽快养成良好的生活习惯，许多常规事情都是固定不变或者有规律可循的，如孩子进餐的位置、进餐时播放的音乐、喝水的时间以及玩具的摆放位置等。然而，这会或多或少地限制孩子自主选择能力的发展。因此，当孩子取得进步时，我会奖励孩子可以选择和喜欢的人一起吃午餐，可以挑选午餐时播放的音乐，可以按自己的意愿换座位或者邀请其他班级的小伙伴来班里共进午餐，也可以挑选自己喜欢的玩具随身携带一整天等，这样孩子就享受到了更多自由的权利和因个人努力而获得自主选择的快乐。

3. 以体验新鲜感为目的的鼓励

一次组织教学活动，我给孩子准备的奖品是"悄悄话"。一个孩子因为自己精彩的回答而得到奖励，当我趴在他耳边神秘地说着悄悄话的时候，活动室里的其他孩子安静极了，他们羡慕地、全神贯注地盯着那位得到了奖励的孩子，似乎迫切地想要知道那句神秘的悄悄话到底是什么。在这样的诱惑之下，孩子们接下来的发言更为踊跃了。其实诸如"你真棒""我喜欢你""你最近的表现有进步"等类似的话，都是教师常用的一些鼓励和赞美语言，现在只不过通过说悄悄话这种新鲜的表达方式传递给了孩子，却有效地激起了孩子内心的渴望。

4. 以培养责任感为目的的鼓励

为了让孩子体验互帮互助，激发其同情心和责任感，我鼓励孩子多为同伴服务，并以此为奖励。比如，奖励生活自理能力强的孩子每天起床后去帮助能力差的孩子穿衣、叠被；奖励部分孩子给低年龄班的孩子讲故事、做低年龄班的教师助手；在户外活动时奖励表现好的孩子去带低年龄班的孩子做游戏；奖励表现好的孩子做图书管理员，或者照顾班里饲养的小动物一天；等等。利用这些小小的奖励策略，一点点地培养孩子的责任意识。

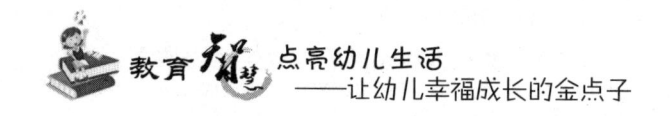

5. 以分享进步和成就感为目的的奖励

当孩子取得进步时，让孩子与同伴分享，利用"小小表扬会""夸夸我自己"等方式，由教师或孩子自己把其进步的方面大声说给大家听；与家长分享，教师当着孩子的面给家长打电话表扬孩子，或将孩子在活动中的表现拍摄成照片发送给家长，或给表现进步的孩子的家长写表扬信，让家长念给孩子听，或让孩子邀请自己的父母到班里做客或观摩早操；等等。这既能让孩子感受到与亲人分享自己进步的快乐，又能让家长看到孩子的成长，一举多得。当众分享孩子的进步和成就感，等于正面强化、放大孩子的优点。丘吉尔曾说："你要别人具备怎样的优点，你就怎样去赞美他。"用欣赏、肯定的眼光去无限放大孩子的优点和长处，孩子的优势就会无限放大，进而带动、影响改正缺点。

智慧妙语

鼓励和赞美是一门艺术，需要用心研究，把握好尺度。要让孩子明白，鼓励不是只有奖励物品，由衷的赞美、适时的肯定更为珍贵，这种精神鼓励可以帮助孩子建立内在的驱动力，塑造孩子正确的价值观。

7. 我教爸妈学本领，让家园沟通更顺畅

教育的本质是引导孩子快乐幸福地生活，而孩子能够快乐幸福生活的根源在于家庭。如果说孩子是种子，家庭就是孕育种子生根、发芽的土壤，决定着孩子一生的发展。然而每天当孩子像小鸟一样带着欢声笑语兴奋地回到家，总会因为家园教育观念不一致而导致孩子在家不能像在幼儿园一样自由、快乐。譬如一些注重知识传授和技能、技巧培养的家长，下午接到孩子后关注的是孩子学了什么，急于将孩子从"游戏人"变为"学习人"；一些过度保护、包办代替的家长更多关注的是孩子在园有没有受委屈，把孩子永远当成需要被保护的弱者。针对家园在教育方法、教育认识、教育态度、教育行为等方面存在的差异，巧妙利用孩子，可以架起连接幼儿园和家庭的桥梁。

1. 让"我教爸妈学本领"代替"爸妈辅导我学习"

受应试教育的影响，每到孩子放学的时候，家长跟教师沟通最多的还是关于孩子"表现得怎么样""有什么知识不会，需要辅导"等话题。孩子回家后，家庭教育又开始了，孩子在幼儿园教师的引导下"学"了一天，回家又进入父母课堂开始被动地学一些知识和本领。教师和家长总是处于教的地位，孩子从早到晚总是处于被动的学习和训练状态，导致孩子缺乏主动学习、探索的积极性和热情，毫无快乐感和成就感可言。"我教爸妈学本领"可以让孩子从"被动学"扭转到"主动教"，可以让孩子体会到被大人尊重的感觉，同时因为要"教"别人，又引发了孩子内在学习、积极增长能力的驱动力。

每月，我安排"家长学习日"，请家长走进幼儿园，让孩子将自己学到的本领教给爸爸妈妈。每次拟定一个小项目，比如，"跟我学早操""跟我学手指游戏""跟我学做手工""跟我学朗读"等，

我教爸妈学本领

让孩子做小老师，家长来观摩，孩子示范给家长看的同时也要教家长做。孩子在教的过程中，不仅自己又练习了本领，而且用"跟我这样做""你这样不对"等教学语言积极主动地示范正确做法、纠正"学生"的错误。譬如，孩子教爸爸妈妈做手指游戏，孩子一边说游戏儿歌、一边做动作，还 边纠正父母的手势，无形中，孩子和父母站在了平等的地位，在教学相长中增长了本领，体会到了教的成就感。父母也在向孩子学习的过程中，理解了什么是幼儿园的"教学"，什么叫"在玩中学会各种本领"。

每日，我会利用网络、校信通，向家长传递孩子回家要教的内容。孩子为了能当好"小老师"，回家能教好爸爸妈妈，会在幼儿园主动学

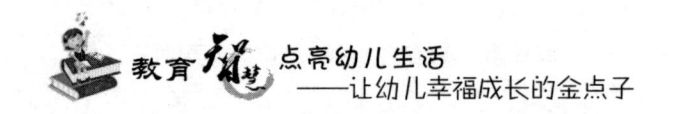

习各种知识、经验。不要小看孩子教的知识，有很多都能够给家长带来启迪。比如，孩子用儿歌教爸爸妈妈剥橘子，一边说儿歌一边教爸爸妈妈："找到橘子柄，捣个小洞洞，片片往下剥，橘皮像花朵。"很多家长听后真从以前毫无章法地剥橘子，到现在学会了剥橘子的诀窍。又如，孩子教家长在幼儿园学到的一些手指游戏、音乐游戏、折纸、手工等本领，让家长在学习了一些小技巧的同时，也意识到亲子沟通是建立在民主、平等的基础上的。当孩子从被动"学"变为快乐"教"，家长也从主动"教"变为快乐"学"。亲子之间其乐融融，何乐而不为呢？

2. 让"我给爸妈过节日"代替"爸妈给我过节日"

孩子是家庭情感的连接，更是家庭氛围的调和剂。通过孩子，可以沟通家庭与幼儿园的教育，改善家庭成员之间的关系。我抓住重要节日及季节变换等时机，选准主题，以孩子为桥梁进行家园沟通、亲子沟通。比如，在三八妇女节、母亲节时，开展"对妈妈说悄悄话""为妈妈做一件事""送妈妈一件自制礼物""和妈妈一起游戏"等多种形式的活动。在庆祝六一儿童节时，邀请家长和孩子同台演出，孩子和家长都收获了快乐，增进了彼此的感情。巧妙利用父亲节，开展"同欢乐，感父恩"特色亲子活动，孩子精心准备诗朗诵《我的爸爸》、唱歌表演《好爸爸和坏爸爸》等节目，并组织亲子游戏《小脚踩大脚》《骑大马》等，让爸爸们感受到了和孩子一起游戏的快乐。我还让孩子担当爱的使者，在一些特别的节日，如父母的结婚纪念日，提前让孩子提醒爸爸或妈妈给对方准备礼物，然后由孩子送给彼此，让孩子成为促进家庭和谐的润滑剂。

智慧妙语

让孩子成为"老师"，孩子体验到的不仅仅是"教人"带来的成就感和价值感，更多的是激发了孩子自主、自由、积极、主动学习新知的动力。

8. 快乐"三听"，让孩子的语言发展从听开始

倾听是孩子语言能力发展的先决条件和基础，善于倾听，不仅是一种美德，也是一种智慧。让孩子养成良好的倾听习惯，掌握倾听的技巧和原则，是促进其语言能力发展的重要条件。

第一听：首先从辨别生活中熟悉的声音开始

《幼儿园教育指导纲要（试行）》中指出，幼儿园教育内容要以幼儿熟悉的事物和现象作为教育内容选择的对象。自然界的风声、雨声、雷鸣声、蝉鸣声、鸟叫声都可以成为孩子倾听的内容。偶遇下雨天，和着窗外小雨的滴滴答答声，我们可以和孩子一起静静聆听小雨的温柔；邂逅刮风天，我们可以跟孩子一起闭上眼睛，感受来自耳边的风的呼啸。我们还可以借助自制的发声玩具，让孩子辨别豆子、沙子、石头等不同材质的物品装在瓶子里摇动时发出的声音，并用象声词模拟这些声音，使孩子对创造声音产生兴趣。

我们还可以利用听力游戏，培养孩子的听力辨别技能。鼓励孩子认真倾听日常生活中的声音，辨别其中的异同，使孩子对周围熟悉的声音产生兴趣。比如，游戏《听声音》，在近孩子后方放一个画板或黑板当作遮板，确保他们看不到背后；再收集一些孩子熟悉的、能发出声音的物品，如一串钥匙、一个深平底锅和锅盖、一个放在杯子里的汤匙、一部有铃声的手机或一个能发出声音的玩具；然后，选择一件物品，在遮板后使其发出声音，让孩子听其音、辨其形。为了降低难度，可以事先让孩子研究一下这些物品，了解它们的特征，如果有孩子正确辨认出了一件物品，就让他来到遮板后边，自己选一件物品发声。还可以给这些物品拍照，并把照片复印在一些小卡片上，给每个孩子发一张卡片，接着用一件物品发声，然后请一个孩子站起来，辨别他听到的声音是不是自己手中卡片上的物品发出的。

又如，游戏《传声筒》，让孩子站成一排，教师或者其中的一个孩子站在最边上，而后在另外一个孩子耳朵边悄悄说一句话，并让这个孩子依次往下传，由最后一个孩子说出答案。在传递语言的过程中，孩子从无意识听到有目的倾听、积极主动倾听、专注倾听，在趣味游

戏中发展了孩子的倾听能力。

第二听：注重倾听习惯的培养，引导孩子学会认真倾听

教师要注意培养孩子认真倾听的态度。教师听孩子讲话的时候，一定要表现得特别认真，让孩子在得到充分尊重的同时，也要感受认真听别人讲话的态度。集体教学活动时，教师利用小组讨论、回答问题环节，鼓励孩子注意倾听同伴讲话，并适时提问："对这个问题，你们觉得×××小朋友回答得怎么样？"引导孩子学会倾听别人讲话，并让孩子感受到，教师不仅喜欢回答问题好的孩子，更喜欢认真倾听的孩子。教师要以赏识的眼光，及时鼓励和强化孩子认真倾听的行为。对于年龄小的孩子，可以让他们学会去听懂并且记住做一件事应按照哪几个步骤，如脱下鞋子，把鞋子放到鞋架上，之后到椅子上坐好；对于年龄大的孩子，则提出明确要求，布置任务时尽量不重复，要求孩子注意听，鼓励孩子若没有听明白要主动提问。

教师要注意营造适合孩子认真倾听的氛围。对许多孩子而言，仔细聆听其他小伙伴的发言，并将注意力从一个孩子转向另一个孩子是一件很困难的事。他们不仅需要学会关注发言的孩子，同时还要尽量忽略背景里的噪声及其他人的动作干扰，所以，教师要尽可能地选择比较安静的地方进行小组活动，以减少那些可能分散孩子注意力的因素。

教师可以借助乐曲、乐器、故事等引导孩子认真倾听。音乐对某些孩子具有非常特殊的激励价值。比如，不同风格的乐曲往往会带给孩子不同的听觉感受：孩子听到喜庆的乐曲，会联想到热闹、欢庆的场面；聆听到忧伤的曲子，会勾起一些伤心事。记得幼儿园的晨曲中有一首贝多芬的《思乡曲》，晨间接待时，这首乐曲会自动响起，乐曲表达了身在异乡而心系家乡亲人的那种千丝万缕的愁思，全曲每一个小节都贯穿着愁思的音符。每当这首乐曲响起时，悦悦都会走过来说："老师，听到这个我就想哭……"可见，音乐可以让孩子不由自主地沉浸到认真倾听中。

乐器更是训练孩子听力的法宝，当不同的乐器发出不同的声音时，往往是孩子听辨声音的好契机。教师可以蒙着孩子的眼睛，问"听听哪个乐器在唱歌"，这是孩子们非常喜欢的听力游戏。教师还可以使用鼓或者任何能够发出清晰、短促声音的乐器来培养孩子的计算能力，在提出"听到多少下"的问题之前,示范如何用耳朵来听数字,然后演奏一种乐器。当孩子的自信心建立起来之后,可根据孩子个人能力的不同来调整敲击的次数和韵律。教师还可以通过演奏各种不同材质的乐器,包括木头的、金属的、塑料的,有时候甚至可以同时演奏两种不同材质的乐器,来鼓励孩子对乐器的材质和音质进行思考。教师还可以让孩子利用能发出声音的撞击动作来锻炼他们的身体技能,让孩子做一些类似于击打的动作,如击掌、扇风或敲击等,鼓励他们努力探索一些使用双脚、双腿以及手掌就可以发出的声音。

讲故事的时候,往往是孩子倾听最认真的时候。在讲故事环节里,教师要尽量将声音表现得忽高忽低,然后鼓励孩子进行模仿,这就要求孩子在听的时候必须高度集中注意力,而不仅仅是依赖对词语的理解。

第三听:聆听,从表现开始

尝试着让孩子"聆听画面""聆听故事",不仅可以发展孩子的听力,更能发展孩子的想象力。选择一部没有对白、只有伴奏音乐的电影、动画片或电视节目,播放给孩子听,当然,要把屏幕盖住或藏起来,只让他们听,但是看不到任何图像,告诉孩子,他们要聆听音乐,然后画出反映他们所听到内容的画、形状或图案。听的过程中会有一些有提示性的声音,如海鸥的叫声、关门声、脚步声等,这些都可以给孩子提供有关主题或地点的线索。如果有孩子不愿意画画,可以让他与另一个伙伴一起在一张大纸上画,最后让孩子们分享自己的想法和画作。当孩子用耳朵听画面、理解画面的时候,因为看不到画面,避免了视觉的直接告知,所以他们会根据耳朵接收到的声音信息,在脑海里浮起无限遐思,这正是发展孩子丰富的想象力、创造力的好时机。如果教师愿意,可以在最后讨论孩子听到的声音时,把图像播放给孩子看,因为有些孩子会想知道自己想的和原来的画面是否一样。

智慧妙语

古诗曰:"风流不在谈锋胜,袖手无言味最长。"一个人不仅要善于表达,更要善于倾听!3—6岁的孩子,正是贮存知识和增长能力的

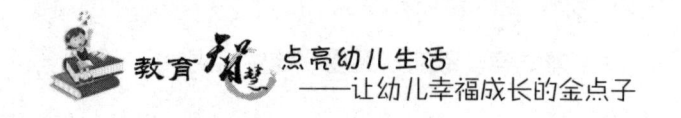

时期，我们不仅要关注孩子说了多少，更要关注孩子听进去多少。让孩子的语言发展从听开始！

9. 快乐"三讲"，让孩子的语言发展以说为主

语言表达是人类最重要的交际工具，这句话被每一位教育工作者所熟悉。爱因斯坦曾说过，一个人的智力发展和他形成概念的方法，在很大程度上是取决于语言的。由此可见，发展语言能力是开发孩子智力重要的途径。3—6岁是孩子口语表达能力发展的关键期，我们要为孩子创设一个想说、敢说、喜欢说，并能得到积极应答的语言环境，让孩子的语言发展从讲开始。

第一讲：讲"甜甜"的话语

"甜甜"的话语是指说出来的话让对方感受到很舒服、很温暖。让孩子从小养成良好的语言习惯，首先教师或家长要起引领、示范作用，引导孩子日常说话时要注意文明礼貌，说话分清场合，不说脏话、粗话，并引导孩子学会遵守集体活动时的说话规则，如轮流发言、不随便打断别人讲话等。当孩子向你表达意见的时候，要眼睛平视孩子，耐心听孩子把话说完。在公共场合，要提醒孩子说话时轻声细语，不要大声喧哗。鼓励孩子在不同的情景下准确运用文明礼貌用语。如每天早晚入园、离园时，教师主动引导孩子使用"你好""再见"等礼貌用语；同伴交往中引导孩子说"谢谢""见到你很高兴""我们一起玩"等语言，促进孩子的人际交往；见到长辈时，引导孩子恰当地称呼长辈；客人来访时，引导孩子简单地与客人打招呼；得到别人帮助时，引导孩子会用"谢谢""很开心""很高兴"等语言进行回应；亲人生病时，引导孩子会用"祝你健康""多喝开水"等话语表达自己的关心。为了让孩子学会讲关心他人的话，在幼儿园，每当我们班有孩子生病没来时，我都当着全班孩子的面给生病的孩子打电话表达关心，并让一些孩子参与打电话，尝试去讲关心他人的话。每当节假日，我就会让孩子尝试去讲"甜甜"的话，如三八妇女节，我们举行"庆三八，夸妈妈"活动，让孩子去发现妈妈的优点和长处，并用自己的语言讲出来，孩子在夸妈妈的过程中学会了"你真漂亮""你很美""我

爱你""你辛苦了"等语言。"甜甜"的话，让孩子养成了良好的文明用语习惯，同时让孩子学会了表达、交往、关心。

第二讲：讲熟悉的话语

培养孩子的语言表达能力就要以孩子熟悉的生活为基础，熟悉的人、熟悉的节日、熟悉的生活细节、熟悉的活动都可以引导孩子用口语来表达自己的见闻。首先，教师要关注一日生活中孩子的语言交流，多给孩子提供一些倾听和交谈的机会。比如，早晨入园时，引导孩子讲述上学路上的见闻、早饭吃的什么、今天的天气情况等。根据孩子的年龄段，在话题讲述方面以及语言交流内容方面可略有差异。比如，跟幼儿园小班的孩子交流时，可交谈当天的天气是有太阳的晴天，没太阳的多云天、阴天或是下雨天。中班的孩子可以认识更多的天气符号，跟孩子一起讨论交流时，可以以一朵云的符号代替阴天，以云遮挡半个太阳来代替多云。大班的孩子可以理解更深刻的概念，在讨论天气的时候，可以加上一些描述性语言，如阴天一直都见不到太阳，有时候还会下雨；多云有时候有太阳，有时候没太阳。中午，抓住进餐活动的机会进行菜名的讲述，让孩子根据今天吃什么、今天的饭菜有什么，边看饭菜边讲述，发展语言的同时也增强了孩子的进餐兴趣。离园前，利用晚餐后离园前的这段时间让孩子来说一说"这一天我们进行过什么活动""你这一天开心吗""发生了什么有趣的事了吗"等，教师可以有意识地每天安排几名孩子讲述，在不知不觉中，孩子的语言表达能力就会有所提高。

教师还可以结合日常活动，抓住孩子熟悉的话题进行随意的讲述活动。在组织孩子户外活动时，随机提问，如玩具是什么颜色的，怎么玩；你喜欢哪个玩具，为什么；等等。还可以把话题带进生活中的各项户外活动中去，让孩子在一定的压力下体会到语言带来的乐趣。活动前，先让孩子围绕一个主题，明白去什么地方、干什么，去观察什么、寻找什么，然后在观察的基础上集中讲述一个主题的内容。如把孩子带到户外，让孩子观察教师是怎样运果子、如何钻山洞、如何过小桥的，让孩子集中讲述这一主题，这样能让孩子的看与说有机统一，使孩子克服无意识、无目的、随意看、视而不见的坏习惯。如果孩子每天都是家校两点一线，讲的都是重复性高的话题，那么，他们

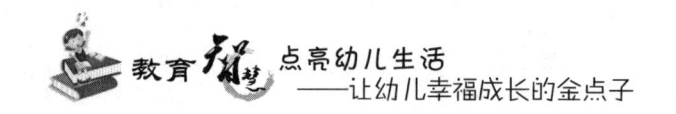

的语言表达范围自然就会受限制，所以家长与幼儿园应多创造机会带孩子出去玩。游乐园、公园、动物园、广场等人流量大的地方都是培养孩子语言表达能力的良好场所。家长可以和孩子说说周边的环境、景物的名称、节假日的装饰、某个实物的意义、人们在做什么活动等。

第三讲：讲"向上"的话语

"向上"的话语是指能促进孩子情绪、情感积极向上的语言。语言是思维发展的工具，良好的语言能调节孩子的情绪、情感，培养孩子积极向上的性格。比如，每周"国旗下的讲话"，可以让孩子结合本周的天气变化、季节更替，讲述身边发生的事；每逢重大节日，可以开展讲述活动，让孩子尝试借助重阳节、父亲节、母亲节，用语言表达对亲人的爱，借助春节、中秋节、端午节等传统节日，用语言描述自己的见闻，让孩子从思想上积极向上，养成热爱生活、热爱家乡的良好生活态度。

教师还要根据孩子遇到问题时的态度引导孩子多讲"向上"的话，变"我不知道"为"让我想想"，变"我不会讲"为"我能讲，我想讲"。作为教育者，教师在引导孩子讲话的时候，要多设置开放性的话题，让孩子有话想讲、有话可讲。比如，问孩子"你今天吃饭了没有"时，孩子可能只会有两种简短的回答——"吃了""没有"；而问孩子"这个问题的答案你知不知道"时，孩子可能只会用两个词——"知道""不知道"来回答。大人经常问的"有没有""是不是""好不好""知不知道"等问题，会扼杀孩子讲话的积极性，让孩子没话可讲，同时也会影响孩子遇到问题时的态度。长时间面对诸如此类封闭性话题的孩子，遇到难题时就会直接以"不会""不知道"来回答，思想上会产生面对问题时消极、逃避的态度。如果把"你今天吃饭了没有"换成"你今天吃了什么饭"这样一个开放性的问题，孩子就可以根据自己的经验进行讲述。如果把"这个问题的答案你知不知道"换成"这个问题的答案你试着想想"，就能引导孩子尝试着去讲述自己的想法。所以，多抛给孩子一些开放性的、有话可讲的话题，比如，"今天天气怎么样""跟小朋友一起玩什么了""超市有什么"等，话题的答案越丰富多彩，越能打开孩子的"话匣子"，锻炼孩子的语言能力，活跃孩子的思维。

智慧妙语

3—6岁是孩子口语表达能力发展的关键期。抓住孩子身边熟悉的事物和现象，让孩子运用简短的语言有话可讲，才能达到想说、敢说、喜欢说的良好的语言发展状态。

10. 快乐"三玩"，让孩子的学习从玩开始

古希腊伟大的哲学家柏拉图认为，游戏是幼儿自我表现的最高形式，强调应通过游戏来发展幼儿的想象力和创造力。幼儿的成长过程中应渗透着游戏，并且借助游戏达到"教育意义的生长"。

1. 寓教学于各类游戏中，让孩子在教学活动中边玩边学

苏联教育家苏霍姆林斯基说过："没有游戏，就没有、也不可能有完美的智力发展。游戏犹如打开的一扇巨大而明亮的窗子，源源不断地将有关周围世界的观念和概念的湍流通过这窗子注入孩子的心田。"只有将教学化为趣味性很强的游戏，才能使孩子真正享受到游戏的乐趣，享受到天性自由表露的欢畅，才能牢牢吸引孩子的注意力，让孩子在积极性、主动性、创造性得到充分发挥的同时健全人格。在组织教学的时候，教师要创设游戏化的情境或者通过游戏让孩子乐于参与学习。如为让孩子尝试用完整的语言表达自己的发现，可以创设"花园里散步"的情境：播放音乐，孩子围成一个圈，一边散步，一边猜猜花园里有什么。音乐停，每个孩子变身为自己猜到的花园里的事物，教师或指定的孩子根据大家做出的动作来猜，并用句式"花园里有……有……还有……"把自己猜到的说给大家听，猜错者或者表述不够完整者要受罚。类似这样的激发孩子自主、自发学习语言表达的游戏，可以让孩子快乐地玩，不知不觉地学。教师还可以组织一些利于孩子直接感知、亲身体验的游戏，比如，为让孩子体验物体的滚动，让孩子玩《捉老鼠》的游戏，准备各种日常生活中的球体、雪碧罐、可乐瓶等，让孩子通过拿一根小棒追赶，感知物体滚动的速度与物体本身特征的关系；在《垒高楼》游戏中，为孩子准备很多的纸盒子，让孩子去"垒高楼"并比较"高楼"的高矮。

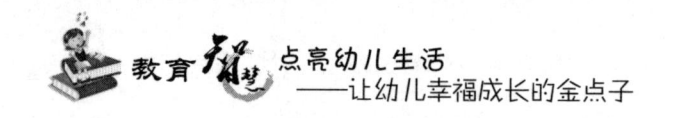

2. 寓教育于各类区域活动中，让孩子实现玩中学

区域活动是幼儿园一种重要的自主活动形式，它是以快乐和满足为目的，以操作、摆弄为途径的自主性学习活动，是孩子主动地寻求解决问题的一种独特方式，其活动动机由内部动机支配而非来自外部的命令，表现为"我要玩"，而不是"要我玩"。自主性是孩子区域活动的内在特征。区域活动充分体现了孩子身心发展的特点，可满足孩子活动和游戏的需要，更好地促进孩子自然、自由、快乐、健康地成长，达到玩中学、做中学这一目的。在区域活动中，孩子可以根据自己的喜好选择相应的区角进行活动。比如，在"娃娃家"这个区角中，孩子们可以通过商讨和根据自己的意愿选择角色，在游戏的情境中自由交往。我们班的一个孩子一直比较孤僻，平时不爱与人交往，话也很少，但是在区域活动中，他特别喜欢当菜场服务员，当有顾客来买菜时，他在游戏情境下总是积极地叫卖，不仅提高了口语表达能力，性格也发生了很大的改变，家长高兴地向教师反映他在家愿意和周围的小伙伴交流了，变得开朗了。又如，在《理发店》的游戏中，有三个孩子都想当理发师，可是理发师只能有两个，怎么办呢？他们只好自己商量，或者改变角色，当理发师的小助手，或者采用轮流的方法解决。在这个过程中，孩子学会了等待，学会了合作，学会了相互协调。孩子在区域活动中扮演着各种角色，在游戏的同时，他们通过不同的角色扮演，学习不同角色的交往方式，想象、表现并体会不同的情感。在照顾娃娃时，体验父母对孩子的呵护；做医生时，细心照顾病人；做服务员时，耐心热情地接待顾客；做爸爸时，礼貌接待客人，学习做菜，打扫卫生；做收银员时，学习钱币换算知识；等等，这些都是孩子自发、自主进行区域活动所获得的宝贵的知识经验。

3. 寓教育于自发性游戏中，实现随意玩、自由学

自发性游戏是指孩子自己想出来的、自己发起的游戏，这种游戏完全符合游戏的特点，贴近游戏的本质，也是孩子最愿意玩的游戏。虽名为自发性游戏，但教师与家长在孩子随意玩游戏的过程中给予孩子适时的教育和引导也非常重要。如户外活动时，孩子三五成群，一起玩《奥特曼打怪兽》的自发性游戏，其中一个孩子扮成"怪兽"，遭到两个"奥特曼"的攻击，嘴里还发出"啊，啊，啊"的惨叫声。如果大人发现后立即阻止他们，并严令孩子以后不准再玩打架的游戏，那么这个自发性游戏就失去了应有的意义。但如果大人给予孩子空间和自由，适时教给孩子如何躲避攻击，就能带给孩子一些安全自护的智慧。日常生活中，家长要重视孩子的自发性游戏，如看到孩子给布娃娃做衣服，可以跟孩子一起设计各式裙子、小衣服，再找来碎花布，一件件做出来，给娃娃穿上。别小看这种游戏，它可以在孩子幼小的心灵中埋下理想的种子，长大后他真的可能成为出色的服装设计师、制作师。如果能不失时机地告诉孩子，长大了做什么工作都要有知识、有本领，这样就把理想和现实有机地结合在一起了。其实，孩子自发玩起来的翻绳、垒高高等小游戏，也是一种学习。譬如，跳皮筋中蕴含运动技巧和合作的知识，搭积木中蕴含系统、结构和美的知识。为了使自己玩得更好，孩子还会主动地解决在玩的过程中所遇到的困难和问题。

玩，是一件多么美好而令人向往的事啊！还记得那些年我们玩过的游戏吗？在家可以打扑克、下跳棋、翻绳、穿珠子等，在外面可以玩泥巴、跳皮筋、跳房子、弹玻璃球、踢沙包、跳绳、踢毽子等。这些游戏都很简单，我们却玩得很尽兴。而现在的孩子呢？尽管有各种精美昂贵的玩具相伴，可是似乎没有什么玩具能让他们有长久的兴趣，让孩子的内心感受有些单调乏味。

让孩子的快乐从玩游戏开始吧！

智慧妙语

当玩变成一种教育智慧时，我们就会理解孩子的满院疯跑和各种形式的玩耍嬉戏。如果孩子觉得生活中的一切皆因"好玩"开始，有趣会成为孩子一生的主旋律。

11. 快乐运动三部曲，让孩子的成长更快乐

《幼儿园教育指导纲要（试行）》中健康领域要求幼儿"喜欢参加体育活动，动作协调、灵活"。可见，身心健康成长是幼儿发展的第一要素，运动是人生的一大需要。运动能力是指人参加运动和训练所具

备的能力,是人的身体、形态、素质、技能和心理能力等因素的综合表现。孩子运动能力的发展包括两个部分:一是躯体运动,也叫大肌肉运动,是正常的孩子应具备的最基础的运动机能,包括走、跑、跳、钻、爬、踢、接、滑动、转动等,这些动作是孩子今后运动能力和智力能否进一步正常发展的重要基础;二是精细运动,也叫小肌肉运动或随意运动,主要包括手指、手腕等手部精细动作技能。

第一部曲:大运动序曲,让身体动起来

孩子大运动能力的培养要通过开展丰富多样、适合孩子年龄特点的各种身体活动,如走、跑、跳、攀、爬等来进行。要在日常生活中鼓励孩子多走路、少坐车、自己上下楼梯、自己背书包,鼓励孩子坚持下来,不怕累,锻炼孩子的耐力。利用早操、体育游戏、户外活动等,发展孩子动作的协调性和灵活性,鼓励孩子进行跑、跳、钻、爬、攀登、投掷、拍球等活动。尤其利用一些趣味性的体育游戏,增

球球总动员

强孩子参与运动的积极性。比如,跳竹竿、滚铁环、跳房子、踢毽子、蒙眼走路、踩小高跷等,让孩子乐于参与,乐于运动。

利用器械、材料,为运动助力。孩子常常是动作先于思维,先玩后想。他们对材料的操作常常是无意识行为,教师要善于捕捉孩子的无意识行为,将其变成运动。如孩子拿起彩虹伞抖抖,教师捕捉到这一信息,引导孩子玩"小浪轻轻动,大浪用力抖,鲨鱼来了躲进彩虹伞",将孩子的无意动作变成有趣的游戏。教师要为孩子提供充足的材料,激发孩子自由组合使用,满足孩子求异创新的需求。当孩子积累了一定的走、跑、跳等基本动作的运动经验,并当材料充足时,就能探索出多样化的身体活动方式。如给孩子短绳子,有的孩子会当尾巴

玩，有的会当小路走，有的会将其拼成房子，有的会将其甩着玩，因此，教师要鼓励孩子"一物多玩"，通过探索材料玩法的新颖性与独特性，提升孩子的能力。教师还要多投放非结构性的材料，如大小不同的鞋盒、衬衣盒、月饼盒等，挑战孩子运动中的思维。孩子会利用这些材料开展运动，有的孩子会双脚踩在盒子里滑行，有的会坐在纸箱里玩推拉的游戏。教师还要创设富有挑战性的运动体验情境，如让孩子将球与轮胎组合起来开展在轮胎上运球的运动，于是有的孩子在轮胎面上快速行走、运球，有的孩子跳进轮胎运球，有的孩子一手滚轮胎，一手运球，在这个过程中，孩子的运动能力得到了挑战和提升。

第二部曲：小运动序曲，让小肌肉群活动起来

孩子小肌肉群的发展比大肌肉群的发展要晚、要慢。但是苏联教育家苏霍姆林斯基曾经说过，孩子的智慧在他的指尖上。可见，小肌肉群的发展会影响到孩子的思维发展。所以教师要多创造条件和机会，促进孩子手上动作的灵活协调，如提供画笔、剪刀、纸张、泥团等工具和材料，或充分利用各种自然、废旧材料和常见物品，让孩子进行画、剪、折、粘等美工活动；或引导孩子生活自理或参与家务劳动，锻炼手部动作，如练习自己用筷子吃饭、扣扣子，帮助家人择菜、做面食等；或让孩子参与到幼儿园环境创设中，多提供原材料和半成品，让孩子有更多的机会参与制作活动；或让孩子多参与区域活动，多进行自主性的制作项链、刺绣、插花等需要手眼协调的精细活动，让孩子通过活动变得手巧而心灵。

第三部曲：生活随机运动曲，让孩子在生活中动感十足

生活是教育的出发点与归宿，是教育的动力之源。因此教师要善于发现孩子生活中的教育元素，开展体育运动，让运动富有生活气息。教师可根据玩具的特性，有选择地开展体育活动。教师可以根据影视作品中的运动教育元素开展体育活动。如孩子对动画片《西游记》感兴趣，教师就可以提供塑料棒供孩子玩耍，有的孩子会学习孙悟空耍棒，有的会学习孙悟空拿着棒奔跑，还有的会学习孙悟空打妖怪。在学习孙悟空的过程中，孩子进行了花样玩棒运动。

其实，各种有趣的运动往往就隐藏在我们的生活中，如冬天来了，大家靠在墙边，晒晒太阳，互相拥挤碰撞，自然玩起了《挤油》游戏；

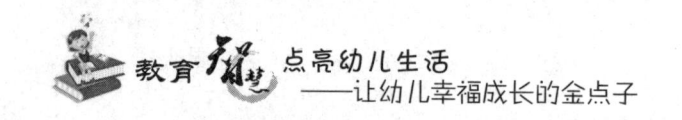

羽绒服里的羽绒跑出来了，你吹一下，他托一把，飞飞追追，自然有趣；如果赶上大风天，孩子手举风车，迎风疾跑，笑声飞扬。即便有时候什么玩具也没带，孩子的随身衣物也可以为运动助力，或脱下上衣，玩抛衣游戏；或顶在头上，边走边保证衣服不掉下来；或脱下一只鞋子扔向远方，单脚跳着去捡鞋子，一只鞋子就可以让孩子既练习了单脚跳，又乐翻了天……

智慧妙语

有研究表明，当参加完运动后，儿童学习时更易集中注意力，学习成绩也会更好。在运动中培养孩子的综合素质，在运动中发展孩子的思维灵敏性，可以促进孩子的身心全面、健康发展。

12. 总结惩罚经验，让孩子在快乐中接受成长

人们常说："没有惩罚的教育是不完整的教育。"教育的本质意味着一棵树摇动另一棵树，一朵云推动另一朵云，一个灵魂唤醒另一个灵魂。如果教育未能触及人的灵魂，未能引起人的灵魂深处的震动，那么就不能称其为教育。因此，作为教育不可或缺的一种形式，惩罚应成为一种唤醒灵魂的教育手段，而非仅仅打着"来吧，我给你知识"的幌子去不讲原则地惩罚孩子。教育者要用好惩罚这把"双刃剑"，让惩罚教育入脑、入心、震撼灵魂、丰裕精神、净化心灵，让惩罚教育成为双方共同参与、认同、尊重、恪守的心灵之约，而非一方对另一方的强制执行甚至是压迫。一个幼儿教育工作者，运用充满实践智慧的惩罚方式去教育幼儿，会收到意想不到的效果。

1. 有理有据的惩罚更容易让孩子接受

面对孩子的行为，我们要就事论事，每件事都应该弄清真相后再采取必要的手段。孩子由于认知能力有限，对道德规范、规则的认识尚未内化，有时不能正确地认识自己的不当行为及应受的惩罚。教育者要晓之以理，明确告诉孩子错在哪里，为什么被惩罚，同时要动之以情，让孩子了解自己的不当行为产生的后果，引发孩子对自己不当

行为的反省以及对受伤害同伴及事物的同情，从而转变孩子对惩罚的态度，从"不得不接受"转变为"心甘情愿接受"，进一步提高惩罚教育的效果。这种说理加情感教育的惩罚方式，不仅能让孩子明确了解应该遵守的规则、规范，还会引发孩子对错误行为后果产生的内疚、后悔等不愉快的情绪体验。比如，孩子在跟同伴一起做游戏时，总有一两个孩子不遵守游戏规则，这时候，采取惩罚措施是很有必要的。对不遵守游戏规则的孩子可以暂时取消其游戏资格，以示惩罚，并告诉孩子："因为你不遵守游戏规则，扰乱了游戏秩序，为了使大家能够正常地玩游戏，暂时取消你的游戏资格。"从而让孩子意识到，因为自己不遵守游戏规则，所以受到了教师的惩罚。孩子在一旁静静观看其他孩子玩游戏的时候，即便无可奈何，产生懊悔的情绪，也能接受教师的惩罚方式。

2. 有"度"的惩罚教育更容易让孩子接受约束

惩罚的范围要有"度"。教育中的惩罚现象应该伴随着违反道德规范的行为而出现，即当孩子违反道德规范、行为规范，在道德方面、行为方面出错的时候才可以采用惩罚，不应该因学习任务没学会而受到惩罚。因为惩罚只能规范孩子的行为，跟孩子的智力、能力发展无关。因孩子学习而惩罚，不仅不能提升孩子对学习的兴趣，反而会使孩子对学习心存恐惧，并最终对学习失去信心。

惩罚的初衷要有"度"。很多时候，我们只要看到孩子犯错误，就会立即采取惩罚措施，而对于惩罚的初衷和目的，并没有考虑清楚。比如，有个孩子把玩具区新投放的电动玩具小汽车给拆得七零八落，很多孩子都来告状说这个孩子搞破坏。也许有些教育者的第一反应就是，这个孩子太淘气了，然后采取说理、禁止玩玩具等各种措施惩罚这个孩子，惩罚的初衷是不让这个淘气的孩子再乱拆玩具。可这样做，就忽略了孩子犯错误的原因，也许孩子"淘气"只是因为他在好奇心驱使下进行的探索和动手尝试，而如果教育者把惩罚的方式改为让这个孩子把玩具小车给装好，则可能更有利于孩子探索精神的激发和动手能力的培养。

3. 有趣的惩罚，更容易让孩子成长

在幼儿园中，教师可以选择一项惩罚孩子的个人活动，这种个人活动既有趣又不损害孩子的身心健康。孩子在接受惩罚时没有心理压力，同时还能接受锻炼。有时对他们的惩罚方法可以选择给犯错孩子布置一些他不喜欢或不擅长的劳动任务或体育锻炼。比如，惩罚身体较胖、不爱运动的孩子围着操场跑两圈，既起到了惩罚的作用，又锻炼了这个孩子的身体；对于不爱画画或动手操作的孩子，在他们犯错误的时候惩罚他们必须画一幅画或动手做一个手工；惩罚爱搞破坏和爱打人的孩子去帮助大家打扫卫生、做值日。用其弱项来进行惩罚，使其在形形色色的惩罚措施中弥补短处、增长能力。不能不说是教师采用惩罚教育需要一定的教育智慧。

4. 及时的惩罚，让惩罚更有时效

惩罚孩子要及时，对孩子所犯的错误应及时进行批评教育。因为早上发生的事情，等到晚上孩子可能早就忘记了，此时再惩罚会让孩子觉得莫名其妙。根据行为主义理论，及时批评会让不良行为与不愉快体验建立更加牢固的刺激与反应联系，进而减少犯同一种错误的概率。另外，不要跟孩子翻旧账，让孩子一股脑儿接受一堆批评、惩罚，以免使他们在心理压力增大的同时，产生抗压的逆反心理。

智慧妙语

孩子接受外在的社会道德规范并将其内化为自身行为准则的过程，并非都是自觉自愿的，因而需要一定的惩罚才能顺利进行。让惩罚措施伴随教育智慧，让孩子愿意接受惩罚，并在反复的试误过程中成长。

13. 花样报菜名，让孩子进餐更轻松

今天我来报菜名，
听我介绍饭菜香。
大米饭，香喷喷，
宫保鸡丁有营养。
不挑食来不剩饭，
文明进餐我最棒。

这是孩子在进餐前向全体小朋友报菜名时用的儿歌。餐前报菜名活动作为一日生活中进餐环节的一部分，不仅可以丰富孩子关于营养健康方面的知识，也有利于培养孩子良好的进餐习惯。那么，如何将餐前报菜名活动开展得更加有趣，让孩子的进餐更加快乐、主动呢？我总结了一些花样报菜名经验，可以让进餐氛围更加快乐、轻松。

1. 将饭菜名称藏在儿歌里

朗朗上口的儿歌总是能把普普通通的饭菜描述得生动形象，勾起孩子的食欲。我自编报菜名儿歌，每次请一名孩子根据饭菜内容向大家播报，比如，"幼儿园饭菜香，快来听我讲一讲，土豆红烧肉，米酒蛋花汤，看着好看吃着香，吃完身体长得壮！"孩子把普普通通的"五彩面条"编到儿歌里："青菜青，鸡蛋黄，萝卜红红有营养，面条白白细又长，五彩面条喷喷香！"本来有的孩子不太爱吃带有胡萝卜、青菜的面条，可是听到报菜名儿歌里描述得如此色彩丰富，便有些垂涎欲滴，食欲增强了。教师也可以借用报菜名儿歌，巧妙纠正某些孩子的挑食、偏食现象，看到有个别孩子不爱吃饭菜里的蔬菜时可以重点描述。比如，看到有孩子不爱吃饭菜里的胡萝卜时，可在报菜名儿歌中这样描述："胡萝卜，红又长，脆又甜，有营养，吃了它，眼睛亮。"巧借生动形象的儿歌，激发孩子对饭菜的遐想，使他们带着对饭菜的提前认知，快乐进餐。

2. 将饭菜名称藏在游戏里

游戏往往能够化静为动。餐前报菜名，利用各种各样的小游戏，可以活跃进餐氛围。比如，报菜名游戏《传声筒》，教师将今天饭菜的菜名悄悄告诉第一个孩子，第一个孩子往下依次传递，由最后一个孩子向大家报出今天的饭菜名称。整个过程中，孩子认真聆听和等待，尤其是当最后一个孩子揭晓答案的那一刻，大家要么为自己传递的信息是正确的而欢呼，要么捂着嘴偷笑别人传递的信息是错误的。教师还可以组织其他游戏，如《看口形猜菜名》，根据蔬菜形状、颜色猜菜名等。猜菜名游戏带给孩子一种轻松、快乐的情绪，这时候将菜名记在心里，将饭菜吃在嘴里，孩子会发现，进餐是一件多么有趣而有意义的事情！

3. 将饭菜名称藏在图画里

根据孩子的思维特点可知，图画比语言对孩子更有吸引力。通过简单的图画绘制出菜名，不仅可以发挥孩子的想象力和创造力，也增加了报菜名的趣味性、自主性。如菜名为鱼香茄子，教师可以绘制一条鱼、一个茄子，让孩子凭图画来猜，当孩子看到鱼、茄子，马上就会联想到鱼香茄子；或者可以将饭菜名称绘制成一幅有情景的画，让孩子来猜，如菜名为蚂蚁上树，教师画一只蚂蚁正在爬大树，孩子马上就能猜到菜名，而且从图画里意识到肉末相当于蚂蚁，粉条相当于大树，在快乐的猜图游戏中增强了想象力和理解能力。诸如此类的有意义的菜名还有很多，如老鸭炖冬瓜、番茄炒鸡蛋……普通的饭菜加上教师巧妙的心思，会给孩子带来不一样的进餐感受。

4. 将饭菜名称藏在谜语里

"今天我们吃什么呢？它就藏在一则谜语里。"这是我们的报菜名小主持人在问小朋友呢！以前一吃韭菜就想吐的佳佳自从猜对了韭菜的谜语后，一改往日对韭菜的讨厌，开始喜欢上了它的味道。

韭菜：叶儿尖尖似麦苗，身子细细真苗条，总爱互相挨一起，鼻子闻闻好味道。

蘑菇：一顶小伞，落在林中，一旦打开，再难收拢。

玉米：一物生得怪，胡须满脑袋，解开衣裳看，珍珠抱满怀。

谜语播报的形式让孩子在倾听、猜测、感受成功的过程中喜爱上了各种菜肴，成为深受孩子喜爱的播报形式。

此外，还可以利用图示讲解的方式来报菜名，也就是利用精美、逼真的图画，配上优美的讲解来报菜名。教师可以提前让家长和孩子一起查要报菜名的相关营养价值。比如，报菜名木耳炒鸡蛋："今天的午餐是木耳炒鸡蛋。木耳能补气血，美容护肤；鸡蛋能促进大脑发育，改善记忆力。闻起来好香啊，祝大家吃得开心、吃得愉快！"

只要用心做好餐前准备，报菜名活动将会成为进餐前的花絮，为进餐带来快乐。教师应明白，孩子进餐的时候，除了为他们保证每日最基本的营养供给，同时也需要注意在快乐氛围中进行，良好的进餐心理环境其实也是一种精神营养，是帮助孩子健康成长的催化剂。

智慧妙语

普通的家常饭，加点巧妙的小心思，创意报菜名，可能会让文化、艺术、情趣在进餐中穿行。让菜名在舌尖上升华，让文化在美食中绽放，让情趣在生活中迸发！

14. 快乐值日，让孩子更有责任感

快乐值日，担任教师的小帮手，是许多孩子满心期待的工作。选择一两名孩子作为当天的小帮手，哪怕是对于最年幼的孩子，也可以强化他们的责任感和团队意识。

1. 公选值日生，激发值日兴趣

公选值日生，是一种非常公平的选择方法。首先制作一个有盖的小箱子，并用发光的锡箔、饰物等进行装饰，以显示它的特殊地位。给每个孩子一张小卡片，上面有他们的头像和名字。请每个孩子走上前来把他们的卡片放入箱子里，这是整个流程中的重要一环——必须让孩子知道，箱子里有他们的名字。告诉孩子，每天早上老师将从箱子里抽选两名小朋友担任老师的小帮手，并示范如何闭上眼睛随机抽取幸运卡片，把选出来的卡片放在一个大文件夹里，与其他还没被抽到的卡片分开。还要告诉被抽到的孩子，在箱子里的卡片被抽完之前，将不会再轮到他们。然后立即给新选的小帮手布置一项简单的任务，确认他们的身份。第二天早上，由前一天的小帮手从箱子里抽选卡片，传递角色。公选值日生，让每个孩子的内心燃起被选中、被肯定的渴望，激发了孩子主动承担责任的意识。

2. 制作值日生标牌，树立角色意识

有了值日的任务，还需要强化一些值日的角色意识，不然很多孩子总是一会儿就忘记了自己的任务。我们要求孩子在家长的帮助下制作个性化的值日生标牌，在自己出任值日生时用于表明身份、记载值日任务及得到的评价等。没过多久，孩子纷纷带来了自己的小制作，有剪贴的，有电脑制作的，有自己动手画的，有干脆贴上自己照片的，这些形式各异，记载着孩子浇花、擦桌子、接待其他孩子等不同任务

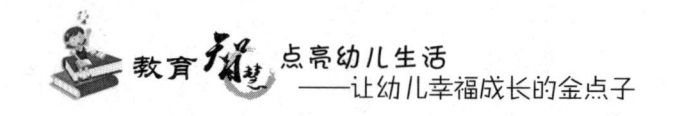

的值日生标牌，既激发了孩子参与活动的热情，又帮助孩子时刻提醒自己应该履行的值日职责。

3. 激发热情，让值日生自己找事做

在全面开展值日生活动之前，我们首先组织孩子讨论：值日生可以做些什么？哪些事情适合值日生做？值日生是做自己想做的事，还是根据大家的需要来确定值日内容？这些讨论能使孩子明确值日的内容与范围，不仅有助于孩子自己找事做，还能使他们自主活动的空间增大。孩子带着一双善于发现的眼睛和一颗为他人服务的爱心，发现了大家下楼时楼梯口很拥挤，需要有维持秩序的值日生；大家外出开展户外活动时，因出汗爱脱衣服，需要有整理外套的值日生……就这样，值日生的值日内容越来越多、范围越来越广。

4. 寻求合作，避免等待与冲突

在教室的一角，我们为孩子设置了值日生内容记录表，每天做值日生的孩子将自己要做的事用自己喜欢的方式告知同伴，同时提醒晚来的值日生："这件事我已经做了，如果你要做和我相同的内容，请下次吧。"但是，有些孩子固执地要做别人已经做过的值日内容，为此常常发生矛盾。于是，我组织孩子讨论：我想做的事已经被别人做了，我又想做，怎么办呢？最终意见得到统一，可以下次来得早一点，或者和另外一个值日生协商，两人一起做。就这样，孩子的合作意识在不知不觉中得到了培养，时间观念的养成也由被动变为主动。

5. 开展评价，体现劳动价值

完成了一天的值日任务之后，放学前我们还会进行15分钟左右的评价活动，采用的形式是自我评价与集体评价相结合。当天值日的孩子上来介绍一下自己今天负责的工作，然后向其他孩子询问"满意或不满意"，并说明理由，如果有一半以上的孩子满意他当天的服务，那么他就可以获得一枚劳动奖章，贴在值日生牌子的后面。学期结束时，根据获得的劳动奖章数量，可获得"小能手""亮眼睛""爱心小天使"等称号。一天活动的评价是劳动价值得以实现的关键，能让孩子体会到服务的内涵与劳动的乐趣，同时也使孩子对下一次值日生活动充满了期待。

智慧妙语

人只有融入社会，才是完整意义上的人。孩子通过值日，增强了伙伴关系，培养了协作意识，并从小树立"我为人人、人人为我""心中有他人"的责任意识和服务意识。

15. 总结散步小经验，让散步更加快乐自由

散步活动是幼儿园一日生活中最惬意、自然、轻松的活动，也是孩子一日生活中非常重要的内容之一。它不仅能帮助孩子餐后消化食物，还能扩大孩子的视野，让孩子的一日生活更加快乐自由。

1. 散步前的准备

教师可以预设好路线，做到心中有数。当和孩子在一起的时候，知道什么时候、什么地方应该引起他们的注意。有时在临行之前，教师可以和孩子讨论相关内容，将有助于孩子获得更多经验；有时可以准备好可能需要带的材料，如放大镜、记录本等。最后还要检查一下孩子的衣着，保证他们穿戴适当就可以出发了。

2. 散步中的发现

给孩子自由探索的时间和空间。散步的环境应允许孩子与周围世界中的客体发生直接联系，蚂蚁、蜗牛、蘑菇、种子、蒲公英、鹅卵石、羽毛、细枝……都能成为孩子观察的目标，这样，孩子会在岩石、木头、树叶下观察和摆弄他们发现的一些可爱的小生命。在这一过程中，孩子充分调动各种感官感受着、体验着：谁在鸣叫？闻了什么的香味？哪些东西是柔软的？什么是粗糙的……

3. 散步中的观察

在散步时，植物的生长规律、动物的行为活动、天气状况的迹象、四季的变化等，都能成为孩子观察的对象。如观察天空中云的变化，孩子会天马行空地展开丰富的想象，有的孩子说："我看到了绵羊一样的云朵。"有的孩子说："我看到了棉花糖一样的云。"带孩子散步时，去种植园看看，孩子可能会发现刚刚出芽的小苗、正在墙角悄然开放的喇叭花……丰富的语言往往来自孩子对周围生活敏锐的观察。

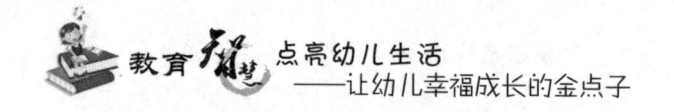

4. 散步中的收集

在散步过程中，孩子在大树下可以收集到各种不同形状、大小、颜色的树叶，将树叶分类，做成树叶标本，从而认识树的种类；孩子到草丛里，可以将收集的昆虫装进小罐子、小瓶子，方便进一步观察、认识。收集可以帮助孩子锻炼分级、分类、排序的意识，同时促进孩子动手能力的发展。当孩子有了直接的参与感，就会更加关注自我与周围世界的关系。

5. 散步中的体验和感悟

在散步过程中，教师可结合周围环境，跟孩子手拉手、肩并肩，或者给孩子讲一些故事，或者边走边观察、体验书本之外的学问。在融洽宽松的氛围中，教师与孩子亲密无间，聊天的话题从课堂转移到了自然界中的花花草草。孩子之间更和睦了，可以心情愉悦、自由自在地在一起游戏、嬉笑；心情更加放松了，可以无拘无束地畅所欲言。这些情感的体验比在课堂上来得更为真实与生动。

智慧妙语

古希腊有句谚语："悠闲是智慧之母。"就是说人们在身心愉悦、放松的状态下，思维最为活跃。散步，看似生活中平凡的小事，但慢慢地走着、轻松地聊着，也能发现其中蕴含的教育契机。

第四章

教育小创意，让生活更有趣

第四章 教育小·创意，让生活更有趣

如果你问孩子："你知道'○'是什么吗?"大多数孩子可能会说："圆。"接着问："你知道在'○'上添画几笔能变成什么吗?"答案就丰富多彩了，有的孩子说："变成花朵。"有的孩子说："变成太阳。"还有的孩子说："变成小朋友的脸。"这时候，孩子就对一个普通的圆圈产生了创意。

所谓创意，不仅仅是创造出某种新东西或者新思想、新理念，还包括对已有的东西或思想、理念做出某种新的改变，使之旧貌换新颜，充满新鲜感。对教师来说，复制粘贴式的上课、下课、上学、放学，每天千篇一律地做着同样的事，容易产生职业倦怠，因此需要改变。如果改变不了工作环境，就改变自己的工作方式吧。在这样一个场所固定、工作固定的教育行业里，在原有的工作模式上改变工作思路，优化原有的工作模式，往往能够另辟蹊径，让人耳目一新。

教书匠与教学大师的最大区别就是，一个教书匠总喜欢日复一日地沿用旧的经验工作，而教学大师总能在工作中及时更新思路和方法。教师，唯有创意教学与创意生活，才会有意想不到的收获。带领孩子进行创意教学活动，让创意坐座位、创意涂鸦、创意围围巾、创意穿脱外套、创意穿脱袜子走进课堂，孩子感受到的是耳目一新的学习体验，教师收获的是别具一格的教学方法；带领孩子在身边的花花草草、瓶瓶罐罐或身边的每一件小物品上寻找创意，孩子会发现生活中的每一样物品都有自己的精彩，生活会因周围的一点点小改变而更加有趣；带领孩子进行各种各样的创意整理、创意折叠、创意拼摆活动时，孩子带着新想法动手动脑，时间久了，脑子里的灵感会越来越多，思维会更加活跃，同时，教师也养成了爱创新的习惯，也会发现生活变得精彩纷呈而富有趣味。

每一朵花都有开放的理由，每一个物品都有存在的价值，生活中处处充满创意与惊喜。微不足道的一件小事、一个小小的灵感，都能改变一个物品的存在状态。尝试着创意教育，让教育时刻保持新鲜感!尝试着改变生活，让生活永远保持活力!

1. 创意坐座位，让上课更有趣

> 小朋友们上课啦，
> 搬起椅子入座吧，
> 坐成圆形半圆形，
> 还有U形飞机形，
> 大家相互来协商，
> 创出入座新花样。

这是我和孩子们自创的《座位歌》。以前每次组织孩子进行教育教学活动的时候，千篇一律的横排或者竖排，显然调动不起孩子的学习兴趣。从课程设置、孩子的个体差异来看，变换坐座位形式后的教学会产生意想不到的效果。

根据活动需要，变换坐座位形式。

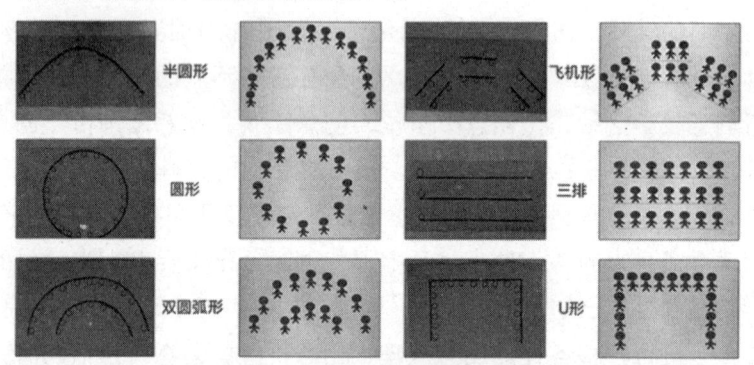

创意坐座位

孩子天生喜欢变化，变化的东西更能吸引孩子的注意力，变化无穷的坐座位形式对他们同样具有吸引力。因此，我创造出多种座位摆放形式，如半圆形、圆形、双圆弧形、飞机形等多种造型，每天根据幼儿园的教学活动需要，随时变换不同的座位形式。

第一，圆形座位摆放形式，有利于孩子分享、交流。

在组织一些游戏活动或分享活动时，需要将座位排成圆形。让孩子坐成一圈，使每个孩子都能在座位上看到其他人，观察到他们的面部表情和肢体动作，促进观察能力的发展。比如，在组织以传递信息为目的的《击鼓传花》游戏时，可以让孩子坐成圆形，这样可以减少孩子等待的时间，而且当孩子传递开心、忧伤、生气和兴奋等表情时，可以相互看到。利用圆形座位组织音乐活动，效果也很显著，如教师在圆内教动作，孩子可以直观地进行模仿。此外，排成圆形组织各类分享活动，便于传递图书、玩具等，可以让孩子在传递、分享的过程中感受到集体活动的快乐！

第二，半圆形、双圆弧形座位摆放形式，有利于孩子的注意力集中。

半圆形是幼儿园最常用的一种座位形式，一般在语言活动或歌唱活动中采用。教师坐在前面，距离每个孩子的距离都差不多；教师演示教具的时候，以半圆的形式坐的孩子们基本上都能看到教师的示范和教具；孩子发言或表演动作时，教师和孩子也都能互相看见，有利于师幼互动、幼幼互动。在孩子过多、活动场地比较狭小的情况下，孩子可以坐成双圆弧形这样密集一点的座位摆放形式，有利于孩子集中注意力聆听教师的讲解。

第三，秧田形座位摆放形式或以分小组形式坐座位，有利于孩子自主学习。

在科学活动和数学活动中，孩子要动手操作材料，教师要观察指导，可以把座位排列成秧田形或者分小组坐座位，这样有利于孩子自主操作、互不干扰，也有利于教师进行观察、指导。

除了以上几种形式的座位外，教师还要根据孩子的个体差异，定期调座位。

根据孩子的个体能力差异调座位。孩子的能力是有差异的，在孩子按小组坐座位时，同一小组中，将能力强的与能力弱的孩子进行搭配，有助于利用同伴影响力促进那些能力较弱的孩子发展，同时还可以培养孩子之间互相帮助的良好习惯。

根据孩子的性格特点调座位。孩子的个性差异很大，让不同个性的孩子坐在一起，能够起到互补的作用。而且，有的孩子活泼好动，有的喜欢安静，如果把活泼好动的孩子安排在一起的话，不仅增加了他们互相干扰、互相打闹的机会，还会影响到周围其他孩子；若将安静内向的孩子与活泼好动的孩子安排在一起的话，能够让活泼好动的孩子因为找不到打闹对象而安静下来，也能让内向的孩子多开口说话，

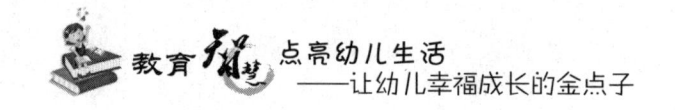

达到性格互补的效果。

根据孩子的性别调座位。一般情况下，可将男孩、女孩按照一定的比例搭配安排座位。比如，音乐活动中，女孩相对活跃，就可以男、女孩混合坐座位，利用女孩天生悠扬婉转的歌声，影响、带动不喜音律的男孩。科学活动中，男孩的动手能力、探索能力相对强些，也可以男、女孩搭配，让女孩跟男孩一起探索、一起动手，男孩影响、带动女孩动手操作。

教师还可以根据孩子的学习类型安排座位。例如，需要较多活动空间或者习惯使用左手的孩子，应该安排在边上，或者坐在方便他们用左手写字的位置；个子较高或者听力较好的孩子，可以安排在靠后的座位；年龄较小或者不太安稳的孩子，适合安排在教师的眼皮底下，这样教师就能经常轻声提醒，让他们加入课堂讨论；比较淘气的孩子，可以安排在两个安静的孩子之间，因为安静的孩子能专心学习，不易受到干扰，又不会参与任何淘气的事。

智慧妙语

常规座位改变一点点，就让孩子坐出了新体验、新感觉，体会到了课堂的丰富和有趣。作为教师，可以试着改变一下学生的座位方式；作为家长，可以试着改变一下孩子在家的学习方式。你会发现，精彩的活动将会从你巧妙构思的座位开始！

2. 创意进餐形式，让进餐更有趣

吃饭从来都不是一件小事，"民以食为天"是放之四海而皆准的道理。孩子在幼儿园的一日生活中，要经历吃、喝、拉、撒、睡等生活环节，进餐是其中很重要的一项，更是家长和幼儿园教师都比较头疼的一件事。"中国式喂饭"现象导致部分孩子在家吃饭靠老人撵着喂，大人逼着吃，而挑食、厌食，吃饭主动意识差、浪费粮食等也时有发生。在家进餐时，大人们总是想方设法地满足孩子不同的饮食爱好，苦口婆心地纠正孩子偏食、挑食的习惯，更要在餐后费尽心力地收拾一片狼藉的桌面、地面。如何让孩子增强进餐主动性和自我服务意识，从内心主动纠正挑食、偏食习惯呢？把常规进餐活动进行一点改变，就可以让孩子和大人轻松度过进餐时光。

1. 改变进餐形式，让进餐不再成为负担

"我不饿""我不爱吃""我吃不完"，这些往往是吃饭时一些孩子的口头禅，但是也透露出孩子进餐方面的一些真实需求，毕竟孩子的饭量不一样、口味不同，进餐点也不尽相同。而幼儿园进餐环节，往往是在教师高度控制状态下"一刀切"进行的，从餐点进班，到分餐、就餐，一般都是在教师的引导下全体孩子"被动"进餐。调整进餐方式，比如针对早点、午点，可以随意点，尽量不要统一发放，将生活区布置成温馨的小餐厅，里面放入适合孩子独立倒水的两三个小茶壶，将豆浆、牛奶倒入茶壶中，将点心放入精巧可爱的盘子中，铺上漂亮的桌布，吸引孩子主动、随心进餐。午餐、晚餐还是要统一组织，但是可以在餐具和座位方面进行调整，为孩子准备大小不一样的餐具，孩子可以自己根据饭量和喜好选择合适的餐具进餐，避免了被动吃饭和剩饭浪费现象。在进餐时，教师灵活调整座位，把偏食的和胃口好的安排在一起、吃饭速度快的和速度慢的安排在一起，通过互相影响，有效促进孩子进餐。

2. 做足餐前诱导，让进餐成为一种期待

进餐前这段时间，教师可利用儿歌、游戏做餐前诱导。比如，为培养孩子良好的进餐习惯，教师可通过儿歌："小白兔，白又白，爱吃萝卜，爱吃菜，我和小朋友来比赛，看看谁不剩饭菜。"引导孩子说："小白兔都爱吃青菜，吃得可香了，你们敢比赛吗？"结果，孩子有了进餐兴趣，把饭菜吃得干干净净。结合孩子爱模仿的天性，教师可常常树立一些正面的形象来激发孩子进餐的兴趣。比如，把吃得好、吃得快的孩子编到儿歌里："王宝宝，吃饭好，不撒饭，不乱跑，筷子拿得稳，饭菜全吃了。"孩子一听教师表扬某个孩子了，也想被表扬，于是就相互比赛，努力去模仿"王宝宝"吃饭的样子。利用孩子喜欢的儿歌和童话形象，以生动的形式进行诱导，胜于教师一遍一遍枯燥的说教。

3. 善用情绪感染，让进餐氛围宽松愉悦

当我们大人坐在优雅整洁的西餐厅，聆听着轻柔的音乐进餐时，

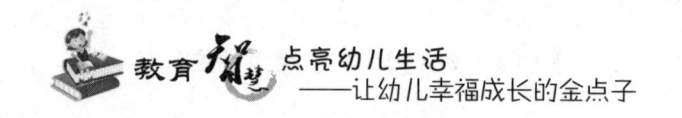

那种进餐感受是十分美好的。孩子进餐也需要营造氛围。进餐前播放轻音乐，再向孩子介绍饭菜有多么美味，教师可有意识地吸吸鼻子说："哇，今天的饭菜可真香啊，你们闻到了吗？"或者自编报菜名的儿歌。良好的进餐氛围，更利于孩子轻松、愉悦进餐。

4. 创意改变进餐形式，让进餐成为一种乐趣

针对家长和教师颇为头疼的孩子挑食、偏食现象，要从创意进餐形式上下功夫。很多时候，孩子挑食，往往不是不喜欢吃某样食物，而是在就餐形式上不适应，又表达不出，从而"因噎废食"。比如，在每天的"水果点心"环节，在发水果时，总是有孩子说："老师，我不想吃苹果。""老师，我不想吃橘子。"仔细观察，不想吃苹果的孩子可能牙齿不好，啃着费劲；不愿吃橘子的孩子每次剥橘子皮都很慢，可能是嫌麻烦。所以，我们可以改变水果的吃法，不再每天吃一种，而是进行水果拼盘，将三五种水果拼摆在一起。孩子今天看到用苹果片、橘子瓣、香蕉块组合拼摆出的各种样子的水果小山、水果花，明天又看到原来不喜欢吃的草莓居然变成了圣诞老人，后天又跟用火龙果切成的长龙做游戏，吃水果一下子就成了孩子非常向往的事情。每天带着欣赏和快乐去品尝水果，孩子吃得开心，教师看着也舒心。

5. 创意吃点心，让进餐更开心

每到吃餐点时间，孩子在进食面包、饼干的时候，总会有些漫不经心和心不在焉。教师可以巧创《吃一口，猜猜看》的游戏，让孩子一边吃一边猜点心的变化，比如吃饼干的时候，孩子惊讶地发现，被咬了一口的饼干，变成了弯月、小桥，再咬几口，变成了小花、齿轮……就这样，孩子一边吃，一边看，一边想，由漫不经心地进食点心到饶有兴致地边吃边想，想象力在快乐的吃点心活动中提高了。

智慧妙语

生活中，对于千篇一律的事情，稍微改变一些方式与方法，你就会体会到"老树发新芽"的新鲜感和惊喜。

3. 创意小种植，让生命更有趣

> 春天来了，花儿为什么会开？
> 有的孩子说："她醒了，想看看太阳。"
> 有的孩子说："她想出来透透气。"
> 有的孩子说："她一伸懒腰就把花朵顶开了。"
> 有的孩子说："她想看看会不会有人把她摘走。"

这是孩子关于"春暖花开"的创意思索。和煦的春风徐徐拉了春天的帷幕，人们陆陆续续地开始了春天的播种。农民在田野里播种春天，花匠在花园里浇灌春天，连足不出户的老爷爷、老奶奶也在阳台上播撒绿色一片。幼儿园的孩子会把"春天"播种在哪里呢？脑子里天马行空的孩子如果只知道种子种在土地里、花盆里，岂不是失去了关于种植的丰富想法？创意植物种植环境、创意植物种植容器，将不起眼的废旧物品变身为播种的容器，跟孩子一起创意种植，把种子种在玩过的小汽车里、穿不了的鞋子里、空的奶粉罐里，甚至是饮料瓶、洗衣液瓶子、鸟笼、灯泡、废旧轮胎里，不仅种出了生命，还让这些废旧物品和春天一起焕发出了新的生命力，更使孩子对种植有了创新性的认识。

1. 创意植物种植环境，让种子无处不发芽

春天是万物生长的季节，孩子对小草的嫩芽、家中土豆发出的嫩芽等都特别好奇。抓住这个好时机，跟孩子一起思索"种子在哪里会发芽"。有的孩子说："种子需要种到土里，小芽会从土里钻出来。"有的孩子说："种子需要种到水里，在水里会发芽，豆苗、豆芽都是在水里发芽的。"还有的孩子说："种子放在塑料袋里闷闷就会发芽，家里的土豆闷在塑料袋里就发芽啦。"孩子根据自己已有的生活经验各抒己见。疯狂的"种子发芽大猜想"之后，我们再来一场具有创意的"种子大种植"。我跟孩子一起把同一种种子，如小麦或者大蒜等，种植到不同的环境里，或者装满水的瓶子里，或者土里，或者闷到袋子里，或者就晾晒在空气里，一天、两天、一周、两周，孩子发现，在不同的种植环境里同一种种子会呈现出不同的生命状态。比如，小麦种子，种在水里出芽快,但是生存时间短;种在土里出芽慢,但是生存时间长;闷在塑料袋里的也会出芽,但是麦芽长不长;晾晒在空气中的不会出芽……改变植物的种植环境,使孩子发现了好多植物的秘密:种在水里的小麦,可以看到像老爷爷的白胡子一样的根须;种在水里的大蒜,蒜苗长得细又长;种在密封环境里的种子,生长得特别慢。又如,种在灯泡里的豆子没有种在花盆里的豆子发芽快……改变种子的种植环境,让孩子产生了无限的创意想法。

2. 创意植物种植容器,让种子生长乐趣无穷

瑞士著名的心理学家皮亚杰认为,幼儿期的孩子,特别是三四岁的孩子普遍存在一种独特的心理现象——泛灵心理,即这个时期的孩子会把所有的事物都视为有生命和有意向的东西。我们细心观察就会发现:有一个时期,孩子会把一切东西都视为有生命、有思想感情和活动能力的。因此,我们常看到这个时期的孩子与枕头"谈心",与布娃娃"讲话"……孩子特别喜欢收集那些我们随手丢弃的废旧物品,如小扣子、小珠子等。这些物品都可能成为孩子眼里有生命的"好朋友"。如果我们把生活中的一些废旧物品改变成有生命的、可以用来种植的"花盆",不仅符合孩子的泛灵心理,而且会让孩子对种植产生无穷兴趣和无限遐思。

收集孩子身边的废旧物品,号召孩子一起来发挥创意。首先,抛给孩子一个值得思考的问题:"种子可以种在哪里?"孩子经过热烈讨论,认为有空间的、可以填土的、可以浇水的容器都可以种种子。然后让孩子用具有创意的眼光搜寻生活中可以用来做花盆的物品,如玩坏的篮球、玩腻的小玩具,只要有空间,统统都可以拿来改造成别具

创意种花神器

一格的花盆。篮球经过裁剪、上色等步骤，就变成了可爱的花盆；玩具小汽车重新改造之后变成了焕然一新的浪漫车载花盆；孩子从家带来的小贝壳、小套娃都能秒变成种花"神器"！接着，我们还可以把创意扩展到孩子的家庭生活，引导孩子回家以后跟家长一起找一找家里有哪些废旧的生活用品可以用来种花，结果，旧塑料鞋子擦拭干净、画上图案，种上了花花草草；不用的茶壶、水杯里也栽上了绿植；各种旧包包和收纳袋巧妙套在旧花盆上，让盆栽旧貌换新颜；就连用完的鸡蛋托和鸡蛋壳也被种上了小小的多肉植物，分外精致。家长带来的形形色色的瓶瓶罐罐，给孩子带来了无限的创意空间，废旧的油桶、洗衣液瓶、饮料瓶、泡沫箱、破篮球、鸡蛋壳等废旧物品，通过剪、画、涂色、粘贴等方式进行二次加工，被装饰成了可爱的小猪、小熊、小兔、天鹅等卡通形象，成了形态各异的花盆。将孩子种植在饮料瓶、鸡蛋壳以及灯泡里的植物悬挂在走廊、窗台等地，孩子可以随时随地、多角度、全方位地进行观察，相互交流自己的感受和发现。创意种植，带给孩子的不仅是丰富的种植经验，更是生活的无穷乐趣。

智慧妙语

生活就是生命存活的状态，给予每个生命无限的生存空间，每一个生命都会以不同的姿态生存。热爱生活就从创意种植开始吧！

4. 创意瓶瓶罐罐，和孩子一起学收纳

生活中的瓶瓶罐罐因为太过平凡，常常被人们忽略。然而，就是那些或大或小或可爱或朴实的瓶子、罐子点缀着人们的生活，展现着生活的细节美。可是人们经常随手把各种用过的瓶子、罐子丢弃，错过了再利用的机会。有人说，幼儿园教师是"收破烂大王"，那些我们随手丢弃的酸奶杯、矿泉水瓶、奶粉桶、卫生纸筒等废弃物，到了幼儿园教师和孩子的手里马上被赋予了新的生命，变成了孩子喜闻乐见的玩具及各种收纳工具。

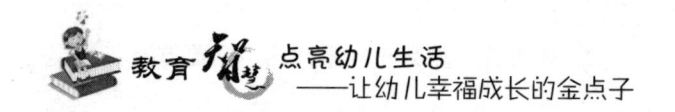

1. 瓶瓶罐罐巧创意——变身各种小玩具

还记得小时候我们拿着一次性水杯"打电话"的情景吗？在孩子的世界里，能吸引他们的不是玩具价格的高低，而是玩具是否好玩。给孩子一些空的瓶瓶罐罐，孩子会发挥创意把它们变成好玩的玩具。比如，体育活动中孩子会把瓶子变为百变体育器械，一个个矿泉水瓶或者酸奶瓶竖起来放好，可以玩保龄球游戏；把低矮一点的空饮料罐三三两两捆在一起，可以玩踩高跷游戏；还可以把塑料瓶剪成飞盘玩投掷，或者变成小推车辘辘辘推着跑……更别提用瓶子做的碰铃、拉力器、小飞机啦，这些都是孩子喜欢的玩具。更有趣的是把瓶子变成会"发声"的玩具：往一组相同的瓶子里装上一样的豆子，但是每个瓶子里的豆子数量都不一样，拿起来摇一摇，瓶子发出的声音一样吗？是的，一样的瓶子因装入豆子的数量不同，就能秒变为发出不同声音的"乐器"，如果试着在相同的瓶子里装入不同材质的物品，如黄豆、花生、小米、石头等，将其变成瓶子乐器，声音就会更加丰富；一组相同的瓶子盛上不等量的水也可以秒变"乐器"，通过敲击瓶子就可以演奏出优美动听的乐曲。如果把瓶子投放到美工区，孩子就会将其变成瓶子娃娃、彩绘花瓶，更别提投放到建构区，孩子会将其变成百变积木，建易拉罐城堡、垒高墙……在孩子的世界里，每个瓶子都有旺盛的生命力。在教师的巧妙构思和孩子无拘无束的想象、创造下，它们可以变身为上百种小玩具。

2. 瓶瓶罐罐巧创意——变身各种收纳工具

巧用瓶子来收纳，可以让孩子养成物品随时归类、收纳的好习惯。生活中，孩子零零碎碎的小物品特别多，收纳不好，就会养成丢三落四的毛病。把瓶子变成各种收纳工具，可以让小瓶子发挥大作用，如把矿泉水瓶的瓶口部分剪掉，女孩可以在睡觉前，随手把发箍、皮筋之类套在瓶身，发卡别在剪平整的瓶口，用来收纳；把喝过的酸奶八连杯刷干净，用胶固定在酸奶盒上，给每个酸奶杯标上名字，就做成了一个收纳盒，孩子的袜子脱掉后，两只袜子放在一起卷成小团，放到写着自己名字的酸奶杯里，起床之后，就非常好找；还可以把几个矿泉水瓶捆绑在一起，将其变成孩子的彩笔、剪刀收纳筒等；最有趣的是，用矿泉水瓶收纳孩子的小跳绳，把矿泉水瓶或者大可乐、雪碧的瓶子剪掉上半部分，穿上绳子做成"收纳篮"，就可以把跳绳收纳进去，每次孩子用完跳绳，就可以主动放到自己的收纳篮里，既避免绳子互相缠绕，又养成了自主收纳的好习惯。

3. 瓶瓶罐罐巧创意——变身各种生活用具

我们可以把这些创意应用到自己的生活中。发挥创意把家里废弃的瓶瓶罐罐放置在卧室里，巧用奶粉桶收纳小衣物、小袜子，巧用透明小玻璃瓶收纳扣子、针线等小物品，可以让卧室整齐有序；把对瓶瓶罐罐的创意用到厨房，用大大小小的玻璃瓶收纳各种粮食、调味品，既节约又别有一番情调。把大可乐瓶底部剪掉倒着悬挂到厨房，把不用的塑料袋塞到大口里，用的时候，从下边的小口往外拽，这就变成了收纳各种塑料袋的神器。把瓶瓶罐罐搬到客厅，将其美化成遥控器、充电器、钥匙等的收纳盒都是不错的创意，可以减少小物品因随手乱放而丢失的情况发生。

我们还可以把家里的瓶瓶罐罐变成各种生活用品，用完的色拉油桶用来储存粮食、种花都是很好的创意。在矿泉水瓶盖上扎几个孔，倒过来就能当洒水壶浇花用；在透明玻璃瓶里加上水，放上绿植，就是一个创意花瓶，带给生活绿意……这些看似不起眼的瓶瓶罐罐，随手丢弃倒不如尝试着给予它们再利用的机会和空间。一个小小的创意，就可以让这些废弃的瓶瓶罐罐找到存在的价值，同时也给我们的生活带来更多的情趣。

智慧妙语

用孩子的眼睛看待身边的物品，用孩子的心态去善待周围的一切，你将感受到一个趣味横生、丰富多彩的生活世界！

5. 创意剥剥乐，让孩子体验成就感

在生活中，我们经常可以看到父母把剥好的鸡蛋、水果往孩子嘴里送，家长总是说："孩子太小啦，什么都不会。""他自己剥不好，还不如我来剥。"其实，在家长的潜意识里已经把孩子的独立动手机会剥夺了，久而久之，孩子的依赖性也会滋长。

1. 创意剥鸡蛋

孩子在幼儿园里经常会遇到吃鸡蛋、吃鹌鹑蛋的时候，这些衣来伸手、饭来张口的"小皇帝""小公主"在幼儿园里是怎样解决不会剥鸡蛋的问题的呢？首先，我们会请孩子玩游戏，摸摸蛋宝宝，看看蛋宝宝，充分观察蛋宝宝的外形特征。"蛋壳里藏着谁呢？我们来打开瞧一瞧吧！"游戏化的情境，加上富有童趣的儿歌："小鸡蛋，手中拿，磕一磕，剥一剥，白白肉儿露出来，爱吃鸡蛋营养多。"使孩子在"磕一磕""剥一剥"中将鸡蛋皮又快又好地剥开了。孩子不仅体验到打开蛋壳发现秘密的快乐，而且掌握了剥鸡蛋的方法。

2. 创意剥果皮

在吃橘子、香蕉的时候，孩子又开始发愁了，要么求助教师，要么把橘子皮、香蕉皮一点点地往下抠，有时剥得桌子、地上都是果皮，果肉也被抠得惨不忍睹。因此，帮助孩子掌握剥果皮的诀窍就很重要。我们通过拟人化的游戏，请孩子先来仔细看一看水果的样子，让孩子先找到橘子宝宝的"肚脐眼"，然后顺着橘子宝宝的"肚脐眼"，用食指捣个小洞，一片片往下剥，剥到橘子柄，剥完后橘皮就像花朵；用同样的诀窍剥香蕉，找到香蕉的小尾巴，一片一片往下拉，剥下的香蕉皮像朵花。孩子掌握了具有创意的剥果皮方法，就敢于动手剥果皮、乐于享受剥果皮的过程了。

3. 创意剥坚果

孩子吃核桃、板栗等坚果的时候，往往很难弄开这些东西的外壳，用手抠、用牙咬都解决不了问题。于是，在幼儿园吃坚果时，我们会给孩子提供一些趣味小工具——核桃夹子、小锤子、板栗开口器等，有意识地锻炼孩子夹一夹、敲一敲、撬一撬、砸一砸等"剥皮"功夫。

4. 创意剥糖果

现代社会物质丰富，各种糖果包装精美，尝试打开的方式也很多。为孩子收集、投放各种剥糖果的材料，事先不告诉孩子方法，而是引导孩子自己动手尝试剥开各种包装的糖果。在美味糖果的引诱下，孩子纷纷出谋划策，有的拉一拉，有的撕一撕，有的拧一拧，有的转一转……最后，孩子通过亲身观察、实践，探索出了各种打开糖果盒、包装袋的方法，如有些糖果要两头一起拧一拧；有些包装袋上有类似于锯齿线的小提示标记，可以沿着标记的地方轻轻松松打开包装；还有的糖果装在小玩具里，有糖果包装打开说明，需要看图示打开玩具……

孩子通过剥鸡蛋、剥果皮、剥坚果、剥糖果等各种各样的"创意剥一剥"，感悟到解决任何问题都是有方法、有诀窍的，培养了孩子遇到问题积极动脑筋想办法、找诀窍的良好的意志品质。

智慧妙语

让孩子从剥鸡蛋、剥糖果开始尝试自己解决问题、体验"自己的事情自己做"的成就感吧！

6. 创意围围巾，让孩子学会创造美

当寒风呼啸的冬天来临，造型各异、色彩缤纷的围巾开始装点人们的生活。对孩子而言，围围巾虽然可以保暖，但有时候却会遇到一点小麻烦。有些孩子围的围巾经常像小尾巴似的耷拉在脖子上，有些孩子甚至因为围巾没围好而被绊倒，有些孩子干脆拿着围巾直接向教师求救："老师，你帮我围围巾吧，我不会……"授之以鱼，不如授之以渔，帮孩子围围巾不如引导孩子学会自己围围巾。

1. 发现围巾的美，对围围巾产生兴趣

《幼儿园教育指导纲要（试行）》指出，教师应激发幼儿感受美、表现美的情趣，丰富他们的审美经验，使之体验自由表达和创造的快乐。为了让孩子发现、欣赏围巾的美，激发他们发挥创意围围巾的兴趣，我们开展了"围巾展览会"，请孩子自由参观，引导孩子发现围巾不同的色彩、图案和形状，并鼓励孩子用手摸一摸，或用皮肤蹭一蹭，用多感官感受围巾的不同材质。孩子通过探究、感知，发现围巾的形状丰富，有长的、方的、三角形的、不规则形的；围巾的材质各异，有棉的、麻的、丝的、羊毛的等。孩子还发现，围巾不仅可以用来保暖，还可以用来装饰房间。在孩子充分欣赏了围巾的不同图案和花纹的基础上，激发孩子用渲染、绘画等多种形式，表现围巾的美。

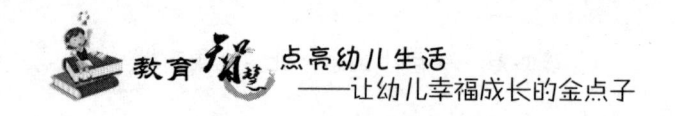

2. 尝试围围巾，学会表现美

孩子对围巾的美有了充分的感知后，就会激发其表现围巾美的愿望。孩子已有的围围巾经验参差不齐，可以先请那些动手能力强、爱美的孩子展示自己围围巾的方法，然后让孩子通过看图示、说儿歌来练习围围巾。比如，把最基本的围围巾的方法要领编成一首儿歌："小围巾，挂脖上，一头短来一头长，拉长头，围脖绕，宝宝的围巾围好了。"还可以把围围巾的方法制作成图示，让孩子边看图示边学习围围巾：第一步，小围巾，双手拿；第二步，两头对齐拉一拉；第三步，套在脖上找山洞；第四步，钻过洞洞往下拉。步骤清晰的图示加上朗朗上口的儿歌动作要领，孩子就轻松地掌握了围围巾的方法。教师还可以引导孩子观看《花样围围巾》的视频，鼓励孩子尝试花样围围巾，孩子脑洞大开，了解了围围巾的几十种方法，而且发现围巾会"变"，不仅仅可以围在脖子上，还可以变成披风、腰带、头饰、裙子……

3. 花样围围巾，学会创造美

孩子在感受围巾的色彩美、造型美，尝试用多种围法表现围巾之美的同时，开始对围巾千奇百怪的造型产生跃跃欲试的想法，有的孩子甚至开始偷偷地用围巾蒙在头上做"新娘"、披在身上当"大侠"。适时发现孩子想表达、想创造的念头，给孩子搭建"围巾秀"平台，可以使孩子的创意积极性再次高涨。孩子大胆想象，尝试创新出许多不一样的围法。有的把围巾对折一下，披在身上；有的将围巾先拧成绳状，再围到腰上当腰带；有的把大的方围巾围在腰里当长裙；有的直接把它搭在肩膀上当翅膀……大人眼里的小方巾、三角巾、长丝巾在孩子的创意下变成了玫瑰花、蝴蝶结、披风、长裙……

孩子的创意让妈妈们眼前一亮，平时工作忙碌的妈妈们面对孩子超级奇妙的围围巾方法，也荡起了爱美之心。于是，组织"我教妈妈学本领——创意围围巾"活动，给孩子提供了一个为了教妈妈围围巾，再次学围围巾的机会，同时把创造美的意识也传递给了妈妈们。孩子把自己的创意围法尝试着用儿歌、游戏和自己的语言教给妈妈，妈妈们在欣喜于孩子想象力和创造力发展的同时，更窃喜以后不用早上再花时间给孩子围围巾了，尤其是让妈妈和孩子进行亲子围巾秀，亲子齐动手、同创意，一起秀创意、秀能力、秀美丽等活动后，亲子关系更加和谐了。

智慧妙语

美来源于生活。当围巾遇上孩子，遇上创意，它的美会展现得更加淋漓尽致。孩子学会这项生活技能，不仅提高了自己的生活自理能力，更重要的是，学会了表现生活、创造生活。

7. 创意穿、脱衣服，让孩子的生活技能学习更有趣

穿、脱衣服，对大人来说再平常不过，可是对于孩子来说，却能凸显其自理能力和动手能力。如果给穿、脱衣服这件日常琐事加点小创意，可能就会让孩子对此项生活技能的学习更加感兴趣。

1. 妙用旧衣服，创意学穿衣

伴随着孩子的成长，衣橱里孩子不能穿的旧衣服越来越多。妙用旧衣服做道具，可以让孩子进行穿、脱衣服的练习。

解、扣——发展手部小肌肉。每天早上，鼓励孩子用这些小衣服来扣纽扣、解纽扣。这项工作对于小班孩子来说，是很困难的。它需要孩子用眼睛专注地看，同时还需要双手，尤其是大拇指和食指的配合。通过长期的练习，孩子的手部肌肉就有了力度，便于掌握解、扣纽扣的技能。

穿、脱——形成穿、脱顺序感。让孩子反复练习穿、脱衣服，很容易使孩子产生厌烦心理，而利用孩子最喜欢的《娃娃家》游戏，让孩子去喂娃娃吃饭，给娃娃穿衣，孩子倒是乐此不疲。旧衣服正好满足了孩子的需要。在帮助娃娃穿衣服的过程中，孩子需要不断地探索与尝试如何将不同的小衣服穿到娃娃身上。比如，穿开衫或外套，先穿一只袖子，再穿另一只袖子比较方便；穿套头的衣服，应该先把头套进去，再把两只手伸进袖子。在帮助娃娃穿、脱衣服的过程中，反复的探索与练习，孩子很快就掌握了穿衣服与脱衣服的顺序，于是在自己穿衣服的时候，经验就潜移默化地运用到行动中了。陶行知先生曾说："生活即教育。"在我们的生活中，有很多材料看似不起眼或是

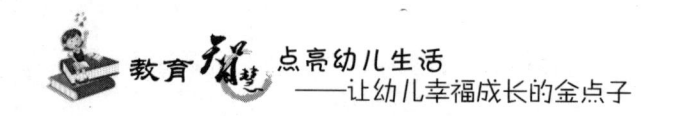

没有用，但只要我们善于发现和思考，就一定能利用这些材料收获更多的教育经验。

2. 妙用照片，创意穿、脱衣服

穿衣服的关键环节在于识别衣服的前、后、里、外。教师可以妙用拍照片的方式，把外套、裤子等衣物的前面和后面、里面和外面进行分类。同一件衣服前面拍一张，后面拍一张，让孩子把衣服前面的照片放一边，衣服后面的照片放另一边。从单一分类到混合分类、先照片分类到实物分类，慢慢地，孩子会根据照片来分辨衣服的前、后、里、外，并总结出衣服前、后、里、外的区别。比如，衣服的前面、外面图案较多，有扣子、衣兜等装饰物，衣服的后面、里面比较干净，尤其是衣服里面一般有商标、线头等。教师还可以利用照片教孩子穿衣，把孩子穿衣服的整个过程按步骤分解，拍成清晰的照片，孩子可以一边看照片，一边有次序、有步骤地穿、脱衣服。

3. 妙用儿歌，创意穿、脱衣服要领

朗朗上口的儿歌可以激发孩子的学习兴趣，教师可以根据孩子的年龄特点以及衣服特点发挥创意想出丰富多彩的穿衣服儿歌，每天利用晨间活动、放学前的一段时间先教会孩子读儿歌，理解儿歌内容，然后进行示范讲解，最后让孩子边说儿歌边练习穿衣服。比如，穿套头的衣服："一件衣服四个洞，宝宝钻进大洞洞，脑袋钻出中洞洞，小手伸出小洞洞。"在孩子学会念儿歌的基础上，再拿出套头的衣服让孩子练习。让孩子一边说儿歌一边把衣服放平，先找出前后，使衣服的前面向下，然后把脑袋伸进大洞口，从上面钻出来，再把手臂分别伸进袖管，最后把穿在身上的衣服拉平整，一件套头的衣服就穿好了。把穿、脱衣服的动作要领变成朗朗上口的儿歌，既好记又便于孩子掌握要领。根据不同衣服的穿脱方法，可以发挥创意想出一系列儿歌，比如，穿开衫："小小开衫手中拿，披在后面像大侠，穿左手、穿右手，小纽扣、送回家，再把领子翻一翻，我的衣服穿好啦！"穿裤子："穿裤子，看前后，斜插口袋在前头，两腿慢慢伸进去，穿上裤腿先别急，穿上鞋子再起立，两手一起往上提，一直提到盖肚皮！"脱上衣："先把衣服往上提，抓住袖口缩胳膊。左胳膊右胳膊，左右胳膊缩回来。提住领子露出头，宝宝的衣服脱好了。"脱裤子："双手抓紧小裤腰，一下脱到膝盖下。再用小手拉裤脚，最后还要摆放好。"

4. 妙用玩偶，创意穿、脱衣服方法

众所周知，玩偶是孩子最喜欢的玩具之一，于是我收集了很多布娃娃、小动物、动画人物等小玩偶，创设了穿、脱衣服的情境："布娃娃刚洗过澡，赶紧帮它穿上衣服吧，不然会感冒的。""天气越来越冷了，这些小动物都没有穿衣服，冻得直发抖，小朋友一起帮它们穿上衣服吧。"果然，孩子们争先恐后地帮娃娃和小动物们穿衣服，刚开始比较生疏，练习一段时间后就能熟练掌握技巧了。生活教育的目的不仅是让孩子学会为自己服务，同时也要学会为他人服务。有时候，可以把玩偶转换成孩子，让同伴之间相互帮忙穿衣服、整理衣领等，学会互帮互助，这样才真正达到教育的目的，让孩子成为一个对生活充满爱心的人。

智慧妙语

穿、脱衣服这些成人习以为常的技能，加一些有趣的技巧进去，就能转化为孩子引以为豪的小本领！让孩子的衣、食、住、行从有趣的穿、脱衣服学起吧。

8. 创意袜子收纳，让孩子学会管理自己的物品

都说脚是人的"第二心脏"，对于双脚的健康来说，一双好袜子跟一双好鞋同样重要。袜子在孩子的眼里，有时候是小累赘，不是穿不好，就是找不到。发挥创意想出一些穿袜子、脱袜子、收纳袜子的技巧，可以让孩子的健康意识从脚开始，生活技能从小学起。

1. 创意游戏"对对碰"，认识袜子

准备不同款式的袜子，打乱后放在盒子里，孩子可随意挑选一只袜子，观察袜子的特征后，从盒子里找到配对的袜子。通过观察，孩子能知道袜子由袜口、袜腰、袜跟、袜尖四部分组成，通过袜子的颜色、长短、花纹、厚薄等可对袜子进行配对。

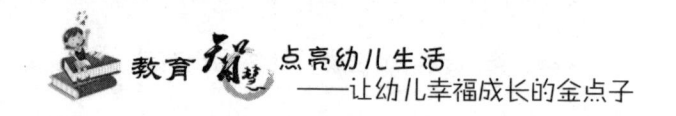

2. 创意袜子歌，学穿袜子

现在很多孩子的动手机会都被家长的包办代替所剥夺，所以穿袜子对大多数孩子来说还是比较困难的。穿袜子需要孩子手脚并用、手眼协调、共同配合，能有效提高孩子的自理能力、协调能力。儿歌《穿袜子》是根据孩子的年龄特点创编的："小袜子，手中拿，袜尖朝前，跟朝下，大拇指，撑袜腰，十趾慢慢向前爬，爬到袜尖伸进脚，拽住袜腰往上拉，穿上袜子笑哈哈。"短短的几句儿歌把正确穿袜子的方法融入进去，孩子只要根据儿歌多加练习很快就能掌握。针对孩子穿袜子慢、拉不上袜腰等常见小问题，教师可以让孩子通过给瓶子娃娃穿袜子来练习撑住袜口往瓶子上套袜子的动作。儿歌有助于孩子巧记动作要领，而多种形式的练习则有助于孩子熟练掌握穿袜技巧。

3. 创意袜子结，整理袜子

孩子的小袜子脱掉以后，经常会因保管不当而让袜子丢失。创意袜子结，可以让孩子随手把脱掉的两只袜子像系绳子一样系在一起，既避免丢失，又锻炼了孩子的动手能力。还可以引导孩子"卷袜子"，让孩子手拿脱掉的两只袜子，一边说儿歌一边动手卷："袜腰对袜腰，袜跟对袜跟，袜尖对袜尖，袜尖开始卷卷卷，卷到袜腰翻一翻，袜腰变出小嘴巴，啊呜一口变圆团！"趣味的卷袜子方法，让孩子在拟人化的过程中学会了整理袜子。

4. 创意袜子收纳架

妙用一次性纸杯，让孩子轻松学会收纳袜子。现在很多用过的纸杯都被扔进了垃圾桶，真是一种极大的浪费。我们把这些纸杯收集起来，组合在一起，粘贴在适合孩子高度的墙面上，这样就变成了实用的袜子收纳架，孩子每天练习卷袜子时可以把卷好的袜子放进一次性纸杯中。当然，也可以把收纳架粘贴在家中的卧室或者卫生间，独特又有创意，孩子在家也可以轻松学习收纳，从小养成良好的习惯。

5. 创意袜子收纳盒

家中很多不用的盒子、瓶子都可以用来制作成袜子收纳盒。比如，把酸奶小杯子洗干净，三五个捆绑在一起，或者粘在一起，就变身为收纳盒了，把卷好的小袜子依次放进收纳盒里，方便取放。

第四章 教育小·创意，让生活更有趣

6. 妙用橡皮筋，轻松制作袜子收纳绳

"处处留心皆学问"，我们最常见的女孩子用来扎头发的橡皮筋怎么会摇身一变成为收纳袜子的物品呢？很简单，我们只需要把一个个橡皮筋套在一起，变成一条长长的绳子，然后将粘钩或用铁丝做成的挂钩固定在适当的位置，最后把一双双卷好的袜子塞进橡皮筋的空隙中就可以了，既节省空间又方便寻找。橡皮筋的空隙比较小，对孩子来说有一定难度，把卷好的袜子往橡皮筋里塞的时候需要集中注意力，手指配合、动作协调才能完成，所以这对孩子来说也是一种挑战。在挑战中练习新的技能，让孩子品尝成功的滋味。

7. 创意袜子DIY，废旧袜子再利用

当小袜子破损的时候，随手扔掉是很可惜的，我们可以引导孩子拿起剪刀和画笔，画一画、做一做，加入精彩的构思，让小袜子重新焕发出活力。在一个个"手工小达人"的手中，冬季厚厚的长筒袜，加上一些装饰，可以变身为各种各样的手偶；往一些粗毛线袜里加入棉花之类的填充物可以变为布娃娃、小兔子等玩具；在一些纯色的袜子上画各种图案，可把袜子变为色彩斑斓的收纳袋，挂在门后、床前，用来收纳各种小物件。袜子一般透气性好、吸附能力强，所以还可以把一些薄薄的小袜子收集起来，扎在一起，做清扫桌面灰尘的"除尘器"。创意袜子DIY，让废旧袜子找到"新生命"的同时，孩子也养成了勤俭惜物的好品质。

智慧妙语

穿袜子是日常生活中的一件小事，但它可以唤醒孩子的独立意识与健全人格，让孩子从身边小事做起，学会管理自己的细小物品，学会独立生活！

9. 创意小手工，让生活更艺术

有这样一个儿童故事——《小小发明家》，故事中的小明是一个双手灵巧，会自己动手做玩具的小朋友。他利用废旧纸箱和易拉罐等做了一辆小火车。看到妈妈买的草莓没地方放，小明就从小火车上拆下一个纸箱，告诉妈妈："就把草莓放在这里吧。"然后把小火车改装成了汽车，把火车上的"易拉罐烟囱"变成了"排气管"。小明拉着汽车玩时看见奶奶抱着一大束花，小明就从汽车上拆下来一个玻璃瓶递给奶奶，接下来用剩下的箱子和易拉罐制作了一个漂亮的雪橇。他拉着雪橇往山上走，好多弟弟妹妹过来说："小明哥哥，也给我们做个玩具吧。"小明指着雪橇上的四个易拉罐和四根棍子说："你们用棍子'赶'着易拉罐上山，看谁先到。"弟弟妹妹们一路上蹦蹦跳跳。就剩下最后一个纸箱了，能做成什么呢？小明折一折，叠一叠，然后再画上好看的图案，就变成了美丽的飞机，他拿着飞机抛上天空，说："飞吧，小飞机，现在的废旧物品不再是垃圾了，而是大家都喜欢的玩具……"故事中的小明能把易拉罐、纸箱等废旧物品做成各种玩具送给大家，真是一个很爱动脑筋的孩子。苏联著名教育家苏霍姆林斯基说过："儿童的智慧在他们手指尖上。"短短一句话充分揭示了孩子的动手能力与智力发展之间的关系，大脑指挥着手，手促进着大脑的发展，手和脑是一对好搭档。而手工可以成为手和脑之间的教育媒介，搭起心灵手巧的桥梁。

1. 创意废物利用，练就孩子的惜物情结

日常生活中，废弃的饮料瓶、可乐罐、废纸筒、包装袋、食品盒、鞋盒，到了孩子的小手里能变成什么呢？引导孩子创意改造，可以让这些废旧材料改头换面、重获新生。

创意"圆筒"变变变。将生活中废弃的纸筒、薯片筒、方便面筒等，带到孩子的世界里，让孩子跟这些废旧圆筒产生互动。可以先让孩子创意"玩"圆筒，通过

我的创意城堡

"垒圆筒",孩子发现用纸筒可以"垒高高"。这时再引导孩子发挥创意制作"纸筒城堡";让孩子在户外"滚圆筒",在孩子发现圆筒会滚动的特点后,引导孩子制作一些会滚动的小制作。比如,在圆筒的两侧装一个长长的铁环,可以制作成"圆筒小推车";把方便面筒投放到美工区,利用一些装饰材料,制作成"太阳帽";引导孩子利用卫生纸纸筒制作成"望远镜"。就这样,孩子根据纸筒形状、大小、颜色,制作出了各种各样的纸筒娃娃、手偶、笔筒、存钱罐等小作品。当生活中常见的瓶子、罐子、吸管、纸袋等废旧物品在孩子的大胆创新下变废为宝时,孩子下次就不会随手乱扔物品了,就会珍惜身边的一切小物品,久而久之,就养成了勤俭节约的好习惯。

2. 创意小手工,让生活更艺术

成人很多时候在意物品的实用价值,如餐巾是用来擦嘴巴的,罐子是用来装东西的,发夹是用来夹头发的……一旦丧失了实用价值,我们就会把一个个物品当成垃圾扔掉。当我们通过创意小手工,把废旧的报纸、包装袋、随手丢弃的牛奶瓶发挥创意制作成一件件时尚的艺术品,让其焕发出另一种生命时,创造的快乐会让我们的生活浸润着愉悦和艺术感。

当我们跟孩子一起,把街上花花绿绿到处乱"飞"的广告纸拿回家,跟孩子一起制作出一幅幅粘贴画,或者折成一个个精美的"垃圾篓"时,不仅给生活带来便利,也美化了生活。

当我们跟孩子一起,把越堆越厚的旧报纸重新利用起来,铺贴装饰墙,或制作成灯罩、镜框、美丽的花儿,甚至是迷你的小盆栽时,就会发现,生活可以很美好,只要你能用心来创造。

当我们跟孩子一起,把家里各种各样的手提袋进行艺术涂鸦,把形状各异的瓶瓶罐罐变身为"花瓶"和"花盆"时,既锻炼了孩子的动手能力,又让生活绽放出了艺术魅力!

智慧妙语

生活中没有绝对的垃圾,只有放错位置的资源。生活可以很美好,只要你能用心去创造。在平凡的生活中,让我们跟孩子一起,通过创

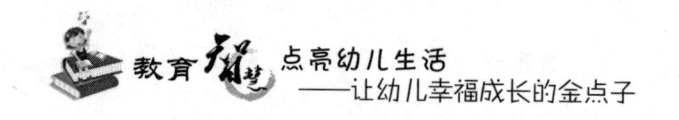

意小手工，去巧妙延伸物品的价值，以惜物情怀涵养自己的生命！

10. 创意涂鸦，让想象乘着画笔飞

当孩子兴致勃勃地往他所有能接触到的东西上乱画的时候，孩子的涂鸦就开始了。画画是儿童的一种天性，到处乱画几乎是一种必然。涂鸦对6岁以前的孩子的思维开发有意想不到的作用。美国著名儿童美术教育学家罗恩菲尔德认为："涂鸦最初发生的阶段开始于18个月大时，到三四岁结束。涂鸦与儿童动觉的发展以及视动经验有关，它是儿童练习和发展大肌肉整合运动以及精细动作控制的过程。"涂鸦可以使孩子提高手眼协调能力，增强自我控制能力。我们要鼓励孩子从涂鸦开始恣意绽放自己的艺术才华。

1. 创意涂鸦画笔

孩子对新鲜事物具有强烈的好奇心，但是握笔能力还比较弱，不能较好地控制画笔作画。如果挖掘孩子生活中熟悉并喜欢的材料来代替原有的传统画笔，就可以制作出千奇百怪的涂鸦画笔。

孩子的第一支画笔，是他的手指头。以手代笔，蘸取颜料在纸上印压或者随意涂抹，就能创意出"手指点画""手印画"等，小手指、小手掌、小脚丫等都是孩子天生自带的"涂鸦画笔"，没有孩子不喜欢用手掌蘸颜料进行手掌创意画，没有孩子不喜欢光着小脚丫踩在松软平坦的沙子上或者脚上蘸一些颜料，然后"走出"一串串色彩斑斓的脚印画。

不要小看身边的树叶、树枝、蔬菜等大自然的产物，这些都是孩子的天然涂鸦笔。秋风萧瑟的时候，伸手接住漫天飞舞的落叶，俯身拾起脚下的小石子、小树枝，带到涂鸦课堂来，用树叶当画笔蘸上颜料可以进行树叶拓印，用树叶当涂鸦素材进行树叶剪贴，用石子进行装饰、拼画，多变的"涂鸦笔"可以让孩子玩得兴致勃勃。还可以利用天然生长的形态各异的蔬菜的根茎制作"菜根印章"，蘸取颜料往纸上轻轻一按，就会绽放异彩。莲藕印章可以拓印出椭圆形的带孔的小花，青菜的根可以拓印出"玫瑰花"。每一种物品都能创造出不同的图案，带给孩子无限的探索空间。那些从废旧物品里走出的"涂鸦笔"，

比如，鸡蛋壳、纸筒、红酒瓶塞、瓶盖等，往废弃的鸡蛋壳里灌满颜料，使劲朝画布砸过去，画布上就出现了一幅色彩斑斓的抽象画。尝试着用纸筒、红酒瓶塞、瓶盖进行拓印，也会有意想不到的"画作"出现。还有日用品变身的"涂鸦笔"，如刷子、叉子、牙刷、吸管、水枪、气球等。这些好玩的涂鸦活动迎合了孩子爱玩的天性，提高了孩子的涂鸦兴趣，激发了他们探索的欲望和好奇心，使他们产生了丰富的想象。

2. 创意涂鸦画纸

让处于涂鸦期的孩子在常规的白纸上作画，孩子总是缩手缩脚，不能尽兴，因为处于涂鸦期的孩子不是想好了再画，而是边画边想，一张小小的画纸满足不了孩子涂鸦的愿望和激情，因此，需要更大的空间去支撑孩子的涂鸦创作。创意涂鸦画纸，在白色的瓷砖上画，画完了还可以擦掉再画；在废旧的报纸或者纸箱上画，孩子可以大展手脚，画好了还可以让纸箱成为游戏区的屏风；在旧的浅色衣服和布上作画，可以制作出艺术的桌布、围裙等。试想一下，让孩子在墙壁上、地面上直接画画，孩子的创作空间也会扩大。

3. 创意涂鸦内容

孩子的世界总是无比奇妙的，画笔下出现的长着眼睛的大苹果、方形轮子的汽车、带翅膀的房子以及各种我们看不懂的线条、圈圈和点点，都藏着孩子心里的小故事。爸爸妈妈却经常会说："孩子老是喜欢在墙壁上到处乱画，家中的白墙都变得惨不忍睹了，也看不懂他到底画的是什么乱七八糟的……"其实，这些都是孩子对这个世界的真实反映，是他们认识世界、表达自己感受的一种方式。如果你与孩子沟通交流，你就会知道，原来方形的轮子是孩子的最新发明，方形轮子不易向前滑行，这样更安全，当汽车行驶的时候会自动变成圆形；带翅膀的房子是为了想飞到哪里就飞到哪里，还能在天空中吃午餐呢！孩子的想象就是这么有趣。

什么是想象力？想，是动词，就是动脑筋，用头脑去想；象，就是形象或画面。想象是主观灵性的东西，想象的空间具有无限性。想象是不受自然知识、科学定律、传统观念、道德习惯、规则制度等限制的，它可以打破现实物象中的真实限制，绝不是现实的机械翻版，

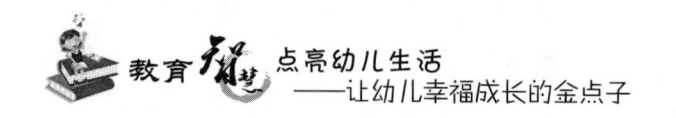

因此我们不能以像不像来评价孩子的作品。孩子的作品中想象成分的多少很大程度取决于教师的评价，教师这次以像不像为标准，下次孩子的画就会向"像"靠拢，失去想象力；教师肯定孩子的想象部分，孩子就一定会更加夸张地为想象插上翅膀。

作为教师，引导孩子创意涂鸦十分重要。比如，引导孩子画太阳："你看见阳光有些什么颜色？"孩子一下子活跃起来："红、橙、黄、绿、青、蓝、紫都是太阳的颜色。""夏天你想要一个什么样的太阳？""冬天你想要一个什么样的太阳？"随即教师还可以提出疑问："太阳的脸一直是圆圆的吗？"孩子就会对太阳的外形进行装饰：圆脸、长脸、三角形脸、梯形脸、花朵形脸，长头发、短头发、卷头发……通过开放式的启发，孩子展开了丰富的想象，并画出了夸张、与众不同的物象。在孩子的涂鸦过程中，教师应多引导他们将现实的物象任意夸张、错位、变形、组合、打乱、改动……培养孩子的想象力。

智慧妙语

给孩子一片涂鸦天地吧，让孩子在随意涂鸦的过程中感受生命的自由和自主，让孩子在自由自在的涂涂、画画中迸发内心的自信和快乐！了解了孩子对自由、自主的需求，就拥有了让孩子自由涂鸦的教育智慧。

11. 创意整理衣橱，让思维更多元

目前，大多数孩子在家都有自己的房间，小衣橱更是必不可少的。学习整理衣橱，不仅能让孩子学会观察、数数、分类，还有助于孩子从小树立自己的事情自己做的自立意识，提高孩子的生活自理能力，让孩子的生活变得有秩序、有条理，为孩子良好的性格、行为、习惯的形成与发展奠定基础。为激发孩子学习整理衣橱的兴趣，让孩子养成将衣橱内的物品合理摆放、收纳整齐的习惯，我发挥创意想出了一些整理衣橱的小方法，这会让孩子爱上整理、乐于整理。

1. 创意整理衣橱小口诀，让整理变得生动有趣

孩子的衣橱乱糟糟通常是因为衣服摆放无序，物品叠放不齐。创作朗朗上口、通俗易懂的整理衣服小口诀，可以引导孩子学习正确整理衣橱内物品的方法。例如，儿歌《衣橱真整齐》："打开小门，先放衣裳，围巾坐坐，帽子躺躺，整整齐齐，小门关上。"可以引导孩子了解衣橱内的衣物摆放要有序。儿歌《挂衣架》："挂衣架，三角形，专门爱钻小洞洞，左边钻一钻，右边钻一钻，衣服撑得平又整。"可以引导孩子学会挂放衣服。《叠衣歌》："小衣服，放放好，我来把你叠叠好，左手抱一抱，右手抱一抱，先来点点头，最后弯弯腰，我的衣服叠叠好。"可以引导孩子叠放衣服要有序。这些整理衣橱的小口诀会让烦琐无趣的整理变得生动有趣。

2. 创意玩偶，收纳小物件

衣橱内，最难整理的是一些零零碎碎的小物件，如孩子的围巾、帽子、手套、袜子等。在衣橱内摆放一些布娃娃、毛毛虫等玩偶，可以利用孩子的泛灵心理，让孩子为这些小玩偶戴围巾、手套，既激发了孩子的收纳兴趣，又巧妙地将小物品存放妥当。

3. 创意小标记，为小衣橱分门别类

可以跟孩子一起，将小衣橱进行分区，制作一些代表上衣、裤子、内衣等的小标记，分区进行粘贴，这样，哪一层放上衣，哪一层放裤子，哪个抽屉放内衣、袜子等，孩子能直观、清晰地了解，并且能从小养成看标记进行物品分类摆放的好习惯。同时，还可以制作一些衣橱整理

跟着步骤学叠衣

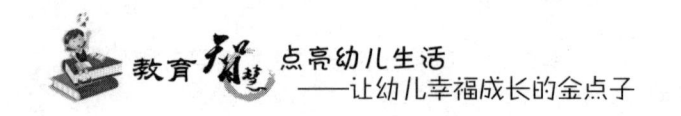

的步骤图示，比如，第一步物品分类，第二步折叠衣物，第三步挂放入柜，张贴在衣橱旁边，有利于孩子有步骤、有条理、直观形象地学习整理衣橱的方法。

4. 创意整理小游戏，让孩子在情境中爱上整理

现实生活中，孩子对自己的衣橱整理总是不积极。而在模拟的游戏情境中，孩子又很乐意去整理各种布娃娃的衣橱。所以，在幼儿园，教师可以利用废旧大纸箱、鞋盒、PC管、纸杯、粘钩、衣架等材料制作生动形象的仿真衣橱，将其投放到区域游戏活动中，充分激发孩子整理衣橱的兴趣。孩子很喜欢在这样的情境中一边帮布娃娃脱衣服、摘帽子，一边练习挂放衣服、裤子，收放帽子、围巾，摆放鞋子、袜子。整理的过程中，孩子会一边想象自己是布娃娃的爸爸妈妈，一边乐此不疲地像平时爸爸妈妈整理衣橱一样认真整理。

智慧妙语

每个人都要做自己的衣橱整理师，为自己的衣食住行负责，尤其是孩子，从小整理自己的衣橱，不仅可以培养自理能力，更能在分门别类的整理过程中训练思维的缜密性和条理性。

12. 创意整理书柜，让学习更有序

图书宝宝来排队，
大书小书分分类，
肩并肩来碰碰脚，
一本一本叠放好，
大书小书放整齐，
书柜整齐真有序。

这是为孩子创编的整理书柜的创意儿歌。图书是孩子的好朋友，由于孩子年龄小，自控能力差，每次看完书后，图书柜总是一片狼藉。引导孩子创意整理小书柜，既能培养孩子爱护图书的好习惯，又能让孩子在整洁有序的学习环境中爱上阅读。

1. 创意图书摆放方法，让图书摆放有规可循

书柜上的图书之所以会凌乱，主要是因为摆放过于随意，孩子常常随手拿走一本书，看完就顺手摆放在书柜上，越来越多的书积累在一起，就显得凌乱了。发挥创意想出一些图书摆放的小方法，有助于孩子养成有序摆放图书的好习惯。比如，按图书大小分类摆放。图书的规格有大有小，孩子由于没有分类的意识，常常把大的小的混在一起，使书柜显得凌乱不堪。我们首先要引导孩子观察图书的大小，然后请孩子把大小不一的图书进行分类、筛选，最后，把一样大小的图书摆放在一起，这样看上去就会显得很整齐。还可以按图书的正反进行分类摆放。图书一般有封面和封底，摆放规则一般都是封面在上。先教孩子认识封面和封底，封面一般比较漂亮，图比较大，还有醒目的书名。封面朝上叠放图书，便于孩子查找和取放。其实，图书摆放的方法还可以想出很多，如按图书功能、封面颜色、图书的用途进行分类等。只要在摆放图书时有一个清晰的摆放标准，取放就会有规矩可循。

2. 创意图书摆放标记，让图书按"名"摆放

学龄前的孩子受具体形象思维的影响，识别事物经常依靠简单的标记。所以，在书柜的每一层都粘贴上创意标记，便于孩子进行图书整理。比如，制作一些孩子常见的图形标记：在书柜第一层左上方做正方形的标记，在书柜第二层左上方做圆形的标记，在书柜第三层左上方做三角形的标记，在书柜第四层做梯形的标记，然后再把书柜每一层放置的图书左上角都做上相应图形的标记，这样，孩子看完书，会根据书上粘贴的图形标记，积极主动地把图书送到相应的书柜上。我们还可以和孩子一起制作孩子喜欢的书柜小标记，比如，数字标记，简单明了，便于识别，可以锻炼孩子数数的能力；按图书功能制作出动物类、水果类、交通工具类的标记，使孩子可以通过简单的小标记明了这些书的大概内容。

3. 创意图书摆放次序，让图书有序摆放

给图书归类、做标记、分层以后，孩子开始摆放图书了，摆好后一看，虽然整齐多了，但由于摆放的次序不统一，有的从左边摆起，有的从中间摆起，有的随便插进去，导致书柜上的书有的地方叠得很厚，有的地方只有孤零零的一本。此时，教师可以引导孩子开动脑筋，

图书真整齐

想出不同的图书摆放次序，如：把图书从小到大从左边排起，就像一级级台阶似的依次摆放整齐；按图书厚薄从右向左排，看上去像一排排由细到粗的小树；或者以一本小书、一本大书的次序依次排列，小书和大书错落有致，便于利用两本大书之间摆小书的空隙取放书籍；等等。当孩子对摆放图书有了新的创意，也就有了整理书柜的兴趣。

智慧妙语

书籍是人类的精神财富，可以滋养人的内心。如果说书籍教会孩子很多知识，那么创意整理书柜则影响孩子的生活习惯和生活态度，可以让孩子的内心世界变得整洁、有序、条理清晰。

13. 创意整理玩具，让收放更智慧

小朋友们整玩具，
样样玩具要珍惜，
轻拿轻放不乱扔，
分类摆好放整齐。
积木放在建筑区，
图书摆到书架里，
玩具睡觉我休息，
下次我再来找你。

游戏是孩子的第一需要，而游戏中的玩具是孩子最亲密的伙伴。玩具，不仅可以激发孩子的生活情趣，丰富孩子的知识，开发智力，而且有利于培养孩子健康的个性。正因为这样，许多家庭里到处堆满了玩具，孩子出门时手中也不忘拿着玩具。可是，许多孩子只知道玩玩具，却不懂得珍惜和爱护玩具，把玩具随处乱扔乱放，玩玩具时兴致勃勃，整理玩具时推三阻四。创意整理玩具，可以提升孩子整理玩具的兴趣。

1. 创意小玩具的"家"

孩子眼中的玩具是有生命的。在角色游戏区，孩子喜欢给自己的玩具小羊喂奶，给小熊洗澡，给芭比娃娃铺床睡觉。可是整理玩具的时候，一个个却都没了兴致。于是我找来一些废旧的大纸盒、塑料筐等物品，和孩子商量，每次玩完玩具后都要把它们送回"家"。还跟孩子商量，什么玩具适合什么样的家。对于小串珠、小雪花片之类的小玩具，可以给它们找一些透明的圆筒盒子当"家"，比如，装糖果用的圆筒瓶子、装牛奶用的宽口瓶子等，方便取放、一目了然。而有一些布娃娃、玩具熊之类的大玩具，可引导孩子送到教室的角落，或者游戏区的娃娃家摆放整齐，让每样玩具都有合适的"家"可以居住。

2. 创意小玩具家的"门牌号"

当孩子给小玩具都找到合适的"家"后，还可以制作小玩具家的"门牌号"，利用各种图标来帮助孩子学习分类归放玩具。制作各种小玩具家的"门牌号"，可以利用拍照片给一些小积木或者说不出名字的小玩具家制作"门牌号"，孩子根据盒子上粘贴的玩具照片，把对应玩具送回"家"。还可以画出玩具的形状来提醒哪些东西应该放到哪里。如"敲敲乐"玩具以一个小锤子图标为标志，"小汽车走迷宫"玩具就以小汽车图标为标志等。这些标志简单明了，易于分辨，孩子能够很快形成看标志收放玩具的习惯。

3. 创意整理玩具的游戏

知道了小玩具的"家"，可是在送玩具回"家"的路上，依然有些孩子拖拖拉拉。能不能发挥创意想出一些让孩子主动、愿意送玩具回"家"的游戏呢？面对散落一地的积木，创作《采蘑菇》游戏，告诉孩子："地上有这么多的蘑菇，一起采蘑菇吧。"这个游戏真灵，所有的

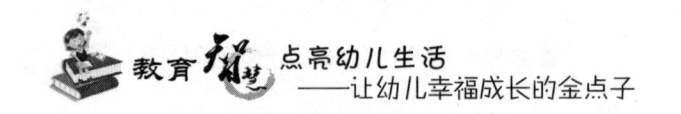

孩子都抢着捡地上的积木，一会儿就捡得干干净净。在捡完积木后，有的孩子说："这是红蘑菇，这是黄蘑菇。"然后他们开始把捡起来的积木按照颜色分别放在不同的筐里，而且嘴巴里还不时地说"这边有好多蓝蘑菇""这边有好多黄蘑菇"。在游戏结束时，我问："今天玩得开心吗？"他们齐声说："开心。"还一再要求我下次再玩《采蘑菇》的游戏。类似这样整理玩具的小游戏可以创作出很多很多，比如，整理玩具小汽车，可以在地上画一些指示线表示公路，让孩子顺着"公路"送玩具回家；整理零碎的塑料小玩具，可以玩抛接游戏，让孩子站在一定距离往游戏筐里投掷玩具；还可以组织一些《比比谁手快》《看谁整理得最好》《谁分得又快又好》《哪只小鸭子先回家》等竞赛类游戏。玩具整理不再是一种负担，而是成了孩子喜闻乐见的小游戏，在快乐的游戏环境中，孩子养成了收纳习惯，学会了整理。

智慧妙语

整理玩具是孩子的职责，而不是教师、家长的任务，教师、家长需要做的是运用自己的教育智慧，让整理玩具变得简单、有趣，让孩子乐于整理、主动整理、爱上整理。

14. 创意整理房间，让整理变得有趣

小小闹钟叮当响，
我催妈妈快起床，
我们一起整房间，
擦桌子呀摆玩具，
摆鞋子呀整衣橱，
妈妈扫地我拖地，
房间整得真漂亮。

孩子的房间不仅色彩斑斓，更是物品繁多，有玩具、文具、衣物等，如果不及时整理，就会乱七八糟。创意整理房间，可以让房间变得更加有序、整洁。

第四章　教育小创意，让生活更有趣

1. 创意整理步骤图，让整理有序可依

很多时候，孩子的房间会比较杂乱，我们大人常常让孩子"收拾东西"，孩子往往会无所适从，不知道该做些什么。如果给孩子一项具体的任务，他们就会明白东西应该收到哪个指定地点，以及在收拾东西期间需要完成哪些任务。我们可以把这些事情列一个清单出来，让孩子选择自己要完成的任务，必要时还可以用整理步骤图引导或提醒孩子。具体的收拾任务可能包括收拾蜡笔、挂围裙、把积木收到盒子里、把椅子塞到桌子下边、把书籍整齐地摆在书柜里、检查衣帽间是否整洁、整理角落等。我们还可以把孩子分组，让他们一起去相应的区域，合作完成整理任务。

2. 巧用轮廓创意，让物品有地方可去

保持环境整洁的关键，就是东西不要太多，而且要定期检查它们的存放方式。如找一个桌面或者架子，专门放置剪刀、铅笔、蜡笔、胶水、胶带等物品，并保证每次课后都将物品放回原位。然后，按照喜欢的方式布置桌面上的这些东西，如可以在一张黑纸上画出这些物品底部的形状，然后把这些形状剪下来，按照设计好的位置贴在桌面上，使之形成清晰可见的轮廓或"脚印"。使用这种轮廓创意，可使每样物品都有地方可去，有"家"可回，不经意间就达到了整理的效果。

3. 创意整理儿歌，让整理生动有趣

相信很多人都遇到过这样的情况：打开孩子的衣柜，看到孩子的物品杂乱无章，有的东西不知去向忍不住带着情绪去埋怨孩子，而孩子则不知所措。但如果把这件事情伴着亲子游戏和儿歌来完成，就会非常有趣了："我有一个小柜子，它有一个大肚子，上衣叠好放左边，裤子叠好放右边，围巾手套放上边，整整齐齐真好看。"孩子在说唱儿歌的过程中就不知不觉整理了衣柜。

智慧妙语

好的生活是整理出来的，真正的改变是从日常小事开始的，有序整洁的生活方式才能造就条理清晰的思维。爱生活，让我们从爱整理开始！

15. 创意叠叠乐，让物品换新颜

> 小被子，叠个面，
> 左右边，叠中间，
> 点个头，抬个脚，
> 对折好，放床边。

孩子在生活中有很多动手叠毛巾、餐巾、被子、衣服的机会，发挥创意叠出花样、叠出兴趣，会给孩子的生活带来无穷的乐趣。以"叠餐巾"为例，经过孩子的创新，一块块小餐巾被他们变成了几何图形、动物图案、组合造型……不仅提高了孩子叠餐巾的积极性，也提升了孩子的审美情趣。重要的是，吃过饭后再也没有人忘记擦嘴了，孩子们都自主地养成了良好的生活习惯。

1. 创意叠餐巾——百变几何图形

首先，让孩子观察餐巾的外形特征，说一说："我们的餐巾像什么？还可以变成什么？"孩子的兴趣一下被调动起来了，有的说："像长方形。"有的说："把小餐巾的边对折起来就变成了正方形。""还能变成三角形、梯形。"大家众说纷纭，于是我建议大家把自己想到的新颖叠法亲自动手试一试。没想到，把想象的空间留给孩子，孩子真的会创意无限。他们有的把小餐巾卷一卷变成了圆柱形，有的把小餐巾角对角变成了三角形，有的把小餐巾的小角藏起来变成了圆形，还高兴地说："我变的是太阳。""我变的是蛋卷。"……一块块小餐巾在孩子的小手中变成了正方形、梯形、圆形等各种几何图形，孩子也在创新中收获了快乐。

2. 创意叠餐巾——百变图案造型

一次，餐前叠餐巾时，一个孩子随手把一块小餐巾放在了旁边的盘子里，旁边的一个孩子叫道："这块小餐巾真像一只蝴蝶啊。"大家都被她的话吸引了过去，一看，可不，还真有点像蝴蝶呢！于是，我趁机组织大家讨论："这些餐巾随意一摆还像什么？""像小鸟。""像小兔。"……孩子们对叠餐巾的创意已经不仅限于变成几何图形了。第二天，我专门为孩子准备了多媒体课件，请他们欣赏餐厅服务员的餐巾花作品。孩子看到美丽的餐巾花，兴趣盎然，跃跃欲试，于是，在我的鼓励下，进行了新的花式叠餐巾。他们有的把小餐巾变成了小花，有的把小餐巾变成了小鸭子，有的把小餐巾变成了小猫、小狗。看到一块块小餐巾变成了各种图案造型，孩子吃完饭后擦嘴的积极性更高了，再也不用教师提醒了。

3. 创意叠餐巾——百变多种组合

在孩子欣喜于自己餐巾的各种创新叠法时，我觉得应该给他们一个新的挑战，于是我引导他们想象："如果把两块或几块小餐巾组合在一起会变成什么呢？"我把一块叠成三角形的餐巾和一块叠成正方形的餐巾组合到一起，孩子激动地叫了起来："哇，小餐巾变成了漂亮的房子。""那你想把小餐巾组合在一起变成什么呢？大胆想一想，可以和好朋友一起合作来变一变哦。"在我的鼓励下，孩子自发地结成小组商量着要变什么，需要怎么变。他们有的先把小餐巾变成圆形和长方形，再把圆形和长方形组合到一起变成了一朵美丽的太阳花；有的先把小餐巾变成梯形和圆形，再把梯形和圆形组合到一起变成了一辆小火车；有的把小餐巾变成了轮船，有的把小餐巾变成了小汽车……在组合创新中，孩子的想象力和创造力得到了充分发挥，每天都在想着创新出新的叠法。

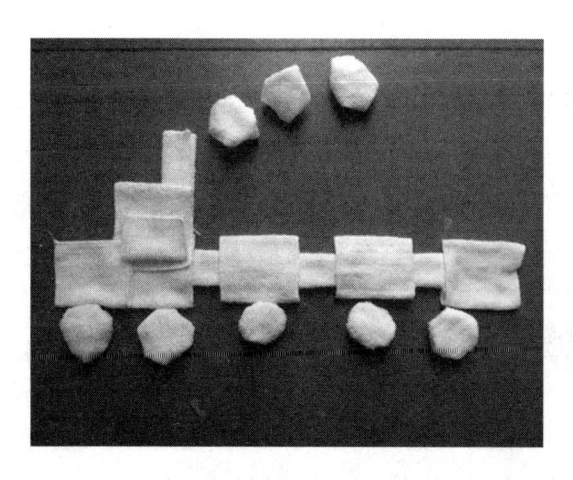

创意叠餐巾——小火车

创意叠餐巾——小船

生活中有很多物品都可以让孩子去叠一叠，叠围巾、叠衣服、叠帽子、叠裤子、叠袜子等。可以和孩子边唱《叠衣歌》边叠衣服："小衣服，放放好，我来把你叠叠好。小手抱一抱（两只袖子依次放胸前），点点头（有帽子的衣服，把帽子先叠一下），弯弯腰（衣服对折），我的衣服叠叠好！"孩子在动手折折叠叠的过程中，不仅收获了快乐，养成了良好的生活习惯，更重要的是从中收获了生活乐趣，审美情趣得到了提高，想象力得到了发展。

智慧妙语

生活中普普通通的餐巾、衣服、围巾、被子在孩子灵巧的双手中，只需加入一点创意，就能激发出孩子无限的想象力和创造力。让孩子的想象力发展从生活中的创意叠一叠开始吧！

16. 创意拼拼乐，让想象更无限

在美国，拼图常被认为对学前儿童的发展有积极作用。在美国的俄亥俄州有一个国家拼图博物馆，研究幼儿数学发展的专家发现，在2—4岁经常玩拼图的孩子在5岁时会有更好的空间能力。拼摆的确能够提高孩子的专注力、想象力、空间组合能力等。我经常跟孩子一起拼拼摆摆，总结出了拼摆中的很多小创意。

1. 图形创意拼拼乐

拼摆是图形的艺术，孩子根据图的形状，在拼摆过程中可以借形想象。给孩子提供一些三角形、正方形、圆形等卡片，让孩子加以想象，比如看到三角形，想到平常吃的三明治面包、远处的小山、有些房子的屋顶，就可以拼摆出小山、房子等形象。在随意的拼摆中，引导孩子去想一想："你拼出的像什么？"孩子本来是随意、无目的地摆弄拼贴，在成人的提醒下，他们会将其想象成自己熟悉的事物，无形中增加了自信心和拼摆兴趣。

2. 蔬菜水果创意拼拼乐

水果不同的形状和丰富的色彩能带给孩子广阔的想象空间。创意水果拼盘，可以点燃孩子的拼摆兴趣。将孩子分组，有的负责选水果，有的负责剥果皮，有的负责切水果，有的负责拼摆果盘。在拼摆造型时，我鼓励孩子大胆想象水果像什么，可以拼成什么。大家尽情地发挥着自己的想象力，大胆地表现着自己的创意，经过一番拼摆之后，一盘盘妙趣横生的水果拼盘就展现在大家面前了，有"孔雀开屏""美丽的椰子树""天鹅之舞""小海豚""小小机器人"……一盘盘作品果香四溢、风格奇特，让人目不暇接，看得大家直流口水，自然吃得也很开心。在制作水果拼盘的基础上，我又引导孩子进行蔬菜拼拼乐和蔬菜水果混搭拼拼乐，孩子积极投入游戏，爱上了色彩鲜艳的水果和花花绿绿的蔬菜。

3. 瓶盖、扣子创意拼拼乐

一次，我发现几个孩子在自由活动时将废弃的矿泉水瓶瓶盖取下来在桌上摆来摆去，引来许多孩子的围观，还听见有孩子说："我家也有好多瓶盖，明天我也带来玩……"没想到孩子对那些废弃的瓶盖这么感兴趣。为了抓住这一教育契机，引导孩子爱上拼摆，我鼓励孩子收集各种颜色、各种形状的瓶盖和扣子，然后让他们利用瓶盖、扣子随意拼摆，启发他们展开想象的翅膀。比如，在一个红色的瓶盖旁添画一些"光芒"，就能变成太阳；两个瓶盖并排拼在一起，两边添画两条长线，就能变成眼镜，或者在上面加个车身，就能变成汽车的车轮；三个甚至多个瓶盖拼在一起，就能拼成一朵花，拼成一串糖葫芦，或是拼成毛毛虫等。如果再大胆创新一下，把不同大小、不同颜色的瓶盖拼在一起，又会有小房子、飞机、机器人等很多奇妙的图案被拼出来。每次孩子都玩得很开心，而且乐此不疲，小小的瓶盖在孩子手中变幻无穷，每当孩子用瓶盖拼出新花样时，都会惊喜地叫起来："快看，我拼出了……"

4. 自然万物创意拼拼乐

自然界美丽的花花草草，林间的树枝、落叶、石头，这些形状多样、色彩丰富、易收集、易操作的自然资源都可以成为孩子的拼摆材料。当秋季落英缤纷的时候，跟孩子一起收集色彩斑斓的树叶，用树叶巧妙拼摆出生动形象的动物、树林、大山等；当春季鲜花灿烂的时候，跟孩子一起走进春天的田野，撷一把野花、野草，在土地上或者画纸上拼出一幅美丽的"风景画"；当夏季泉水叮咚的时候，跟孩子一起在清澈见底的小溪边捡一些形状奇特的小石头，拼成山，拼成房子，一幅幅生动的、立体的石头创意拼贴画也在悠悠山水间从孩子的心底被创作出来。自然界万物在孩子的拼拼摆摆中幻化成孩子喜欢的事物形象，这是一件多么富有创造力的事情啊！

拼拼乐

日常生活中常见的物品也都可以成为孩子拼摆的材料。例如，孩子在吃完橘子后，用橘子皮进行拼摆活动，拼出了花朵、太阳、奥特曼、小鸡等许多图案和造型，不仅提升了孩子的想象力和创造力，还让孩子体验了废物利用的奇妙。当孩子的拼摆兴趣从图形扩展到熟悉的水果蔬菜，再扩展到生活中常见的物品，再扩展到自然界的万物时，孩子的思维也活跃了。教室里的小凳子可以拼一拼，操场上的跳绳可以拼一拼，甚至孩子三五个一组，玩起了拼摆游戏，一会儿几个孩子搂在一起，用身体拼成小花，一会儿一排孩子组合成山洞，让其他孩子钻。当创意拼拼乐走进孩子心里，当孩子形成拼摆意识，还有什么事物不能奇妙地拼一拼、变一变呢？

孩子在创意拼摆中，拼什么物品、用什么物品拼摆都不重要，重要的是孩子思维的发展。从开始拼摆物品时思考拼什么，到拼摆中的组合、构思，再到拼出图案后思考像什么，整个过程，思维经历了借物想象、联想组合、再造想象的过程。

智慧妙语

创意拼拼乐，让孩子从联想能力发展到组合能力，再发展到想象力、创造力。联想能力、随意组合能力是想象力发展的阶梯，让孩子的思维乘着创意拼摆起飞吧！

第五章

教育小方法，让生活更文明

第五章　教育小方法，让生活更文明

著名教育家叶圣陶先生说："什么是教育？简单一句话，就是要养成良好的习惯。"伟大的人民教育家陶行知提出"生活即教育"的理论，认为生活含有教育的意义，过什么生活便是在受什么教育，过健康的生活便是在受健康的教育；过科学的生活便是在受科学的教育；过劳动的生活便是在受劳动的教育；过艺术的生活便是在受艺术的教育；过文明的生活便是在受文明的教育。那么，文明的生活是什么样的？文明是一种规则意识，更是一种生活习惯。

一个人的知识是什么时候学到的，可能一时说不清楚，一个人的文明素养是什么时候养成的，从"我从小就这样"这句话中就能找到答案。童年是孩子生活习惯养成的关键期，多少人印象中的"我从小就不吃鱼""我从小就不喝白开水""我从小就不爱洗澡""我从小就挑食"的习惯都是源于童年。看来，生活习惯养成的关键期在童年，习惯的养成会影响人的一生。

陶行知先生说，凡人生需要之习惯、倾向、态度多半在孩子6岁之前养成。古谚云："三岁住皮，五岁住骨。"意思是，孩子在3岁以前所学到的观念或养成的行为习惯，体现在表面认知层面，还有改变的可能；到了5岁就不容易改变了，因为它们已经牢固地印刻在孩子的内心，形成了一种意识。《3—6岁儿童学习与发展指南》中指出，一个健康的儿童不仅要拥有发育良好的身体、愉快的情绪、强健的体质、协调的动作，还要拥有良好的生活习惯和基本生活能力。一个人一生的生活、卫生、行为习惯的养成关键期在3—6岁。

孩子日常生活中的点点滴滴，幼儿园一日生活中的每个环节，都可以成为教育的元素，成为影响孩子一生生活文明程度的关键。维果斯基认为，孩子任何的学习活动都需要中介因素，需要通过符号来帮助他们提升和巩固，因而符号图标对孩子的发展具有重要的作用。将图标巧妙运用于孩子一日活动中的各个环节，能够使其不断感知图示，知道能够运用图标或符号来表达意思，从而提高其对生活的探索欲望和兴趣。

从孩子的具体形象思维出发，我们可以在孩子一日生活中融入一些他们喜闻乐见的、有助于他们养成良好生活习惯的方法，比如，用图示法，让孩子看懂各项规则；设计小标记，让孩子物品摆放有秩序；

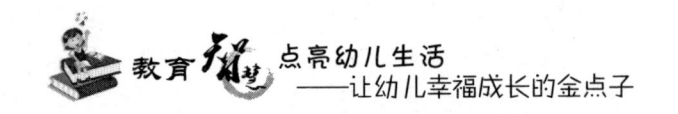

安排小步骤，让孩子做事有条理；制定小公约，让集体生活更文明；学习儿歌，引领孩子快乐生活。利用孩子喜闻乐见的图片、标记约束孩子日常生活中的点滴行为，可以让孩子将规则内化，意识到遵守规则是一种幸福，慢慢养成文明的生活习惯。

1. 小情境，让孩子体验真实的生活

孩子的发展特点和学习能力决定了幼儿园的课程必须是与其生活紧密相连的。《3—6岁儿童学习与发展指南》指出，情境性学习对学龄前儿童尤其重要，孩子只有在具体的情境中学习才能获得有益的学习经验。情境教育法是集"情"与"境"为一体的教学模式，在幼儿园教学中有其独特的功能和价值。

情境，是重要的教育资源，利用一些故事情境可以引导孩子在生动形象的情境中感受生活中的规则。比如，《小蚂蚁搬豆》中，井然有序、团结合作的小蚂蚁的形象深深地感染着孩子，给孩子树立了好榜样。于是我们把可爱的小蚂蚁用图示的方法贴在厕所的墙壁上，而且高度和孩子的视线基本保持平行。这样，他们如厕时，看到排着队的小蚂蚁，自然会排好队等待如厕。在等待过程中，不仅可以数数有几只小蚂蚁，而且两个小朋友还可以讨论故事中的情节。渐渐地，我们再也不用每次休息时都要向孩子唠叨一句："上厕所时要排好队，不要争抢。"耳边经常听到的是"老师，我排好队了""老师，我让东东第一个小便"。看来，孩子从情境中潜移默化地受到了影响和教育。

创设情境开展教学，能够将抽象的道理说得具体，使复杂的事物变得简单，从而得到孩子的接受和认可。有一次，针对班级橡皮泥丢失的问题，一位小班教师创设了一个情境。教师用着急的口吻对孩子们说："橡皮泥妈妈特别着急，为什么呢？因为她的宝宝不见了。"孩子们纷纷被吸引，这位教师接着说："橡皮泥宝宝是在出来和小朋友们一起玩后不见的，到现在还没有回家。它的妈妈要急哭了，哪个小朋友看见橡皮泥宝宝就赶快送它回家吧，等一会儿它要是找不到妈妈也会哭的。"煽情的话语引来短暂的寂静。"老师，橡皮泥宝宝在我这里。"这时一个孩子涨红了脸，轻声说道，"我是想将它带回家再玩一

第五章 教育小方法，让生活更文明

会儿，明天还回来的。""你想一想，如果你的妈妈找不到你，她该多着急呀，橡皮泥妈妈也是一样的。"教师说道。于是，这个孩子自觉地把橡皮泥交到了教师手里，许多孩子也纷纷表示以后再也不把橡皮泥带回家了。果然，之后班上的橡皮泥再也没有丢失过。有时，当个别孩子忍不住想把橡皮泥带回家时，同伴也会非常认真地告诉他别带橡皮泥宝宝回家，它会想妈妈的。由此可见，教师创设情境开展道德教育有助于孩子良好行为习惯的养成。

创设真实的情境，引导孩子真实生活。

陶行知先生认为，教育只有通过生活才能生发出力量而成为真正的教育。因此，我们不仅应选择孩子的生活作为教育的内容，而且应通过孩子的生活对孩子进行教育，既把生活作为教育的内容，又把生活当成教育的途径，使孩子乐学、善学。这就要求教师设计的活动要贴近孩子的生活，用那些能再现孩子生活、吸引孩子的生活片段、生活场景，来唤起他们的经验感受，从而发挥其主体作用。比如，要引导孩子真正理解并学会运用交通规则，仅仅通过在幼儿园玩"过马路"的游戏是不够的。只有创设真实的情境，让孩子与环境积极互动，才能使孩子真正掌握交通规则。因此，带孩子步行外出的时候，要提醒孩子靠人行道右边走，眼睛向前看，不奔跑等。途中可让孩子观察行人是如何行走的，教孩子认识马路上有哪些交通标志，这些标志有什么作用等，并引导孩子听从交警的指挥或看信号灯的指示。

智慧妙语

孩子自出生起，就是一个自然人，在慢慢的成长过程中，由自然人成长为社会人。一切教育的出发点和落脚点均是能促进孩子的真实发展，让孩子成为一名真实的社会人。所以，我们要善于从孩子的生活出发，利用孩子身边的人和事，利用孩子熟悉的环境和情景，让孩子在生活中学习、在生活中感悟、在生活中成长！

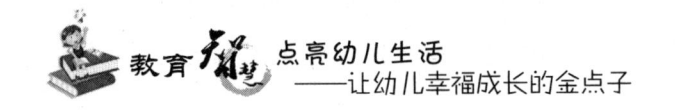

2. 小约定，让孩子做事有原则

有一个《说到做到的小松鼠》的故事：守约餐厅开张了，很多小动物都来凑热闹，狐狸老板说如果大家能遵守餐厅的六条规定，会有礼品相送。这六条规定是：（1）吃饭前要洗手；（2）坐在座位上安静地等待上菜；（3）不要直接用手拿食物；（4）吃饭时不要玩玩具；（5）吃完后要说谢谢；（6）吃完饭要把盘子拿到指定地方。大家都表示会遵守这六条规定。于是，大家开始排队洗手。在饭菜还没端上桌之前，小鳄鱼忘了规定，在房间里又蹦又跳；饭菜上桌之后，小猪忘了规定，用手抓着意大利面吃；吃饭时，小浣熊忘了规定，吃饱后拿出玩具车在桌子上玩了起来；吃完饭后，大家向餐厅主人道谢，小河马忘了规定，跑到一边收盘子去了。狐狸老板把大家叫到一起准备发奖，结果除了小松鼠，其他人都没有遵守约定。于是狐狸老板拿出一份甜点奖励给说到做到的小松鼠，小松鼠邀请其他人一起分享，大家都保证，以后一定要遵守规定，说到做到。这个故事不仅可以教给孩子一些吃饭时的基本礼仪，还教育孩子要遵守规定。

1. 将约定提前告知

有时候，对于一些事情，孩子不是做不到，而是事先不知道怎么做。跟孩子之间的小约定要提前告知孩子或者与其进行商讨，而不是对孩子下"命令"，这也体现了对孩子的尊重。比如，在幼儿园，带孩子去户外活动，教师事先跟孩子一起商讨户外约定："排队不拥挤，不争抢玩具，听到老师的口令要按时返回教室。"孩子带着约定去游戏，自然内心就会有一种规则意识和约束感，即便其中一两个孩子玩得尽兴而忘记约定，也一定会有其他孩子热心提醒他："老师说听到口令要回教室……"在家里，大人跟孩子一起出门也可以事先约定，比如，带孩子去超市是让很多家长感到头疼的事，家长认为孩子总是乱要东西，看见什么要什么。其实，去超市前家长可以跟孩子约定买什么、不买什么，这样，孩子跟大人进入超市后，尽管面临很多诱惑，但因内心装着跟父母的约定，不但不会无理取闹，反而会利用"约定"的准绳约束自我。

2. 将约定进行到底

善于用小约定提醒孩子说到做到。很多时候，大人喜欢跟孩子做约定，但又因忙于事务而经常忘记。有段时间，班里的男孩子开始模仿起"铠甲勇士"来，一群男孩嘴里吆喝着"嚯……哈……嗨"，还不断变换着手势，很是"英雄"。不一会儿，告状的声音传来了："老师，他打我的头！""老师，他一直追我！"于是我就把这一帮孩子拉到一起，跟他们讲道理。我问："铠甲勇士是英雄吗？""英雄应该做什么？""打小朋友好不好？"他们反思后，都承认了错误并向同伴道了歉。于是我跟他们一个个拉钩，并提出要求："不要再犯错误，如果被老师点到三次名字，小手就要被老师牵着管住。"孩子点点头出去玩了。这一招对其他孩子都非常管用，但是对一个叫轩轩的孩子来说就很困难。一个上午他犯了三次错误，把三个孩子都打疼了，按照约定，我叫他过来。谈话中，轩轩说自己哪里做错了，讲得头头是道，但说到要遵守和老师的约定，他立刻把头摇得像个拨浪鼓一样，"我不要……我要玩"。在户外活动时，孩子们开心地滑滑梯，而轩轩的手一直被我牵着。他试图挣开我的手，但我紧紧地拉着他的手不放开。他哭了，似乎希望别人来注意他。但是我依旧坚持牵着他的手，过了一会儿，他不哭了，我就跟他说："老师说话算数，你做不到就要被我牵着手，如果你也像老师一样说话算数，那么你就可以快乐地玩。你以后说话算数吗？"他点点头说："算数！"我说："给你五分钟时间玩，时间到了你就回到我这里，如果你做到了，下次可以玩更长的时间。"他点点头，我松开了他的手，他一下子就飞奔到滑梯上玩起来，不过眼睛不时地瞅瞅我。过了一会儿，我叫道："轩轩，时间到了。"想不到，他立刻就回到了我的身边，主动拉着我的手。在这个牵手的事件中，我觉得，教师和孩子的约定不是随随便便的，当孩子做不到的时候，我们就要按照约定来约束他，让他认识到说话不算数是不被大家认同的，要说到做到才行。

首先，善用"约定"，可以帮助孩子建立良好的责任意识。孩子对于事物的对错没有明确的判断，他们还不懂什么是责任。在生活和游戏中，家长可以通过约定潜移默化地帮助孩子建立"说话要算数"的责任意识。在此需要强调的是，一旦有了"约定"，家长和孩子就要严

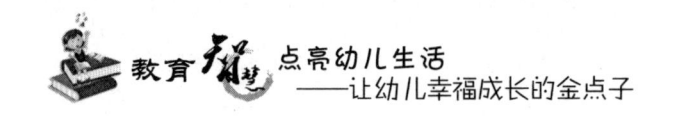

格执行，否则就会使孩子养成"说话不算数"的习惯。其次，善用"约定"可以培养孩子良好的情绪和意志管理能力。孩子对情绪的控制尚不稳定，通过约定可以避免他们爆发负面情绪，同时可以帮助他们养成自我约束的能力。

智慧妙语

约定一旦达成，能在孩子的内心形成一把标尺，让孩子养成做事有原则的良好品质。学会"约定"，做好"约定"，执行"约定"，在亲子关系和谐融洽之余，还能培养孩子的诚信意识和责任感，何乐而不为呢？

3. 小标记，引领孩子有序生活

所谓标记，就是人们为引起注意，帮助识别记忆而做的记号。标记，在生活中处处存在，它对人们的行为具有强烈的暗示性，可以引导人们的行为和方向。《幼儿园教育指导纲要（试行）》中明确指出，要培养幼儿对生活中常见的简单标记和文学符号的兴趣。标记是表示某一事物或意义的象形符号，具有形象性、概括性的特点。而幼儿园的孩子以具体形象思维为主，有意识地运用标记来指导孩子的学习生活，符合孩子的年龄特征和心理特征，有利于他们尽快习得知识和技能，形成良好的行为规范意识和习惯，从而获得全面健康的发展。

1. 运用小标记，潜藏规则规范，指导孩子行为

俗话说，没有规矩，不成方圆。落实到幼儿园就是没有合理的常规管理，就没有孩子良好的行为习惯。孩子良好行为习惯的培养，一般是由教师用语言的方式对孩子直接指导。然而孩子认知水平有限，一些教师传达的规则他们不能理解和接受，常常出现行为上的偏差。为此，教师可以把这些规则与要求渗透到直观形象的标记之中，将标记运用于幼儿园一日生活的各个环节。这样，教师就可以随时随地指导、提醒孩子，潜移默化地培养孩子良好的行为习惯。例如，幼儿园大门上的小动物浮雕向孩子微笑着招手，就是在告诉孩子要向老师问好；小桌上贴上孩子的照片是在帮助孩子找到自己的座位；各种玩具筐上贴上相应玩具的照片是在告诉孩子玩具要分类放；地上的小圆点、圆形和直线是在告诉孩子做操时要保持的队形；楼梯上面的小脚印是在告诉孩子上、下楼梯时要靠右走；水池旁的小手印是在告诉孩子洗手的方法；等等。这些标识使教师省去了不少苦口婆心的说教，同时又让孩子遵循日常规则有章可循。

2. 运用小标记，给孩子一个有秩序的空间

贴纸标记，认清物品全靠它。对于刚刚入园的孩子来说，陌生的环境会让他们内心不安，与家庭不同的生活习惯也会让孩子对幼儿园的生活感到陌生。在众多外形相似的物品中怎样才能让孩子更快地认清自己的物品，接纳班级的每个生活环节呢？有一种识别神器——贴纸，它能发挥独特的认知作用哦！让孩子用自己最喜爱的小贴纸作为标记，贴在自己的水杯、毛巾架、床等属于自己的物品上，就能帮助孩子很快地辨认出自己的物品了。

图示标记，对应物品全靠它。幼儿园会投放各种各样的材料，而这些材料又需要分类、分层摆放，此时可以用图标来帮助孩子辨别、掌握。比如，在益智区的玩具柜每个格子里贴上对应的益智玩具图标，孩子玩过后按照对应图标就可以把玩具放回原来的位置；美工区放置彩笔的位置用即时贴圈出轮廓，标上彩笔图标，提醒孩子用完彩笔后要放入这个区域；等等。这些图标的使用不仅起到了提示、指引、规范的作用，也使收放区域的材料充满了趣味性，孩子在整理物品的同时，又练习了对应和分类。

3. 运用小标记，帮孩子内化规则意识

标记在孩子的生活和学习中起着至关重要的作用，它们就像一个个"小老师"，帮助孩子认识属于自己的物品，告知孩子要做的事情，提醒孩子如何有序地开展集体活动，使孩子养成收放有序、排队等待、谦虚礼让等良好的习惯。制作标记可以让孩子明确标记中潜藏的规则，用标记约束自己，逐渐做到从他律到自律。例如，在开展阅读区游戏时，我们和孩子一起商讨、制订需要遵守的规则与要求，并用图片的形式将这些规则一一画下来。画一张张开的嘴巴并在上面打一个"×"，代表"不要大声说话"；在一本书的旁边画一只手，代表"一页

小脚印大用途

一页翻看"……参与标记的制作，使孩子对规则有了更加明确的认识。由于这些规则是孩子和教师共同讨论、制订出来的，因此他们更容易理解，更乐于接受。

在我们的生活中处处可见标记，例如，禁止停车、出入安全、禁止吸烟、保持安静等，可引导孩子多去观察标记，并尝试制作标记。比如，针对孩子在盥洗室里大声说话的问题，让孩子设计禁止大声喧哗的标记，有的孩子模仿禁止吸烟的标记，画一张大嘴并在上面画了一条斜线，表示禁止大声说话；有的孩子画了一只小猫，表示要静悄悄的。针对如何节约用水，有的孩子画了一滴哭泣的小水滴，表示不关水龙头小水滴会哭泣；有的孩子画了一个圆圈圈住小水滴，表示洗完手记得拧紧水龙头。孩子把对规则的理解体现在自己设计的标记里，内化为自己的文明意识和行为习惯。

智慧妙语

会看标记和使用标记是现代人的生活技能之一，从小熟悉、理解生活中的标记，可以增强一个人的文明意识。

4. 图加文，让孩子读懂生活规则

"懂规则的人最自由。"幼儿期是萌生规则意识和形成初步规则的重要时期，利用生动形象的图加文会让孩子看懂并遵守规则。图加文，简而言之，有图画，有文字，将形象生动的图画、简单的文字汇集在一起，可使画面内容更具体、更形象、更具吸引力，让孩子通过看图读懂规则，进而遵守规则。

1. 利用图加文，教会孩子自我管理

图加文，使孩子自主来园有规可依。来园，作为一日生活环节的开端，预示着美好一天的开始，但每天的这个时候，我发现有的孩子不是忘记插卡就是忘记问好，有的孩子趁教师在接待别的孩子时乱跑。于是，我利用一次谈话活动和孩子一起讨论"来园之后需要做哪些事情"，在和他们达成共识的情况下，我们一起用图加文的形式制定了来园三部曲：第一步，有主动来园意识，主动向教师问好，跟爸爸妈妈说再见；第二步，创设"今天我来了"图加文签到互动墙，孩子进班先插卡，表示"我"来了；第三步，根据自己的实际情况自主安排洗手、搬椅子、播报天气、进区域活动或照顾自然角等活动，表示"我"是班级小主人，有独立意识。

2. 利用图加文，让自主值日井然有序

做班级"值日生""小班长"是孩子乐此不疲的事情，比如，擦桌子、浇花、整理玩具、饭前发餐具等，孩子都愿意去做，但有的孩子总记不住自己值日的时间，有的时候所有值日生都抢着擦桌子，没有人去整理玩具、分餐具。因此，我结合图加文创设了"值日公约""值日小天地"等，将每天的值日生用小花朵或小火车表示，并将分工也以图加文的形式做成小袖章戴在孩子的胳膊上，或者做成值日卡戴在孩子胸前，这样一来，分工明确了，教师也变得轻松了。通过图加文的方式制定规则，不仅让值日开展得井然有序，也培养了孩子的规则意识，以及主动为集体、为他人服务的意识。

3. 利用图加文，教会孩子自主学习

幼儿园一日生活活动包括很多，吃饭、穿衣、如厕、洗手、喝水等，孩子在活动中有时会碰到自己不懂或者不会做的事情，如拉拉链、提裤子、叠衣服、叠被子等。此时就可以把这些环节以形象、夸张的图画形式配上简单的文字展示给孩子，既生动形象，又能激发孩子的兴趣，使孩子在图文并茂中掌握生活技能，遵守生活规则。

针对盥洗环节中的"喝水"环节，可以利用图加文的形式归纳出

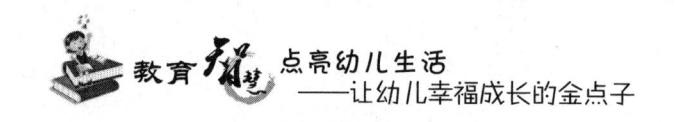

喝水"三步走"策略：第一步，运用图片让孩子观察浇水的花和不浇水的花，对比它们的生长情况，充分了解喝水的重要性，从而产生喝水的愿望；第二步，把如何端杯子的图片张贴在热水桶旁边，让孩子根据图片模仿端杯子的动作，帮助孩子主动掌握使用口杯的方法；第三步，运用操作统计加观察判断，引导孩子主动喝水。我与孩子商量，共同创设喝水记录墙，规定孩子喝第几杯水，就可以把小夹子夹在相应的数字上面。下午离园前组织孩子观察今天自己一共喝了几杯水，喝水达标的孩子可获得小奖励，如教师一个大大的拥抱、一个大拇指、一个甜甜的微笑、一张小贴画等，这样一来，孩子喝水的主动性就有了很大的提高。

看到孩子越来越喜欢看图，我便把越来越多的规则转化为图加文的形式，孩子排队，出示排队图卡，让孩子看图卡排队；要孩子安静，出示一张禁止喧哗的图片，提醒孩子要闭上小嘴巴了。当越来越多的规则转化为图加文，就像教师天天跟孩子对话一样，孩子便慢慢地把规则看在眼里，记在心里了。

智慧妙语

图画具有生动形象、色彩丰富的特点，符合学龄前孩子的认知特点，便于孩子观察和理解。当图画代替了抽象的语言，教育就从"说教"转化为无声的"渗透"了。

5. 小标线，让孩子文明有规可循

"线"即用丝、棉、麻、金属等制成的可以任意弯曲的细长东西。生活中我们经常可发现，衣服上有线、玩具上有线、食品上有线、家里有线、幼儿园里有线……我们的周围到处都有线，可以画、可以吃、可以玩、可以变魔术……生活中到处充满了奇妙而有用的线。我们这里的"小标线"指的是引导孩子规范、文明生活的标识线。

1. 利用小标线，帮孩子内化规则

孩子的空间意识不强，规则意识薄弱，我们可以利用小标线，给

第五章 教育小方法，让生活更文明

孩子一个看得懂的指令。组织教学活动时，没有事先交代孩子怎么坐，孩子就找不到合适的位置，如果事先在地上画一条圆弧线，孩子就会明白坐在线上比较合适；出去做操时，不用告诉孩子走直线，孩子自然会沿地上的直线走。尤其是在人数较多的集体生活中，但凡要分发一些物品，孩子便会一窝蜂地拥上来，那时"都排好队"的声音便会无济于事，不能阻止孩子你争我抢，队伍变得乱七八糟。如果我们在排队区域贴上两条笔直的竖线，一条红色的，一条蓝色的，红色的代表女生，蓝色的代表男生，这样排队，队伍便会整齐许多。排队取饭的区域也不例外，一条直线的顶端贴上饭碗的标记和箭头标记，孩子看到这些标记就知道这里是取饭的位置，就会在直线上排队，取饭后会根据箭头指示的方向离开，这样一来拥挤的现象就减少许多。孩子在这些线条标记的指引下有秩序地进行着班级活动。

踏着线线来散步

2. 利用小标线，帮孩子守规矩

在社会上生存，规矩是必须遵守的。让孩子在成长过程中学会遵守规矩非常重要。利用小标线也可以巧妙地给孩子立规矩。比如，带孩子在户外做竞赛类游戏时，可在地上画一条线，表示游戏统一从起点——小标线开始；画两条线，可代表小河，表示孩子要"跨"过小河，不然会掉进河里。如果孩子没有按规则做游戏，可以再画一条"停止线"，违规的孩子要终止游戏，在停止线上"休息"。小标线不仅可以帮助孩子遵守游戏规则，还可以让孩子有规矩地收放物品。室内玩具柜上放置的一排排小玩具，孩子自由摆放时总是摆得歪歪扭扭，如果在玩具柜的每一格上贴上统一标线，孩子放玩具时直接放到线上，就能放得整齐而规范了。中午孩子睡觉时，如果鞋子摆放不整齐，可以画一条长长的线，引导孩子把鞋子整整齐齐地沿线摆放，就像排好

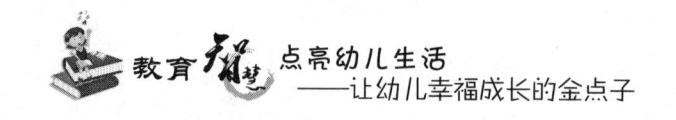

队的小朋友一样。户外活动摆放体育器械、玩具小车时，也可以画上"停车位"和具体的"停靠线"，这样整个操场就会给孩子一个整齐的印象。一切零零碎碎的小玩具、小物品按具体的"规"和"矩"摆放，孩子的世界就会变得更加有规矩。

3. 利用小标线，让孩子看懂大世界

幼儿园是社会的缩影，孩子在幼儿园接受教育是为他们将来成长为一个健全的"社会人"做准备。从小引导孩子对小标线敏感，可以让孩子对社会上一些文明标识线敏感。当孩子走出幼儿园，大马路上的斑马线、行车线直接关系到孩子的人身安全；当孩子跟父母出行，对于飞机场的安检线，地铁站、火车站站台的候车线，出行路线的方向标示线，甚至要乘坐车厢的指示路线都需要一一辨别和理解，才能做到文明出行、安全出行。生活中各种各样的标示线、规则线对孩子来讲是一种符号，要让孩子从小学会用小标线看懂大社会的本领！

智慧妙语

没有规矩，不成方圆。孩子是正在成长中的小小"社会人"，我们要严格按照社会的各项"规"和"矩"去对待孩子。用孩子能看懂的简单的小标线帮助孩子树立规则意识、规矩意识，不仅能从小培养孩子的文明素养，更让小标线潜移默化地"约束"了孩子的内心，为孩子埋下一生的道德底线、做人底线、做事底线！

6. 小儿歌，让孩子学会文明生活口诀

曾经有一位儿童文学家说："儿歌是知识的百宝袋，蕴藏着人类语言的珍珠。"儿歌作为孩子最早接触的教育内容，语句简短、结构单纯、内容生动、韵律优美、易懂易记、节奏分明，深受孩子的喜爱，是适合孩子歌唱吟诵的韵体作品。以儿歌为载体的生活常规教育可以使孩子在欢声笑语中受到文学的感染，在韵律节奏中获得游戏带来的快感，使孩子在"赏"中学、在"悟"中学。最重要的是，儿歌的节拍、节奏、律动、规则等，能使孩子在一种愉快的、"不强迫"的形式

中养成自愿遵守规则的习惯，培养了孩子的自律，对孩子良好行为习惯的养成非常有益处。

1. 巧借儿歌内化行为规范

由于孩子年龄小，对行为准则和行为规范要达到的目标不太明确，我们可以借助儿歌语句简短、节奏分明的特点，激发孩子的学习兴趣，帮助孩子内化行为规范。

儿歌巧治"抛衣疯"。午睡时有几个调皮的孩子总喜欢把脱下的衣服揉成一团往上抛。他们一抛，周围本已躺下的孩子也躁动起来，纷纷爬起来模仿，寝室里一下子沸腾起来。每次我都要费好大的劲儿才能把这闹腾的"抛衣疯"给"镇住"。如何才能让孩子乐意叠好脱下的衣服，安静入睡呢？我编出了《衣服宝宝要睡觉》的儿歌，第二天午睡时，孩子刚要重演抛衣闹剧，我便"嘘"一声神秘地说："今天老师带来了一位小客人，它要和小朋友们一同午睡，你们猜，它是谁呀？"说完我举起预先叠好的衣服说："你们谁愿意跟衣服宝宝睡呀？"孩子们高兴极了，争着要和衣服宝宝睡。于是我马上把儿歌教给他们："衣服宝宝放放好，左手右手抱一抱，先来点头再弯腰，衣服宝宝叠好了。"然后孩子就会拿出自己脱下的衣服一边跟着我念儿歌，一边照着我的样子叠衣服，这样既使孩子学会了儿歌，又学会了叠衣服的方法。从此，午睡时寝室里再也不见抛衣现象了。

儿歌巧治"如厕难"。刚刚入园的小班孩子由于在家大人包办代替得比较多，还没有养成基本的生活自理能力和良好的生活习惯，这给教师带来很多工作负担，特别是如厕。经常看到这样的一幕：孩子有的不知道怎么脱裤子，上完厕所发现裤子尿湿了一片；有的上完厕所不知道冲厕所；有的不会提裤子；有的提完裤子发现裤子扭到了一边。针对这些现象，教师总是一个一个地帮助他们，往往上个厕所要花费很多时间，还乱糟糟。于是，我编了儿歌《文明如厕》："如厕时，要排队，关好门，再解衣。大小便，入便池，如厕后，冲便池。卫生纸，送纸篓，整好衣，把手洗。"通过儿歌教孩子正确的如厕方法；编儿歌《提裤子》："两只大拇哥，伸进小被窝，低头看裤缝，对准小肚脐，前边提一提，转到两侧去，两侧提一提，转到后边去，后边提一提，衣服真整齐。"通过儿歌，让孩子如厕后尝试整理自己的衣裤，有效解决

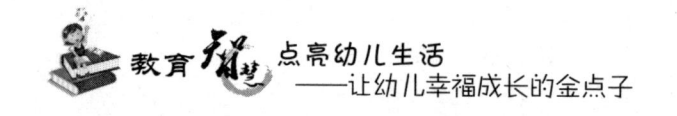

了孩子"如厕难"的问题，孩子的如厕行为在儿歌中得到了规范。

2. 巧用儿歌强化生活习惯

良好生活习惯的养成不是一朝一夕的事情，需要不断强化。而孩子的自觉意识不强，需要反复提示和帮助他们养成良好的生活习惯。巧妙利用儿歌则可以使孩子在游戏中练习，在潜移默化中强化良好的生活习惯。

儿歌强化洗手"七步法"。在孩子洗手的过程中我总会听到不断的告状声："老师，他又在玩水！""老师，他没有挽袖子。""老师，他忘打肥皂了。"……每天这些事情总是重复发生。过去，我总是反复提醒、反复要求："洗手时别忘了……别忘了……"可效果总是不好。我想，孩子天性好玩，喜欢新奇的事物，我应该换种方式来提醒他们。于是，我调整了策略：在孩子洗手时，我将洗手的步骤与有节奏的儿歌结合了起来："挽起袖口，我们来洗手。搓手心，搓手背，搓手腕。甩甩抖抖，甩甩抖抖，水珠飞跑了。"就这样，孩子一边唱歌，一边洗手，兴致勃勃。我还把孩子不容易做到的挽袖子单独编成一首儿歌："小袖子呀爬高山，抓住袖口往上翻，翻一翻，露手腕，洗洗小手真方便。"这些具体、直观、朗朗上口的儿歌，有效避免了以往枯燥的简单说教给孩子带来的厌烦情绪，能促使孩子在儿歌中很快掌握基本的生活技能。

儿歌强化进餐"六步曲"。进餐在孩子一日生活中至关重要，它关系到孩子最基本的身体健康。进餐包括餐前洗手、端饭、进餐、整理碗筷、擦嘴漱口、散步六个环节，但在工作中我发现，孩子不是忘了洗手就是忘了餐后擦嘴漱口，或者需要在教师的提醒下才能做到。于是，我把进餐的步骤编成了一首儿歌《进餐六步曲》："吃饭之前先洗手，排队端饭不拥挤，文明进餐要牢记，饭后碗筷分类放，擦嘴漱口不忘记，快乐散步记心里。"我还自编《擦嘴》《漱口》等儿歌来强化孩子的进餐习惯。孩子观察着，模仿着，渐渐养成了良好的生活习惯。

3. 巧用儿歌渗透生活常规

良好的生活习惯是在生活中慢慢习得的。在幼儿园一日生活中，运用儿歌随机教育，可以让儿歌伴随孩子习惯的养成，渗透在一日生活的各个环节。比如，《刷牙》儿歌渗透刷牙常规，让孩子拿着牙刷边念儿歌边练习刷牙;《喝水》儿歌渗透喝水常规;《睡午觉》儿歌渗透睡觉规范;《排队》儿歌渗透排队常规,让孩子在说说唱唱中快乐度过一日生活,养成良好的行为习惯。

智慧妙语

儿歌,可以让孩子在说说、唱唱中完成对各项行为规范的"知行合一"。如果教育从轻松的说唱儿歌开始,也许亲子岁月会快乐如歌、轻松如歌!

7. 小表格,让孩子学会量化生活

表格,既是一种可视化交流方式,又是一种组织、整理数据的手段。人们在通信交流、科学研究以及数据分析中广泛采用了形形色色的表格。作为幼儿教育工作者,我们紧跟时代潮流,将表格运用在孩子的一日生活活动中,把规则转化为表格,使规则简洁、明了、易操作、易观察,不仅有助于教师更好地观察孩子、管理班级,也让孩子通过一个个清晰明了的小表格学会了量化生活。

1. 评比小表格,让孩子进步有动力

为了激励孩子进步,我们特别制作了一个评比表格,把代表每个孩子的标记贴在表格上,认真地对孩子讲:"从今天开始,哪位小朋友早上能按时入园、有礼貌、遵守游戏规则,老师就在他的标记后面贴上一张漂亮的小贴画。每周我们都比一比、看一看,看谁得的贴画最多。"孩子都瞪大眼睛认真地听着,有的还不时地点点头。第二天一大早,许多孩子早早就来到了幼儿园,连平时最爱迟到的乐乐也很早就到了。准备上课了,平时教师要叫好几遍才能坐下的源源,今天一个人乖乖地坐在桌子旁等着上课,而且积极地回答教师提出的问题,表现很不错。快要下课了,我对孩子说:"今天上课,有个别小朋友表现得不错,进步很大,老师要奖励他一张小贴画哦。"孩子都目不转睛地看着我,源源显得特别着急,当我叫到他的名字时,他高兴得一下冲到我跟前说:"我明天还要得到小贴画。"我笑了笑,鼓励他继续努力。

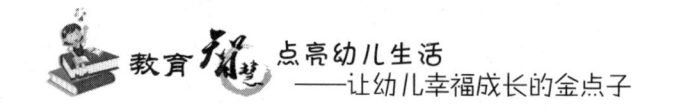

为了更好地激励孩子进步，我们还定期更改评比规则，比如，有自己和自己的横向对比表格，有自己和他人的纵向对比表格，有每周一比和每月一比表格……评比小表格的作用还真不小，孩子每天都能看到自己的奖励和进步，每天都在不断地努力。

2. 观察小表格，让孩子学会热爱自然、热爱生活

植物角作为一个活动区角，通常会布置很多植物供孩子观察。为了便于孩子观察植物角，我设计了植物观察记录小表格，引导孩子用图画或文字记录自己的观察。比如，孩子对黄豆、土豆、大蒜等进行了一个阶段的观察后，分别绘制出它们第一周、第二周、一个月后、两个月后各个时间段的发芽情况；孩子用尺子定期对吊兰、土豆、荸荠等植物的生长进行测量，并记录在观察小表格中，以清楚地比较在相同的时间内各植物生长的速度。又比如，我们让每个孩子种植一种植物，由他自己照顾并记录植物的生长过程，浇水、晒太阳都做到了就在对应的表格里打上"√"，观察到的变化可以用文字或图画记录下来。因为是自己种植的，孩子的积极性很高。总之，将观察记录小表格运用到自然角中，有利于孩子记录自己的探究过程，有利于培养孩子的观察、记录能力，同时也让孩子在看一看、记一记中学会了热爱自然、热爱生活。

3. 统计小表格，让孩子养成良好的生活习惯

水是生命的源泉，是维持生命必不可少的物质。喝水对孩子的身体健康很重要。但在工作中我发现，孩子在喝水方面存在一些问题，比如，教师不提醒，孩子就很少喝水；有的孩子接了满满一杯水，却只喝了一两口，一天的喝水量达不到孩子身体所需。为了让孩子认识到水对人体的重要性，培养孩子良好的饮水习惯，我把一天需要喝几杯水、一次需要喝多少水用小表格的形式呈现出来，通过设计"喝水记录""算一算，今天喝了几杯水"等方法，为孩子设计不同形式的记录方式。孩子每喝一杯水，就在其名字相对应的格子中记录一次，离园时由孩子自己统计今天共喝了几杯水，如果完成了喝水量，就给予一定的奖励。通过运用小表格统计喝水量后，孩子喝水的积极性提高了。小表格粘贴在教室外，既让家长对孩子的喝水量一目了然，又让孩子自觉地养成了良好的习惯。

智慧妙语

表格简洁明了、易操作、易观察，运用在孩子的一日生活活动中，不仅能提升孩子参与活动的积极性，更让孩子学会了通过一个个清晰明了的小表格将规则自觉地转化成一种行为，学会量化自己的生活。

8. 小游戏，让孩子学会文明生活

我们都知道幼儿园生活主要是以游戏为基本活动内容的，没有一个孩子不喜欢做游戏，因此我们以游戏为切入点，利用游戏来培养孩子良好的行为习惯。

1. 小游戏，引导孩子遵守规则

规则是人们在日常生活、工作、学习中必须遵守的行为规范和准则。孩子年龄小，自我控制能力差，规则意识淡薄。有的孩子上课时总是坐不住，东张西望，经常离开座位；有的孩子随意把玩具扔在地上；有的孩子站队时喜欢抢位置，甚至和别的孩子打闹，教师屡次说教，但收效甚微。教师通过游戏适时引导孩子，可以帮助孩子在游戏中建立公正平等的规则。孩子非常喜欢做游戏，我们可以让孩子通过模仿游戏中的人物角色来体验成人社会的方方面面。例如，在区域游戏活动《乐乐超市》中，孩子都喜欢当"收银员"。一次，游戏刚开始，几个孩子都挤在"柜台"里，争着吵着都要当"收银员"，看到我走过去，他们都抢着说："老师，是我先来的。"我问他们："收银员的工作是收钱，如果超市里一个顾客也没有，要那么多的收银员站着干什么呢？有顾客来买东西，才需要收银员收钱，对不对呀？"几个孩子你看看我，我看看你，都不说话了。一个孩子想了想，说："老师，那我先当顾客吧，我也挺喜欢买东西的。"我微笑着摸着她的头说："真乖，下次就轮到你当收银员了。"过了一段时间以后，他们互换了角色，玩得很开心。在后来的游戏中，再也没有很多孩子争抢同一个角色的情况发生，大家轮换着进行游戏。还有很多的户外游戏也可以培养孩子遵守规则的行为习惯，如《猫捉老鼠》《警察与小偷》《木头人》

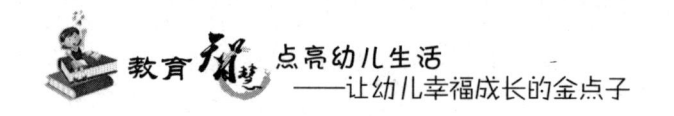

等，各种规则贯穿在整个游戏中，孩子在获得快乐的同时，也很好地遵守了游戏规则。

2. 小游戏，引导孩子学会排队

每次户外活动排队时，场面总是显得比较混乱，有些孩子不知道自己应该站在哪里，有的甚至会互相争抢位置，教师需要不断地提醒孩子"站成一队，后边的小朋友向前面的小朋友看齐"，但效果并不明显。在一次户外活动中，有几个男孩在讨论飞机，还时不时地学飞机起飞、降落的样子，嘴里不停地发出"呜呜呜"的声音，玩得开心极了。于是我就加入他们，和他们玩起了《飞机飞翔》的游戏，我扮演飞行员，他们跟在我的后面，张开双臂，无论我跑到哪里，他们总能跟上。不一会儿，所有的孩子都加入了我们，我们一起在操场上玩了很久。事后我想，孩子既然这么喜欢飞机，何不将这个游戏融入日常的活动中呢？于是我与孩子一起商量出一套排队的小游戏，教师："小飞机。"孩子："起飞。"同时伸直双臂，放在身体的两侧，学飞机起飞的样子。教师："我们的小飞机应该怎么飞呢？"孩子："一架跟着一架飞。"教师："准备。"孩子："出发啦。"这时，教师可根据孩子的情况发出口令："飞机飞慢了。""飞机飞快了。""飞机飞高了。""飞机飞低了。""飞机降落了。"在以后的活动中，我就以这样的游戏引导孩子排队，孩子很感兴趣，百玩不厌。

3. 小游戏，引导孩子学会等待

在幼儿园的一日生活中，很多事情都需要孩子排队去完成，比如，吃饭、喝水、如厕、洗手等，都要求孩子有秩序地去排队，但是每次排队，大家都争着当排头，显得特别拥挤、混乱，这样不仅没有使孩子养成良好的习惯，而且容易发生危险。怎样让孩子学会轮流、学会等待呢？为此我特别制作了排队卡，每次需要排队时，出示卡片，孩子根据卡片上的提示进行排队，比如，按一个男孩、一个女孩，或是两个男孩、两个女孩的顺序，交替排队，并且把孩子分为苹果、香蕉、橘子、葡萄、西瓜、杧果六组，每组的桌子上贴上一种水果的图片，这样不管孩子坐在哪张桌子前都知道自己属于哪一组。"水果分组"诞生以后，孩子特别感兴趣，对自己属于哪一组也记得特别清楚。例如，开饭时，教师出示不同的图片，孩子就根据出示的图片分组站起来排队取饭、喝水。《水果排队》游戏让孩子学会了安静，学会了等待，养成了良好的习惯。当把枯燥无味的排队环节游戏化，排队就变成了一种趣味游戏，孩子在有趣的排队过程中学会了等待，学会了轮流，有了集体意识，养成了文明习惯。

智慧妙语

教无定法，贵在得法。教育的真谛不是去苦苦研究教什么知识，而是要琢磨怎么去教。我们用孩子喜欢的、乐于接受的游戏进行教育，可以让孩子在玩中学，在玩中得到发展。

9. 小体验，让孩子学会自觉遵守生活规则

体验学习是一种最基本的学习形式，是指人在实践活动过程中，通过反复观察、实践、练习，对情感、行为、事物的内省体察，最终认识到某些可以言说或不能言说的知识，掌握某些技能，养成某些行为习惯，乃至形成某些情感、态度、观念的过程。

1. 在体验中遵守规则

跟孩子在一起相处时间长了，我就发现，很多时候用一堆大道理去教育孩子遵守规则，不如一次小小的"体验"更能让孩子对规则敏感起来。很多时候，让孩子小小体验一把，会得到"一朝被蛇咬，十年怕井绳"的小教训。比如，每年刚入园的孩子总是记不住饭后漱口的规则。我多次提醒和进行说理教育都不奏效，有一些孩子总是忘记，有一些孩子随便漱一下口就敷衍了事，看来，漱口这个规则没有进入孩子意识中。我决定借助小体验，让孩子感受到漱口的威力。我从家里找来一个干净的痰盂放置在盥洗室，等到孩子吃完饭后，让孩子把漱口水全部吐到痰盂里，并用一个透明塑料袋密封上。过了两天，把痰盂上的塑料袋去掉，让孩子到盥洗室欣赏"漱口水的变化"，孩子望着浑浊又漂着食物残渣的漱口水，都捂着鼻子喊臭。见此情景，我引导孩子："这些都是从我们嘴里漱口吐出来的食物残渣，如果我们忘记漱口，这些残渣和脏东西就会在我们嘴里发霉、发臭，像痰盂里发出

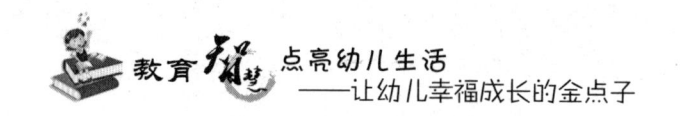

的味道一样恶心。"每个经历漱口水变脏变臭过程的孩子都有了反思和感悟。从此以后，主动漱口、认真漱口的孩子增多了。当孩子深深体验到不遵守规则造成的后果，就会主动地、自发地遵守规则。

2. 在体验中养成规则意识

茶水间的故事就是一个在体验中逐步遵守规则的案例。每天活动过后，孩子会到茶水间接水、喝水，但往往又不遵守规则，我一遍遍地提醒，可是孩子总是不听。面对这一现象，我决定让他们亲身体验一下不遵守规则的后果。这天，在喝水的环节，我一改往日的唠叨，不再提醒规则。结果，杯子打翻了，水洒了，孩子相互拥挤，甚至有的孩子被撞倒了。有了这次的喝水体验，当我再组织孩子讨论规则的重要性时，所有的孩子都有了感同身受的回忆，打心眼里开始接受规则。有的说："人太多了，必须要排队等候，一个个进入茶水间。"有的说："水洒了，要及时用干抹布擦一擦，不然会滑倒。"孩子自觉遵守规则后，喝水环节让人倍感有序。可是，过了一段日子，原来的规则又不起作用了。有的孩子接完水后，不愿意回到座位上，索性就在茶水间喝完，感觉这样又快又方便。但随着在茶水间喝水的孩子越来越多，拥挤、混乱的局面又出现了。这次，我又让孩子分别体验两次喝水过程——集体和分组。通过比较，孩子开始自觉修订规则：人多时要排队接水并回到座位喝水，人少时可以直接在茶水间喝水。这样的规则被大家认同，孩子自觉遵守规则的意识加强了，不用教师天天重复提醒了，规则内化后自然变成习惯。

智慧妙语

给孩子说理，孩子可能会忘记；让孩子体验，带给孩子更多的是感受。体验法会让孩子从被动学习走向主动认知，因为孩子在体验的过程中耳濡目染，全身心受到了影响和教育。

10. 自然后果法，让孩子学会敬畏生活

"自然后果法"是法国启蒙思想家、教育家卢梭在幼儿道德教育方

面提出的教育方法。它是指当儿童有过失行为的时候，成人不是去强行限制儿童的自由，而是用过失产生的后果去约束儿童的自由，从而使儿童明白其危害，并下决心不再重犯的方法。将自然后果法运用到幼儿规则意识的培养过程中，效果明显。

1. 通过自然后果，引导孩子主动体验

孩子在生活中难免有过失，作为教育者，不要马上指出，要等到过失的后果凸显出来以后，抓住过失形成的自然后果进行教育，引导孩子的主动体验，让他们品尝自己"酿造"的"苦果"，这样的体验才深刻而持久。比如，有个孩子对绘画特别感兴趣，不管在纸上还是地上都喜欢涂涂画画。有一天，他居然在同桌的衣服上涂涂画画，于是我让这两个孩子换衣服穿，结果这个爱画画的孩子不乐意穿自己画过的衣服，我引导说："既然画了，就穿上它。"这个孩子只好难为情地穿上自己画过的衣服，晚上回家对妈妈说："我以后再也不乱画别人的衣服了，你帮我洗干净吧。"这种看似无意、实则有心的教育方法会收到事半功倍的教育效果。

2. 通过自然后果，引起孩子反思

对孩子的过失不说教、不责骂，并不是放任自流、置之不理，而是一种有目的、有计划的教育，这是自然后果法的实质，是一种无声的教育。我们要善于观察，注意捕捉教育现象中暗藏的教育契机，正确运用自然后果法予以强化。比如，一次自由活动时，几个孩子恶作剧，将粉笔丢进茶桶，当时我看到粉笔已被扔进茶桶里，没做任何反应，依然带孩子出去活动。待活动后孩子又累又渴，迫不及待地想喝水时，却发现水不能喝了。这时候，孩子议论纷纷，那几个恶作剧的孩子忍着口渴，听着同伴的抱怨，开始反思和懊悔，其中有个孩子说："都怪我，以后我再也不往水里乱扔东西了。"自然后果法让平时没有节水意识的孩子有了一次深刻的体验。

3. 通过自然后果，使孩子学会敬畏生活

有时候，教师会遇到这样一些情况：孩子喜欢图书中的哪一个动画形象就毫不怜惜地把那一页直接从书上撕下来；在和玩具机器人玩《打仗》游戏时，把玩具摔得支离破碎；等等。孩子之所以会产生这些行为，原因是多方面的，有的是由于缺乏生活经验，自制力差，意识

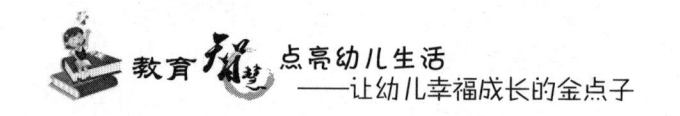

不到自己行为会产生的后果；有的是由于家长过分溺爱，不知道教孩子爱惜物品，认为什么东西都可以再买。孩子不知道爱惜物品，就感受不到生活的幸福，自然也不会去热爱生活。所以，作为教育者，要引导孩子爱惜身边的一草一木，要引导孩子对周围生活有敬畏之心。比如，刻意破坏的物品不再重新补买，或者延迟再买，让孩子对自己的"刻意为之"产生悔意；自然用旧、用破的东西要以旧换新，让孩子体验物品的来之不易，渐渐养成爱惜物品的习惯，学会敬畏生活。

智慧妙语

自然后果法是让孩子通过承担后果从而学会敬畏生活。敬畏生活才会珍惜生活，珍惜生活才会热爱生活！

11. 忽视淡化法，让孩子学会逐步在生活中完善自我

有一个著名的《白纸黑点与黑纸白点》的故事，心理学家先拿出一张中间有一个黑点的白纸，然后问同学们看见了什么，全班同学盯住白纸，齐声喊道："一个黑点。"心理学家沮丧地说："这么大的白纸看不见，只盯住一个黑点，将来你们的一生是非常不幸的。眼光集中在黑点上，黑点越来越大，最后整个世界就变黑了。"整个教室寂静无声。在沉默中，心理学家又拿出一张中间有一个白点的黑纸，问："看见了什么？"这次全班同学开窍了，大声喊道："一个白点。"心理学家欣慰地笑了："太好了，无限美好的未来在等着你们。"父母总是盯着孩子的缺点或过错不放，如同只看到黑点而看不到白纸，人总是只看到事物的那个小黑点，看久了，眼里就只有那个小黑点。如果我们换一个角度来看，忽视黑点而看其他空白的地方，我们会发现这是一张白纸。这个道理和忽视淡化法基本吻合。在教育孩子时候，我们常常需要用忽视淡化法，帮助孩子逐步在生活中完善自我。

1. 忽视、淡化孩子的不良言行

有一段时间，我们班的孩子受一些不良动画片的影响，对说脏话

很感兴趣。家长也纷纷表现得紧张和气愤，每次接孩子时都围着我针对孩子说脏话的问题议论纷纷，貌似说脏话成了最近一段时间孩子最典型的表现。我本来想针对这个问题对全班孩子进行谈话教育和批评，可是，一次次反复的批评和禁止，反而可能会强化说脏话在孩子中出现的频率。如果我批评说："小朋友们，说脏话不好，以后不准说脏话。"可能会导致更多的孩子对说脏话感到好奇，因为孩子不明白脏话的意思，反而会觉得说脏话很有趣，甚至把脏话当成一种很特别的语言。也就是说，家长的强烈反应和教师的反复批评反倒会激发孩子反复地使用脏话。所以，我跟家长商量应尽量忽略、淡化孩子说脏话的行为。当个别孩子说脏话的时候，教师冷淡处理，让孩子觉得说这种话并不能得到特别的关注，一旦他们觉得说脏话没意思，就不会再故意去说了。然后我跟家长商量，可以利用给孩子讲故事、读绘本的机会，让孩子感受语言的魅力，让孩子知道有些话让人愉悦，而有些话让人反感，并尽量引导孩子使用文明的语言来表达情绪。就这样，孩子说脏话的行为在我和家长的忽视和冷处理下慢慢告一段落。家长也从中明白，孩子出现不良言行的时候，不能过分强化和急于纠正，就像孩子咬指甲、尿床等不良行为，家长越是急于纠正、呵斥、指责，孩子对不良行为的印象就越深，当咬指甲的孩子把父母的批评"这孩子就爱咬指甲，改不了这坏毛病"听进耳朵里，刻在脑子里，那么这个孩子就理所当然地认为"我就是个爱咬指甲的有一身坏毛病的孩子"。所以，不良言行刻在孩子脑子里，就如同一张有黑点的纸，黑点越被放大，空白将越被忽视。

2. 忽视、淡化孩子的缺点

每个孩子都有优点，也有缺点。一个有教育智慧的教师会忽视、淡化孩子的缺点，并将其转化为孩子的优点。在幼儿园总是会有那么几个特别淘气的孩子，上课不能安静地坐着，一下课就满教室跑，无论你怎么提醒甚至批评都没有用。对淘气的孩子，我们总是会特别提醒他要坐好，不可以怎样怎样，反而在无形中强化了他的行为，让他形成了"我就是淘气的孩子"这样一种心理。孩子之所以淘气，是因为他有淘气的时间，所以我们应该想办法合理地利用他淘气的时间，让他做更有意义的事情。可以让淘气的孩子帮老师做一些简单的事情，

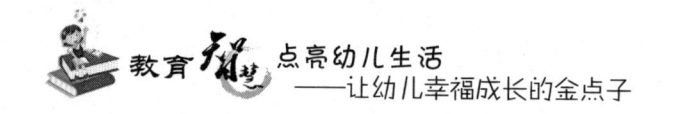

如户外活动时让他拿装物品的小箩筐，餐前帮助发勺子；孩子上课时，让淘气的孩子帮大家发学具；大家睡觉时，让淘气的孩子帮大家摆鞋子，帮老师收拾卫生。事实也证明，淘气的孩子在帮老师做事情时是十分认真的，虽然都是小事，可是他做得很起劲。这样的方法真正减少了孩子淘气的时间，同时也培养了孩子的动手能力和助人意识，捣乱、好动的缺点就自然而然转化为积极主动、乐于助人的优点。

面对孩子的缺点，我们可尝试利用忽视淡化法，换一种思维方式来对待。比如，忽视其挑食，表扬其最近吃饭积极主动；忽视其捣乱好动，表扬其最近乐于助人。多想想孩子的优点，或许他们很体贴父母，或许他们的独立能力很强，或许他们正在努力改正自己的缺点，或许他们很热爱劳动，或许他们很有爱心……这时候，一些缺点就如同白纸上的小黑点，逐步被空白的白纸所淡化。

智慧妙语

忽视淡化法告诉我们，孩子如同一张有黑点的白纸，如果我们把注意力重点放在白纸的空白处，忽视黑点，淡化瑕疵，会给孩子留有更大的发展空间。

第六章

教育小感悟，让生活更有智慧

第六章　教育小感悟，让生活更有智慧

生活即教育，教育即生活。决定孩子教育结果的往往不是父母的知识，而是整个家庭的生活方式。好的生活方式就是好的教育，坏的生活方式就是坏的教育；认真的生活就是认真的教育，马虎的生活就是马虎的教育；合理的生活就是合理的教育，不合理的生活就是不合理的教育。

如果说我给了孩子教育，那么孩子更多地给了我教育智慧和生活感悟，让我和孩子共同成长。教育需要的不仅仅是知识，更多的是智慧，那智慧藏在哪里？藏在平时的生活里，藏在跟孩子相处的一点一滴里，藏在为人处世的一言一行里，需要我们用一颗善于感悟的心慢慢去品味、去反思、去吸收。我在教育孩子的同时，孩子也在教育我：坐到孩子的座位上，让我学会了换位思考；孩子跟我闹情绪，让我学会了尊重体现在细节处；跟孩子一起饲养小动物，让我学会了敬畏生命；品味孩子的成长过程，让我学会了等待；看孩子做游戏，让我学会了尊重自己的角色；跟孩子交往，让我学会了信守承诺；跟孩子聊天，让我学会了倾听；组织孩子教学，让我学会了提问。跟孩子在一起，使我深深体会到教育的真谛就藏在做人做事中，渗透在生活点滴中。

1. 请握住孩子的手批评，让生活更有温情

以前，养花对我来讲是一件很头疼的事情。每次花刚买来的时候生机勃勃，过一段时间就枯萎败落了。后来，换了房子，冬天有了暖气，我又尝试着养水养植物。慢慢地，我发现这些植物居然没有像以前那样枯萎，而是枝繁叶茂地生存下来了。究其原因，我觉得除了耐心浇水打理，最主要的是室内温度适宜。温度是决定花草生存的第一要素，由此我想到，孩子同样需要用有温度的感情去哺育。可现实往往是，孩子表现好的时候，我们搂着、抱着，"心肝宝贝"地叫着，仿佛要将孩子融化。而孩子犯错误的时候，我们就冷着脸、瞪着眼，声色俱厉地说出"不要你了""养你干吗"等话语，甚至出现打骂等伤害孩子的行为，这时候，感情温度降到了冰点，不知不觉中伤害了孩子幼小的心灵。

温情是养育孩子的第一要素，虽然每个人表达爱的方式不一样，但是让孩子感受到大人爱的温度是至关重要的。正常情况下，我们会

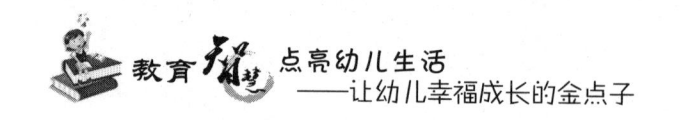

以平和的态度来对待孩子，但是当孩子犯错误时、当孩子的行为会伤害自己时，我们就会表现得声色俱厉，结果让孩子远离我们。

有一次，看到睿睿在寝室里快跑，我喊他，他装作没听见，依旧快速地在窄窄的过道上奔跑着。突然，睿睿一个趔趄，一下子摔倒在地。糟了！我一下子紧张起来，快速地跑过去，当看到睿睿没事，自己一骨碌爬了起来时，我才松了一口气。

"睿睿，到我的身边来。"我喊他。睿睿站得远远的，紧张地问："干吗呀？""咱俩说说话。""说什么？"睿睿依旧戒备地看着我，一动不动。"你不用紧张，我想跟你说说你刚才摔倒的问题。""我不疼。""可是我心疼，你过来摸摸，我现在还心跳得厉害呢！"睿睿小步挪到我的身边。我把睿睿的手放到我的胸口："你摸摸，老师的心跳得厉害，感觉到了吗？"睿睿点点头。我轻轻握住睿睿的手，用严厉的目光盯着他，说："走路时应该放慢脚步，不要快跑，刚才你摔倒了，这很危险。"睿睿低下了头，往我怀里靠了靠。

曾经听过这样一段话："在训斥孩子的时候一定要体谅孩子的心情，孩子低头，表示他已经有认错的态度，只是不知道怎么开口而已，所以最好握住孩子的手再批评他们，让他们知道你其实是尊重他们的，即使犯了错，你仍然爱着他们。"

智慧妙语

握着孩子的手批评，让孩子意识到自己的错误，也让孩子感受到教育的温情，让孩子意识到"虽然你犯了错，可是我还是爱你"，这是一种教育智慧！

2. 坐到孩子的座位上，让我学会了换位思考

进餐前，我组织孩子听录音故事。没过多久，后面的孩子就坐不住了，有的嘻嘻哈哈，有的窃窃私语。我连喊了几遍"请安静"，情况有所改变，但过不了两分钟，他们又开始闹腾起来。

这时，我特别恼火，不明白为什么这么好听的配乐故事孩子不喜

欢听，不明白为什么孩子坐在一块儿总有说不完的话。为了让他们安静下来听故事，我决定教育一下几个比较"活跃"的孩子，以起警示作用。我环视了一下教室，看见坐得较远的那组孩子居然手拉手说说笑笑，便径直朝他们走了过去。当我走近时，他们脸上的笑僵住了，呈现在我面前的是一张张惶恐、胆怯的小脸，一副准备受罚的样子。突然，我很想知道他们究竟在玩什么玩得那么开心，我什么话都没说，在那里找了个空位子坐下来。

一坐下来，我就明白了其中的缘由：原来我们班的录音机有点小问题，播放的时候声音很小，以至于坐在后面的孩子根本听不清楚录音机里讲的是什么，孩子们干脆自发玩起了《切西瓜》的游戏。了解了孩子行为背后的原因，我释然了。我对孩子们说："今天我们班的录音机有点问题，很多小朋友听不清故事，我们就一起玩手指游戏吧。"我关掉录音机，和孩子们一起玩起了手指游戏。

这让我想到了一件事，那就是很多孩子都不愿意跟父母一起逛街。父母奇怪：为什么繁华和热闹的大街吸引不了孩子的兴趣？其实，父母蹲下来就能发现，逛街的时候，孩子的高度只能看到满街的大腿。看来，高度不同、角度不同，视野和感悟就不同。所以，生活中很多时候，当你因对方的不当行为而恼火时，不妨换位思考，如果仅凭主观臆断，很可能会误解对方。

换位思考，就是将心比心，也就是同理心。如何做到换位思考？我们需要站在跟对方一样的高度、一样的角度去考虑问题，体验对方的情绪，接纳对方的感受，秉持尊重对方的态度。比如，从跟孩子的沟通中，就能看出家长是否能做到换位思考。如孩子向你倾诉："体育课上，老师对我大喊大叫，结果大家都在笑我。"没有换位思考时的回应："为什么？你又捣乱了？"换位思考时的回应："那你一定觉得很没面子吧？"或者孩子说："我找不到我的玩具汽车了。"换位思考时的回应："心爱的玩具不见了，你一定很着急、难过吧？"不是先去指责其乱放玩具，而是先换位体验其伤心难过的情绪，然后再考虑解决问题的办法。换位体验其情绪，让孩子感觉你站在他的角度考虑问题；换位去理解孩子的行为，让孩子感觉你始终跟他在一起。

智慧妙语

换位思考听起来容易，做起来难，因为换位思考首先要换到对方的位置和角度上准确理解对方的言行、感受。正确地理解、接纳对方的情绪，才更容易去理解对方、接纳对方，与对方建立良好的关系。

3. 饲养角的设立，让孩子学会敬畏生命

美丽的植物角是班级环境的重要组成部分，它不仅具有绿化班级、美化环境的作用，同时还蕴含着丰富的教育价值，可以让孩子近距离接触自然界的各种植物和小动物，在万物生长中吸纳自然知识，在与生命的相处中感悟生命。

记忆犹新的是那年我们班饲养角发生的一件趣事。当时，我在班级开辟了植物角和饲养角，并培育各种土养植物、水养植物、发芽的豆类植物，还养了两条娃娃鱼。自从植物角开始绿意盎然，孩子也跟着热闹起来，他们每天到植物角给小豆子换水时，总是会看一看、摸一摸、说一说："看！我种的小豆子发芽了。""我养的白菜根开花了。"……植物角、饲养角不仅给教室带来了绿意，还带来了勃勃生机。孩子给那两条可爱的娃娃鱼起名叫"小黑豆""小黄豆"。和这两个小家伙相处，我深深体会到了娃娃鱼生命力的强大。一个周四的下午，孩子午睡起床后，我正为女孩子们梳头发，这时一个孩子神情紧张地跑过来说："李老师，'小黑豆'好像快要死了。"我连忙跑过去，这时其他孩子也都围了上来，我用手轻轻地把"小黑豆"捞起来，发现它身体软软的、肚子扁扁的，看上去的确没有了生命的体征，而另一条娃娃鱼"小黄豆"也是奄奄一息，我猜想可能是缺氧了，也可能是饿了。我用卫生纸把"小黑豆"包起来扔在了盥洗间的垃圾桶里，同时把"小黄豆"换到了另一个盛满水的盒子里，又撒下了鱼食，希望"小黄豆"能够坚强地活下来。整个下午，孩子都沉浸在失去"小黑豆"的悲伤中，怎么也高兴不起来。第二天一早，我迫不及待地来到饲养角，看到"小黄豆"精神了许多，正生龙活虎地在水里游来游去，我的心情瞬间好多了。开始第一节活动课的时候，隔壁班的老师过来说："李老师，

第六章 教育小感悟，让生活更有智慧

你们盥洗间的门口爬出一条娃娃鱼。"我想，怎么可能？饲养角离盥洗间有一段距离，"小黄豆"怎么会爬到那里呢？我来到饲养角，看到"小黄豆"正在鱼缸里呢。到盥洗间的门口一看，这不是我昨天扔的"小黑豆"吗？原来"小黑豆"没有死，它竟然活过来了！这真是一个奇迹呀！大家像捡到宝贝一样，小心翼翼地把"小黑豆"从地上捡起来，放进了鱼缸里，"小黑豆"和"小黄豆"又重新在一起快乐地生活了，孩子们也因为"小黑豆"的死而复生欢呼雀跃，纷纷感叹："'小黑豆'真坚强呀！""生命的力量真强大，太不可思议了！"

这件事情让孩子对生命多了一分敬畏，多了一分关注，同时也让我意识到，教育应当从尊重生命、关注生命开始。我们经常抱怨现在的孩子冷漠，对周围的人、事、物不关心，不付出情感。作为教育者，是否可以通过饲养动植物来影响孩子对周围生活的关注？记录观察植物的成长过程，关注小动物的生活状态，不知不觉中，小生命在孩子的关注和陪伴中成长，孩子也在关注、陪伴小生命的过程中对生活充满了挚爱和热情。

智慧妙语

教育家卡尔·雅思贝尔斯曾经说过："教育是一棵树摇动另一棵树，一朵云推动另一朵云，一个灵魂唤醒另一个灵魂。"孩子的成长同样需要生命的互相影响。当孩子试着去滋养一棵小苗，小苗的茁壮成长同样也在滋润孩子的内心世界；当孩子试着去拥抱一只小猫，小猫也会给孩子带来温暖和陪伴。让孩子热爱生活，从关注、热爱周围的小生命开始吧！

4. 孩子的话，让我学会了承诺

电视剧《家有儿女》中真实、自然、轻松、欢乐的家庭氛围让我恍惚觉得，这就是普通家庭的真实写照。其中有一集给我留下了深刻印象：小雨让妈妈替他照看小鸭子，妈妈同意并保证照顾好，还说大话："如果照顾不好，我把脑袋给你。"而后妈妈却因疏忽把鸭子弄丢了。历经一波三折后，大女儿提醒妈妈不要哄小孩子，要信守承诺，一诺千金。看到此处，我忽然想起幼儿园的孩子曾经对我说过的两句话。

第一句："老师是骗人的。"一次餐前准备活动，孩子大声说话，十分吵闹，我为了维持秩序，大声说："谁不说话，我让谁当组长。"可是，我听到坐在第一排的军军在小声嘀咕："老师是骗人的。"当时我没多想，现在想来，的确是我在骗人，一句"谁不说话，我让谁当组长"让很多人都安静了下来，可组长只能选两三个人，其余想当组长而安静的孩子不都受骗了吗？细想孩子口中的"骗人"，可能是孩子从以往经验中得出的，平时我为了达到某种目的，经常向孩子许诺，如组织教学活动时，对孩子说，谁注意力集中、表现好，就有奖品；午睡时，对孩子说，谁先睡着，起床就发小红花……诸如此类的许诺很多很多。大多数情况下，孩子很认真地做到了，而我却将自己的许诺抛到了九霄云外。殊不知，忘记兑现诺言一次，我的信用就在孩子心目中受损一次。

第二句："老师，你什么时候给圆圆妈妈打电话？"一次晨间活动时，圆圆哭着找妈妈，非让妈妈接她回家不可，我怎么劝她都不行。情急之下，我随口说："你什么时候不哭，我什么时候给你妈妈打电话，让她来接你。"听到这句话，她情绪慢慢平缓，并很快和其他孩子一起活动了。而另一个孩子文文却不时跑过来问我："老师，你什么时候给圆圆妈妈打电话？"看来，说者无心，听者有意。当时，我并没有给文文过多解释，因为我不知道怎样解释，在文文纯真的心灵里，老师说话很算数，怕我忘了，他一次次提醒我，而我在许诺的时候根本没想着要兑现，这只是一种"缓兵之计"，所以我无法面对孩子的诘问。

从孩子的话语里，我感悟到以下三点。

第一，诺言要三思而后许。在向孩子做出承诺之前，我们必须思考承诺能否兑现以及怎样兑现。不可能兑现的诺言，一定不要去承诺，更不可为了某种目的或需要而乱开"空头支票"。

第二，许能兑现的诺言，承诺后要竭尽全力兑现。我们一旦承诺孩子的事情，就一定要想尽办法做到，哪怕有困难。为了避免出现事后忘记承诺的情况，我们不妨在做出承诺时将承诺事项记录下来，这样就不会因忙碌而忘记。

第三，如果诺言无法兑现，我们要对孩子坦言。有些承诺可能会因为一些意外而致使我们无法兑现，这就需要我们向孩子解释原因，讲清道理，并力求获得孩子的谅解，真诚地与孩子对话。"言必信，行必果"，这是我们都必须坚守的底线。

智慧妙语

朱永新教授曾经说过："教育是一种危险的职业，与医生相比，教师更具有危险性，因为医生的危险可能只是耽误一个人的生命，而教师的危险可能耽误的是一批人的前程。"很多时候，我们不守承诺的行为，会在不知不觉中教会孩子撒谎，而谎言必然会影响到孩子的言行。

5. 等待，让我学会品味孩子的成长过程

中午孩子午睡前，都会自觉地把鞋子脱下来，在寝室门口摆成整齐的一排，如果午睡时需要去厕所，大家都会穿着拖鞋小心翼翼地绕过整齐的"长鞋队伍"，生怕把鞋子长队弄乱了。

一天午睡的时候，有孩子向我报告，兰兰把门口的鞋子长队弄乱了。我出来一看，本来整齐的鞋子被扔得乱七八糟，有的鞋子底朝天，有的几只鞋扔在一起，我生气地正想制止她的恶作剧，与我搭班的老师却阻止我说："等一等，看看她到底想要干什么。"只见兰兰蹲在地上，手里拿了一只鞋子，一会儿和这只比比，一会儿和那只比比，最后把手里这只鞋放在了这一排鞋子的最前面，接着，又把另一只也拿过来摆好，然后，又拿起一只开始比……我瞬间明白了她捣乱背后的真正意图，原来她在动脑筋，想通过比较鞋子的大小来给鞋子排队。我走到她身边，她一看到我马上兴奋地指着地上的鞋子说："老师，我发现鞋子不一样大，可以按从小到大的顺序给鞋子排长队。"我摸着她的头说："你真聪明，比一比可以发现鞋子大小不一

样，那还有其他方法可以发现它们的不一样吗？"孩子受到了鼓励，接着饶有兴致地开始了探索，把鞋子全部按大小摆好了。等孩子都起床后，我让她把自己的"发现"分享给了全体小朋友。从此以后，越来越多的孩子对午睡摆鞋开始感兴趣，他们发现了鞋子的大小、款式、颜色都不同，可以按鞋码给鞋子排队，也可以按颜色给鞋子排队，或者按鞋子的材质分类摆放。鞋子长队从此不再是中规中矩的摆一排，而是变得丰富而有规律。小小的等待一下，孩子发现了鞋子这么多秘密。中午摆鞋这个平常的小事件，居然也给孩子提供了一个探索、发现的契机。

偶发的事件，让我学会了等待，更察觉到了等待的那一刻孩子的成长。从此，当孩子之间发生争执和冲突时，我不再马上成为调解员，而是先等一等，让孩子尝试自己去解决矛盾；当孩子遇到困难时，我不是立刻成为救援者，而是先等一等，让孩子自己动脑筋，想办法克服困难；当孩子提出疑问时，我不急着成为答疑解惑者，而是先等一等，让孩子有足够的空间和时间去探索、去发现。

慢慢地，等待让我耐下性子，放慢步子，缓解了急躁情绪，调整了总喜欢主观臆断的心态。其实，在现实生活中，我们都要学会等待，等待孩子慢慢成长，学会品味和欣赏孩子的成长过程。

有这样一首小诗《牵一只蜗牛去散步》：

　　上帝给我一个任务，
　　叫我牵一只蜗牛去散步。
　　我不能走太快，
　　蜗牛已经尽力爬，为何每次总是那么一点点？
　　我催它，我唬它，我责备它，
　　蜗牛用抱歉的眼光看着我，
　　仿佛说："人家已经尽力了嘛！"
　　我拉它，我扯它，甚至想踢它，
　　蜗牛受了伤，它流着汗，喘着气，往前爬……
　　真奇怪，为什么上帝叫我牵一只蜗牛去散步？
　　"上帝啊！为什么？"
　　天上一片安静。

第六章　教育小感悟，让生活更有智慧

"唉！也许上帝抓蜗牛去了！"
好吧！松手了！
反正上帝不管了，我还管什么？
让蜗牛往前爬，我在后面生闷气。
咦？我闻到花香，原来这边还有个花园，
我感到微风，原来夜里的微风这么温柔。
慢着！我听到鸟叫，我听到虫鸣。
我看到满天的星斗多亮丽！
咦？我以前怎么没有这般细腻的体会？
我忽然想起来了，莫非我错了？
是上帝叫一只蜗牛牵我去散步。

教育孩子就像牵着一只蜗牛在散步。和孩子一起走过他的孩提时期和青春岁月，虽然也有生气和失去耐心的时候，但孩子在不知不觉中向我们展示了生命中最美好的一面。

智慧妙语

孩子的眼光是率真的，孩子的视角是独特的，教师、家长何不放慢脚步，把自己主观的想法放在一边，陪着孩子静静体味生活的滋味，倾听孩子内心的声音。给自己留一点时间，从没完没了的生活里探出头，成就孩子和我们自己。给孩子多一刻等待，我们成人的生活空间将多一丝从容、多一分惊喜！

6. 跟孩子聊天，让我学会教育从倾听开始

教师有时候喜欢抱着"传道、授业、解惑"的目的，对着学生滔滔不绝，从说教开始进行教育。也经常看到一些自认为比较成功的人，喜欢侃侃而谈，聊天时总能成为"主讲"。但是往往谈得多、听得少的人不会有很多知心朋友，因为他们从来不知道倾听，不知道体会对方的内心世界。一个会聊天的人，一个善于走进对方世界的人总是擅长倾听的。中国有句古诗："风流不在谈锋胜，袖手无言味最长。"很多时候，教育

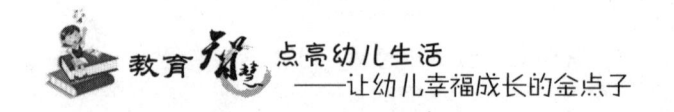

从沟通开始，沟通从聊天开始，而聊天的诀窍是从倾听开始。

曾记得教孩子学习儿歌《温暖的家》，我请孩子介绍自己的家，并作总结讲述："每个人都有家，每个人都有爸爸妈妈，我们要爱自己的爸爸妈妈，没有爸爸妈妈，我们就没有家。"说着说着，我看到青青哭了起来，我以为她想家了，没有继续询问和倾听，仅仅安慰了她几句，就继续进行教学活动。可是，第二天，我让孩子们带全家福照片来园时，青青只带了自己的照片，我把她拉到一边问："你们家没有全家福照片吗？"她摇摇头，小声说："我妈妈走了，不回来了，我爸爸把有妈妈的照片全撕了……"这时，我才明白她昨天上课时之所以哭，是因为我说的那一番话深深地刺痛了她幼小的心灵。此时，我察觉到昨天的教育是不合适的，于是我抱着青青问："你妈妈不在家，家里还有谁？"孩子说："还有奶奶，不过妈妈会经常打电话给我。"我静静听完，说："你妈妈虽然不在家，但是给你打电话，说明还想着你。你还有奶奶，还有老师，还有小伙伴，所有爱你的人都会给你温暖，有温暖就有家。"听了我的话，青青这才露出笑脸，高兴地和小伙伴一起玩去了。看来，倾听与拒绝倾听，两种截然不同的态度，得到的也是两种截然不同的结果。

这件事给了我深刻的启示：或许教师的角色和任务就决定从一开始我们喜欢说教而不喜欢倾听。我们总是迫不及待地打断孩子的话语与思想，或是主观臆断，或是先入为主，或是自以为是，总之，作为师长的我们有着太多的理由去讲述、去诉说，却总是忽略倾听在教育中的作用。

意识到倾听的重要性之后，我在教育生活中一直注

悄悄话

意把握倾听的机会。比如，孩子午睡起床后，我总喜欢带他们到活动室的阳台上晒太阳，并趁此机会，一边给女孩子梳头发，一边倾听孩子聊天。每逢此时，也是孩子最放松的时候，没有了桌椅板凳的束缚，孩子自由地坐在地毯上，或三三两两在一起，或簇拥在我身边，叽叽喳喳说个不停。我静静地听着，听到高兴的事就跟着笑，听到需要介入引导的事情，就暗暗记在心里。

一个阳光灿烂的午后，几个小女孩围在我身边，叽叽喳喳地聊天，其中一个孩子说："昨天我爸爸和妈妈吵架了，爸爸大声吼妈妈，妈妈哭了。""我爸爸说我妈妈是笨女人，我也说我妈妈笨。"这时，另一个孩子接话说："我妈妈昨天晚上说爸爸不想要我们了……"我的心一沉，一片乌云顿时遮住了内心的灿烂阳光。针对孩子诉说的家庭问题，我认为有必要和家长进行沟通。可是这属于家长的隐私，该如何与家长沟通呢？离园时，我把所有的家长请进屋，并让另一位老师把孩子全部带离，我们开一个小型交流会。当我把孩子的话说给家长听时，最初一些家长哄笑，接着一些家长议论纷纷，一些家长低头思索。当我讲述对孩子可能造成的影响时，家长都静静地听着。最后我提出："谁家都会发生争执，当你家发生争执时，你觉着怎么做才不会伤害到孩子？"家长发言非常热烈，超出了我的意料。从发言中我感觉到，家长都不愿意当着孩子的面起争执，只是有时他们忽略了身边的孩子。最后，我总结："孩子的倾听能力特别强，每一个孩子都是一个小小的录音机，我们的一言一行都会对孩子产生重要影响……"

智慧妙语

成人对儿童的倾听是一个生命对另一个生命的价值的尊重与接纳。俄国教育家乌申斯基曾说："如果教育者希望从一切方面去教育人，就必须从一切方面去了解人。"从这个意义上说，真正的教育是从心与心的对话开始的，而心与心的对话又是从真诚地倾听开始的，会倾听才会沟通，会沟通才会教育。

7. 跟孩子互动，让我感悟到引导语的魅力

常言道："一句话可以成就一个人，一句话也可以伤害一个人。"在生活中，如何巧妙地运用语言是一门艺术；在教育中，如何智慧地运用语言进行启发诱导，把孩子内心真实的想法、愿望激发出来，更是一门学问。徜徉在孩子的世界里，我深刻体会到对孩子的语言引导将会决定教育的方向和效果。

曾经，班里经常出现小玩具不翼而飞的现象，经过留心观察，我发现个别孩子玩完玩具以后，就乘人不备将其装进衣兜或书包里，悄悄带回家了。我觉得以成人的眼光说孩子偷拿玩具，显然不合适。孩子喜爱玩具很正常，可能是在班里没玩够，就带回家去了。可是怎样引导孩子不拿幼儿园的玩具呢？我在孩子离园前强调将玩具放回原处，并要求家长回家告诉孩子不拿幼儿园的玩具，可是效果并不明显，玩具依然减少。正当我为此事一筹莫展时，有幸聆听了一位专家的讲座，专家谈道："幼儿具有泛灵心理，认为万物都有灵性与生命，都有情绪与情感，教师可借助幼儿的这种思维特点进行引导。"专家的一席话给了我启迪。从此，每次玩完玩具后，我就指着整理好的玩具筐说："有几个小玩具很淘气，不小心掉进了小朋友的口袋和书包里，大家快点找找，看谁能逮住逃跑的小玩具。如果有，快快把它们送到玩具筐里来，它们回不了家，玩具妈妈会伤心的。"顿时，孩子忙活起来，又是翻书包，又是翻口袋，不一会儿，有几个孩子自豪地说："老师，玩具跑到我口袋里了，给。"看着孩子主动又有兴趣地交出玩具，我非常高兴，一直令我头疼的问题就这样找到了突破口。看来，教师的引导语的确有着神奇的魅力。

曾经，看到孩子在诗歌诵读活动中无精打采，我灵机一动，引导孩子："让我学着老爷爷的声音来朗诵吧。"霎时，班里的气氛变得轻松活跃起来。接着我又尝试模拟不同角色的声音来朗诵，孩子在饶有兴致的"模拟声音"游戏中培养了诵读习惯。

曾经，午睡时，为使孩子快速入睡，我自编了一个顺口溜："闭上小眼睛，装进小信封，寄到我的怀抱里，做个甜甜的梦。"看着孩

子一个个钻进小信封似的被窝里，闭上小眼睛一脸憧憬地去等我拥抱他们，内心就涌起无限的甜蜜和幸福，并由衷体会到引导语的无穷魅力……

多少个曾经，跟孩子在一起说过的话，让我对教师引导语渐渐有了理解和感悟。引导语就是将自己要启发和诱导的教育意图，以孩子能接受的方式，引入孩子的心田，孩子"信其道"，才能"亲其师"。教师的引导语要有魅力，就要从孩子的感受出发，才比较容易把话说到孩子的心窝里。那么，是不是只要说好听的话就容易把话说到孩子的心窝里呢？不见得！使用频度过高的类似"你真棒"之类的好话，有时也会让孩子感到厌烦。我发现，当孩子单腿跪坐在椅子上听课时，"这样坐久了会累的"要比"坐要有坐相"更能说到孩子的心窝里；当孩子在用餐过程中大声说笑时，"有好玩的事吗？快吃！吃完了尽情地笑"比"吃饭时不要说话"更能说到孩子的心窝里；当孩子在教室里奔跑时，"弄伤了怎么办"比"教室里不许跑"更能说到孩子的心窝里……

从孩子的年龄特点及心理特征出发，比较容易把话说到孩子的心窝里。孩子喜爱模仿，好奇心强。比如幼儿园午睡的卧室里经常会出现这样的情景：有些孩子入睡慢，躺在床上东张西望。这时，如果对他说："你怎么还不睡？在那儿干什么？"那么，不仅这个孩子不会马上入睡，其他孩子的头也会纷纷抬起，因为大家都想看看这个孩子到底在干什么。这时，如果这样说："哦，大家都枕着枕头，闭着眼睡着了。"这个孩子就会模仿老师说的，枕着枕头闭上眼睛睡觉。

对引导语的感悟，让我悟出了"导师"的含义。风靡全世界的蒙特梭利教育，将教师称为"导师"，意思是教师不应只是一个灌输知识给孩子的教育者，而是以启发和诱导为手段，引导孩子自由、自主地去动脑筋的引导者。

智慧妙语

"教师"和"导师"虽只有一字之差，可是角色定位大不相同。教师以"教"为主，导师以"导"为重；教师重知识技能教授，导师重启发、引导。我觉得，如果教师是一种职业，那么导师蕴含更多的教

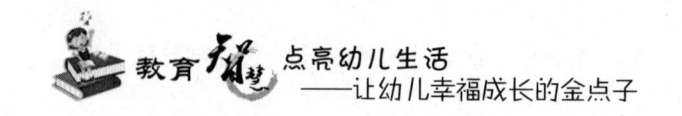

育智慧，教育者的身份更应该是一位"导师"，用恰当的引导语言开启孩子的思维，引领孩子前行！

8. 走进孩子的内心，让我学会肯定自己、欣赏别人

前几天，我班进行主题谈话"长大了做什么"，孩子们踊跃发言："当宇航员冲出地球。""当科学家研究新型汽车。""当老师教小朋友。"正当大家纷纷发表自己的想法的时候，飞飞慷慨激昂地表示："长大了当警察，把全世界的坏人都抓起来。"我高兴地肯定了他的想法，并表扬说："飞飞，你今天说得真好。告诉我，你为什么要当警察？"飞飞趴在我耳边小声说："李老师，我告诉你一个秘密，我不想当警察。"我惊讶地问："那你想当什么？""我想像爸爸那样去他的工厂当车间工人，可是爸爸说当工人没有出息，不让我学他，叫我好好学习，长大当警察。"他的回答使我震惊，让我思索良久。

首先，我想到了飞飞的父母。他们像许多孩子的父母一样，用爱呵护着孩子，并对孩子寄予厚望。然而，父母对自己的工作持否定的态度，并把自己的愿望寄托在孩子身上，这对孩子的影响是很大的。在飞飞的眼里，父亲的工作崇高而伟大，可是飞飞的父亲却否定了自己的工作，无形中让孩子否定了自我。还有什么比扼杀孩子的理想更可怕的呢？

其次，我想到了飞飞。孩子不是生活在真空中，而是与社会有千丝万缕的联系，父母、朋友、师长、邻里，乃至整个社会风气，都会在孩子身上产生影响。人们常说："孩子像一张白纸，画上什么就是什么。"然而我觉得，孩子虽然是一张白纸，但画画的权利应该属于孩子。

肯定自己，欣赏别人，要想让孩子领悟这样的道理，须采取适宜的方式进行。美国教育家杜威说："教师不替学生说学生自己能说的话，不替学生做学生自己能做的事。"苏格拉底说："未经省察的人生没有价值。"要让孩子肯定自己，首先要让孩子认识自己。孩子正处于自我发现的萌芽阶段，自己吃饭、睡觉、穿脱衣服，这些看起来微不足道的小事，对培养孩子的独立意识和自理能力有着非常重要的意义，

直接影响着孩子对自己的认知。面对孩子的穿衣、穿鞋等问题，如果大人过多地包办、代替，孩子会觉得衣服是妈妈帮我穿的，饭菜是奶奶帮我做的，久而久之不知道自己可以做什么，就找不到自我。如果让孩子尝试着自己的事情自己做，在获得各种技能的基础上，孩子知道自己能干很多事情，发现了自己的很多长处，就有了自信心。

当孩子做到自己的事情自己做以后，我们可以组织一些活动以促进孩子进一步肯定自我。比如，组织"我的小手真能干""快乐的我"等主题活动，让孩子发现自己有很多本领，自己还能帮助别人。每次，孩子争先恐后地当值日生，在得到同伴的认可和教师的夸奖后，就觉得自己特别能干，自己所做的事情特别有价值。孩子不断通过自我服务和为他人服务，不断超越自己，获得不同的生活经验和成长体验。

孩子是在做事情的过程中一点一滴地发现自己、肯定自己的。我们在帮助孩子树立正确的自我观念的同时，还可以借助各类活动去引导孩子欣赏别人。通过"认识小小的我，夸夸身边的他"及各类比赛、表演活动去观察、比较、发现他人的优点和长处。

肯定自己，就是引导孩子对自己和自己所做的事情有信心；欣赏他人，就是引导孩子用博大的胸怀接纳他人。活动只是一种形式，要想让孩子真正肯定自己、欣赏别人，还需要家长、社会共同努力。希望每一个孩子都能找到自我、欣赏自我。

智慧妙语

培养孩子，并不是培养天才和社会精英，而是培养一个拥有健全人格的人。培养孩子，不是要培养出像某人一样优秀出色的人，而是要培养有自信、有爱心、有胸怀的人。

9. "我明天不来了"，让我明白了尊重体现在细节

一次，我带孩子们阅读《幼儿画册》，因为没有教科书，我就像往常一样顺手拿起坐在我旁边的乐乐的书。当我开始讲述故事时，一边

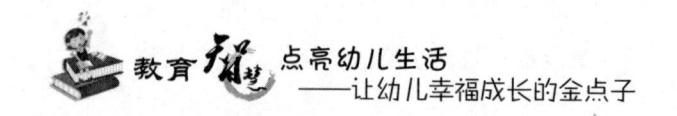

的乐乐忽然嘀咕起来:"我明天不来了。"乐乐是班上年龄最小的孩子,也是个心里藏不住话的孩子,我正在讲故事,便没有停下来问她为什么,只是想:小丫头又遇见什么不愉快的事情了?

故事讲完了,乐乐还在说:"我明天不来了。""为什么呀?"我奇怪地问,心想:上午乐乐并没有跟人闹矛盾呀?可乐乐不看我,也不回答我,只是又说了句:"反正我明天不来了。"难道是因为我拿了她的书?我马上问她:"是不是老师拿了你的书,你不高兴?"乐乐一听,眼眶马上红了,委屈地点点头,眼泪流了下来。

一瞬间,我意识到了自己的错误。乐乐用她的不愉快告诉我:阅读的时候,她不愿意成为唯一一个手里没有书的孩子,也不愿意跟同伴共同看一本书。当我不经她同意就拿走她的书的时候,她的不愉快就开始酝酿了。回想以前,我一直是这样做的,不禁感慨万分,我认识到,我对孩子的尊重其实还停留在表面上。而这么多年,我一直在理所当然地犯着同样的错误。其实这样的错误很容易避免,只要请学校多为教师配备一套教科书就行了,可是我总是毫不客气地拿孩子的书来凑合。我感谢乐乐,因为天真,所以她毫不掩饰自己的情绪,她的反应如同一面最真实的镜子,让我清楚地发现自己在教育理念上存在的误区。看来,尊重孩子,并不只是蹲下身来和孩子说说话这么简单,而更多体现在我们平时言行中对孩子的尊重。如果我在拿孩子的书前问他们一下:"谁愿意把书借给老师示范?"孩子也许会纷纷举起小手,也许会有孩子很乐意把书借给我,而不是不经商量直接就把孩子的书拿过来,让孩子感到不愉快。

由此,我反思自己在和孩子相处的过程中有很多地方都或多或少地存在着不尊重孩子的行为。比如,强制性地让孩子闭上嘴巴,不允许他们说话,没有尊重孩子自由表达、乐于表达的权利;代替孩子安排教学活动,没有尊重孩子自主学习、自由学习的权利;有时候对一些穿衣服、穿鞋慢的孩子过多地包办、代替,没有尊重孩子的生活自主权……

人与人之间需要互相尊重,这个原则同样适用于教师和孩子之间。对孩子的尊重不能只停留在口头上,而应该体现在和孩子相处时的一言一行中。"尊重","尊"是指把孩子当作平等的、独立的人看待,"重"是指对孩子的一切——思想、情感、愿望、喜好加以重视和认真对待。怎样才能做到真正尊重孩子呢？

一是尊重孩子的头脑。尊重他们的想法、意愿和选择。大人对孩子的设想难免会与孩子的愿望和兴趣发生冲突，这时一定不能逼迫孩子遵照大人的意愿去做。只要孩子的选择对其生理、心理的发展不会带来害处，就应该给孩子这个权利。即使大人觉得自己的决定更好，也要跟孩子摆事实、讲道理，要说服，不要压服。

二是尊重孩子的双手。不要给孩子太多禁令，这也不许动，那也不许动。即使孩子总是做错事，也要让孩子多做事，尊重孩子做事的权利。

三是尊重孩子的嘴巴。尊重孩子的提问，对孩子的每一个问题加以重视，或者与孩子共同讨论，或者启发孩子独立思考，或者与孩子共同寻找答案。让孩子对自己的事务以及家庭生活自由发表意见，并与父母协商解决。尊重孩子的"胡说八道"和"信口开河"，你会发现那里面往往隐藏着可贵的想象力。

四是尊重孩子的时间。让孩子有自由活动的时间，尊重孩子休息、玩耍、游戏、梦想的权利。

五是尊重孩子的物品。凡是孩子的物品，大人不要随意支配，要把物品的所有权、使用权交给孩子。

六是尊重孩子的性格。性格形成往往受到先天因素和后期环境的影响，家长要接纳孩子的性格，不要一味地抱着改变孩子、塑造孩子的想法去扭转孩子的性格，对孩子的性格越是不认可、不接纳，孩子的性格发展跟家长的期望越背道而驰。

七是尊重孩子的隐私。俗话说："打人不打脸，骂人不揭短。"孩子的缺点和不足属于孩子的隐私，而家长往往不顾及孩子的面子，比如，随口宣扬孩子尿床、说谎的毛病等，导致孩子在众人面前没有了尊严，久而久之，会变得更加不自信。

八是尊重孩子的空间。幼儿园的教师大多都知道，不少孩子在学校里最喜欢的地方是厕所、角落等私密空间。因为那里没有教师的高度控制，没有他人的过多干扰，孩子在这里可以自由自在地活动。作为成人，如果我们尊重孩子的空间，让孩子多接触大自然、接触社会，从家庭和学校的"两点一线"中解脱出来，那么生活中的角角落落就都可以成为孩子畅游的乐园。

智慧妙语

尊重是现代文明社会中文明人必备的素质之一。孔子曰："己所不欲，勿施于人。"卡耐基说："对别人的意见要表示尊重，千万别说：你错了。"总之，你想让别人怎样尊重你，你就要怎样尊重别人。

10. 教育教学中的问答环节，让我学会了提问

在一个关于早恋的故事中有这样一段精彩的问话，教师："你喜欢她？"学生："是的。"教师："你喜欢她，眼光不错，我很赞同你的想法，你为什么喜欢她？"学生（思考）："她长得漂亮，性格开朗。"教师："嗯，我也这么认为，她还有什么值得你喜欢的地方？"学生（继续思考）："她学习好，乐于助人……"教师："你觉得她会喜欢你吗？你有什么优点和能力会得到她的欣赏？"学生开始沉默……教师："她有这么多优点，你要赢得她的喜欢，就要更加努力提高自身的能力，当你自己更加优秀的时候，才能遇上更好的'她'。"

在这个师生问答环节中，教师通过巧妙的提问，把孩子的问题具体化，并把自己的教育意图间接地引入孩子的大脑。

结合自己多年上课、听课、评课的经验，我感悟到教育教学中的问答环节就是孩子和教师"斗智斗勇"的一个过程。如果说课堂像一个球场，那么孩子提出的问题就像孩子抛过来的球。教学活动中孩子和教师之间问与答的互动就像抛球和接球一样，孩子会主动地抛球给教师，表明他们的想法、主张，教师如何接球并以什么样的方式把球再抛给孩子，将会对孩子产生至关重要的影响。

一次音乐欣赏活动中，为了让孩子能将欣赏的乐曲与自己的生活经验相联系，体验快乐、高兴的情绪，在欣赏完一遍乐曲后，我问孩子："你听完这首乐曲后有什么感觉？想做哪些事情？"没想到一个孩子说："我听了这首乐曲后有点想睡觉。"这个答案大大出乎我的预料，一时不知如何回应，就重复说道："哦，你听了想睡觉。"不料，这引来了许多孩子的模仿，这个说："我听了音乐也很想睡觉。"那个也说：

"我现在就想睡觉了。"一时局面难以控制。

事后我进行反思,在提问互动中,我无意识地犯了"抢球"的错误,孩子抛向我的球出乎我的预料,以至于我没有思考就下意识地接球,又顺应孩子的思维重复性抛球,结果影响了其他孩子的思维。在教育活动中,孩子的回答与教师的预设不一致是常有的事。教师首先应意识到孩子的独特理解可能恰好是引导孩子探索学习的最佳切入点。在孩子表达自己独特的理解时,我们应学会倾听,从孩子的视角去感受、去理解。如果当时不急着接球而能耐心询问,然后结合孩子的回答顺势引导;如果孩子是故意捣乱,可接过这个球默默扣下,转问其他孩子,接下来的效果可能就不一样。

一次,观摩一位教师的教学活动,活动一开始,教师扮演的"猴妈妈"带着"小猴"们来到了"大桃园",教师说:"今天猴妈妈要带小猴们一起来学本领。孩子们,你们饿吗?"由于孩子午睡起床后刚吃过点心,有不少孩子说:"不饿。"教师看了看这些孩子,说:"哦,你们肚子饿了,是不是啊?那我们今天要学的第一个本领就是摘桃子。"这个教师显然有意识地"躲"过了孩子抛过来的"球",对孩子的回答不予理睬,没能对孩子的表现进行及时的应答,而是沿着自己设计的教学思路开展活动,把教学活动变成了一个人的"球场"。这种现象在一些刚参加工作的新教师中出现得比较多,长此以往,孩子在潜意识里就容易形成一种"有我没我都一样"的思想,养成顺着教师的思路走的习惯,缺少自己的主见和看法,难以让孩子有个性地发展。

如果教师大胆地接球,首先肯定孩子的说法,转变自己的思路,然后从孩子的角度说:"是啊,我们已经吃得饱饱的了,吃饱了就有力气学本领了,今天我们要学的第一个本领就是摘桃子。"这样的应答效果要好得多。

在教育教学中的师生问答环节,如果教师的提问把握不好,就会影响教育意图的传达。类似于"好不好""是不是"的提问往往让孩子回答的空间过于有限,容易限制孩子的思维;有些教师喜欢主观性提问,往往选择"聪明的孩子"回答问题,而那些"较差的孩子"(胆小、怯懦、语言表达能力差)回答问题的机会就较少,长此以往,"较差的孩子"就得不到发展,也会丧失自信心和学习积极性,容易产生自卑心理。

  总之，在教学过程中，教师的提问至关重要。教师学会提问，可以打开孩子的思路，步步引导孩子不断思索，最终使孩子获得提升。

智慧妙语

  提问是一种有的放矢的教育智慧，将自己的教育意图渗透在提问里，预设好想要的答案，并从孩子的心理特征、年龄特点入手，在积极、主动的应答中，一点点问出自己想要的答案，实现自己的教育意图。

11. 跟孩子一起玩游戏，让我学会尊重自己的角色

你来做爸爸呀，我来做妈妈，
我们一起来呀，来玩过家家，
一起去买菜呀，一起来炒菜，
小菜炒好了呀，味道好极了，
娃娃肚子饿了，我们来喂他。

  这是一首表现孩子玩《过家家》游戏的儿歌。《过家家》游戏也叫《娃娃家》游戏，就是孩子通过扮演家庭成员角色来进行的游戏，是儿童角色游戏中的一种。角色游戏，顾名思义，是指孩子按照自己的意愿，以模仿和想象的形式，借助真实或替代的材料，通过扮演角色，用语言、动作、表情等创造性地再现现实社会生活的游戏。像《娃娃家》《小医院》《美发店》等都是常见的孩子喜欢玩的游戏，在幼儿园的游戏中占据了很大比例。

  每到孩子开始玩角色游戏的时候，我为孩子创设好角色游戏环境后，就作为旁观者在一旁静静观察孩子玩游戏。经常会看到，在《娃娃家》游戏中扮演爸爸妈妈的孩子，最喜欢做的事情就是背上包，抱着"宝宝"去逛街、看病、吃点心，或者扮演爸爸的孩子很严肃地"打电话"，扮演妈妈的孩子认认真真地"做饭"。曾经看到这样一个游戏情景：在小美家里，一个当妈妈的孩子在喂怀里的布娃娃喝水，一

第六章　教育小感悟，让生活更有智慧

个当爸爸的孩子在忙前忙后买菜、做饭，还有一个孩子一直跪在地上双手撑地跟在当爸爸的孩子身后爬来爬去，整个游戏过程大约半个小时，这个孩子一直趴在地上，也不和任何人交流。我百思不得其解，等游戏结束后，我去询问这个孩子，他兴奋地告诉我："我是小美家的小狗，小狗就是那样一直趴在地上的……"我恍然大悟，并对这个有很强的角色意识的孩子肃然起敬。孩子是率真的，当进入扮演角色的情境中，就会从内心认可、享受自己努力扮演的这个角色。

于是，我利用角色游戏里孩子特别尊重自己扮演的角色的特点，让孩子一次次融入游戏中的各种社会角色，努力完成扮演的角色该做的事情。比如，在《娃娃家》游戏里，孩子一边玩，一边根据自己已有的社会经验加深对角色的理解，慢慢认识到，男孩才能当"爸爸"，女孩要当"妈妈"，一家只有一个爸爸、一个妈妈……这样，孩子一步步由"自然人"发展到"社会人"。

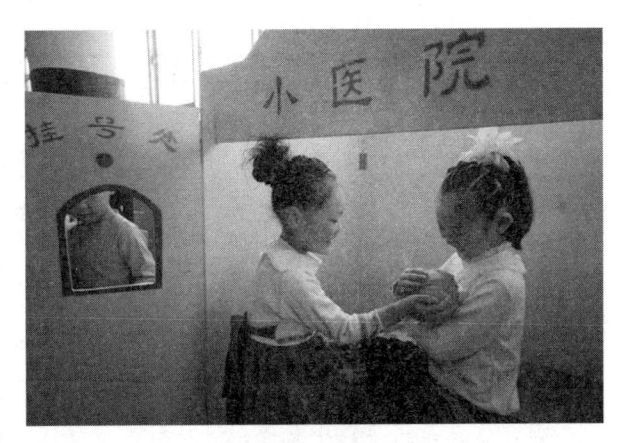

我还利用角色扮演发展孩子的交往能力。例如，有两个孩子不时有细小的摩擦发生，在一次《小医院》游戏中，我让其中一个孩子扮演"医生"，另一个孩子扮演"病人"，"医生"仔细地给"病人"看病、开药，还下了详细的医嘱，"病人"看完病后高兴地向"医生"道谢。共同的游戏意愿和角色扮演将孩子们联系在了一起，消除了隔阂，加深了感情，恢复了孩子们正常的交往关系。

小游戏大社会

在观察、指导孩子玩角色游戏的同时，我也慢慢被孩子的角色意识所感染。无论前一刻孩子在做什么，一到游戏时刻，他们就像模像样地进入了各种角色，努力地做着这个角色该做的事情，模仿着这个角色该做的行为，无论是扮演小狗还是大叔，都忠于自己的角色，并

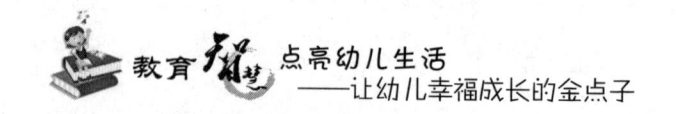

乐此不疲。由此我想到，自己也有许多角色，在单位承担的是教师、领导的角色，在家里承担的是女儿、妻子、母亲的角色，自己也应该像孩子一样，忠于自己的每一个角色。在单位，做个好教师、好领导；回到家里，及时切换到女儿、妻子、母亲的角色中，做一个好女儿、好妻子、好母亲。

智慧妙语

在这样一个彰显个性、人人呐喊要做真实的自己的社会，我们作为社会人，活着的意义不是去凸显自我的个性，而是要忠于自己的角色。在不同场合展现自己该有的姿态，这不是虚伪，不是没有自我，而是对自己的尊重和对社会的认可。只有让自己和现实高度匹配，找准自己的角色定位，忠于自己的角色，享受自己的角色，才能享受美好人生！

12. 跟孩子一起生活，让我学会了表达爱

小栗色兔子该上床睡觉了，可是他紧紧地抓住大栗色兔子的长耳朵不放。他要大兔子好好听他说。

"猜猜我有多爱你。"他说。

大兔子说："喔，这我可猜不出来。"

"这么多。"小兔子说，他把手臂张开，开得不能再开。

大兔子的手臂要长得多，"我爱你有这么多。"他说。

嗯，这真是很多，小兔子想。

"我的手举得有多高，我就有多爱你。"小兔子说。

"我的手举得有多高，我就有多爱你。"大兔子说。

这可真高，小兔子想，我要是有那么长的手臂就好了。

小兔子又有了一个好主意，他倒立起来，把脚撑在树干上。

"我爱你一直到我的脚趾头。"他说。

大兔子把小兔子抱起来，甩过自己的头顶："我爱你一直到你的脚趾头。"

"我跳得多高，就有多爱你！"小兔子笑着跳上跳下。

"我跳得多高,就有多爱你。"大兔子也笑着跳起来,他跳得这么高,耳朵都碰到树枝了。

这真是跳得太棒了,小兔子想,我要是能跳得这么高就好了。

"我爱你,像这条小路伸到小河那么远。"小兔子喊起来。

"我爱你,远到跨过小河,再翻过山丘。"大兔子说。

这可真远,小兔子想。

他太困了,想不出更多的东西来了。

他望着灌木丛那边的夜空,没有什么比黑沉沉的天空更远了。

"我爱你一直到月亮那里。"说完,小兔子闭上了眼睛。

"哦,这真是很远,"大兔子说,"非常非常远。"

大兔子把小兔子放到用叶子铺成的床上。他低下头来,亲了亲小兔子,对他说晚安。然后他躺在小兔子的身边,微笑着轻声地说:"我爱你一直到月亮那里,再从月亮上回到这里来。"

这是绘本故事《猜猜我有多爱你》。通过小兔子和大兔子关于"我爱你"的对话,生动形象地描述了小兔子和大兔子用自己的语言诠释什么是"我爱你"。

我们总以为,爱是太深沉、太伟大的一种感情,无法说出口,似乎说出来就会失去它本来的样子。当你很爱很爱一个人的时候,也许你会想把这种感觉描述出来。但是就像小兔子和大兔子发现的:爱,不是一件容易衡量的东西。可是小兔子用自己最简单的动作、最朴素的语言努力表达"我爱你",或张开双臂,或跳向树梢,或望着天空,在每一个动作和每一个想象的情景里享受着表达爱的快乐过程。

看到顽皮的小兔子,我想到了可爱的孩子,与我们成人"爱你在心口难开"相比,孩子表达爱的方式就显得大胆、直接、明了多了。

我每天都徜徉在孩子的世界,沐浴在孩子"爱"的春风里。当我带孩子户外活动回来,孩子洗手、排队接水的时候,总会有一两个孩子悄悄拿出我的水杯,给我倒水,并甜甜地说:"老师,你也喝点水吧。"当我伫立在孩子身边,陪伴着孩子玩游戏、上课时,总会有孩子在我腰酸背痛的时候,适时在我背后放把小椅子,还用小手拽拽我衣角,让我坐下歇一会儿。当我穿件新衣服的时候,总会有孩子说:"老师,你好漂亮,我喜欢你。"当我生病吃药的时候,总会有孩子关心地

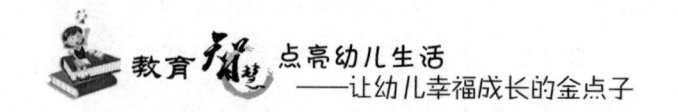

围过来七嘴八舌地谈论:"老师生病了,我们别惹老师生气。"无数个这样的情景,让我时刻被孩子贴心的爱暖暖地包围着,孩子把爱融进了贴心的行动、甜甜的话语,在点滴生活中向我表达,让我在平淡而烦琐的幼教岗位上时刻被孩子的爱所感动、所鼓舞!

更有那些别出心裁的表达方式,让我深受感动。曾经遇到一个让我十分尴尬却温暖的瞬间。晨间孩子入园的时候,涵涵非要拽着妈妈的衣角往我面前推,涵涵妈妈递给我一个纸包,不好意思地说:"这是涵涵给你带的牛油果,她昨天听她小姨说这个治痘痘,非要给你带来……"我顿时脸一红,心想,这样一个小细节也能被孩子发现并记住,然后用自己的方式来表达爱。由此,我又想到孩子那些五花八门的表达爱的方式,有的孩子早晨给我带来两口吃剩下的煎饼,说:"老师,这个可好吃了,你尝尝。"有的孩子早晨脑门上贴着三张贴画来,非要给三个教师一人贴一个。有的孩子甚至对爸爸妈妈说:"我最喜欢老师,长大要和老师结婚。"这些在大人看来古怪的表达爱的方式,恰恰是孩子内心最真挚的爱的表达。

所以,很多时候,跟孩子在一起,我都会觉得十分轻松快乐,生活充满乐趣,因为孩子表达爱的方式真挚而简单,让我能够感受到他们在用自己的方式爱我。浸润在孩子的爱里,我感动着,慢慢地,我也学着和孩子一样,在生活中简单地去表达爱。虽然"爱你在心口难开",可是当我们对对方有爱的感觉的时候,一定要适时表达出来,时刻让对方感受到你在爱着他。也许我们不好意思说"我爱你",可是我们可以用其他语言表达出来,比如,爱他,就多说赞美的话,"你今天很漂亮""你很帅";爱他,就多说感恩的话,"谢谢你,亲爱的,多亏你的帮助,有你真好";爱他,就积极地回应他,吃着他做的饭,一边品尝,一边赞美。生活就是靠"甜言蜜语"来黏合平淡的日子和平静的彼此!多一些甜言蜜语,生活就会因为善于表达而更加丰富、有趣。

我们还可以利用肢体动作表达爱。有个小男孩在一个电视节目中唱了一首《父亲》,说他很想牵爸爸的手,可爸爸总拒绝他,他很委屈,很伤心,一说就流泪:"爸爸为什么不愿牵我的手?"人与人之间最大的伤害是,你虽然在身边,但是对方感受不到你的爱!最好的爱不是给予孩子多好的物质条件,而是向孩子传递你对他的爱。父母温暖的怀抱，永远是对孩子最好的爱。无论是跟父母还是跟爱人、孩子，肢体的碰触是一种最能够让对方感受到关爱的无声语言。沉默时，一个拥抱可以表达爱；沟通时，一个眼神可以传递爱；快乐时，互相击掌欢呼可以分享爱。尤其在跟孩子玩的过程中，借助拥抱、抚摸等肢体语言更能让孩子充分感受到父母的爱。

爱更要用心去表达。记得假期回老家看望母亲，临走的时候，母亲拿出鼓鼓囊囊的三个塑料袋，一边叮嘱我，一边介绍说：一袋是地里挖的蒲公英，给孩子喝，治小儿上火、咳嗽；一袋是山里刨的野葛根，给我爱人喝，他应酬多，好喝酒，喝这个降血脂；还有一袋是茵陈，说我爱看书、写字，眼睛不好，多喝茵陈水可以保护眼睛。满满三袋，装满母亲的爱，若不是平日的惦记、思念，哪有如此恰到好处的关爱？

爱是融在生活的一点一滴中的，对于家人，爱需要融入陪伴里。只有更多的陪伴，我们才能了解我们爱的人到底需要什么。我们留出足够的时间，替家人做些小事：拿毛巾，盖被子，倒杯水，洗衣服，生病了买点药，腿疼了扶一把，伤心了陪他一起沉默，痛苦了给他肩膀依靠……我们所说的爱，就藏在这些日常生活的小细节里。

智慧妙语

爱是什么？爱是春风，荡涤在最美的语言里；爱是雨露，浸润在人们的行动里；爱是阳光，闪烁在生活的点滴小事里……爱需要用心去感受、去经营，用语言、行为去表达。让爱在生活的一点一滴中去渗透，我们的生命就会因爱而焕发光彩！

13. 教育，让我练就遇事淡定的品格

"好心态决定好性格，好性格决定好命运。"在和孩子朝夕相处的点滴日子里，自己慢慢被时光和孩子打磨出了平和、淡定的心态，让我逐渐从青春的浮躁走向成熟年华应有的淡然、坚定，学会了俯下身子、耐下性子，用耐心聆听花开的声音，用细心捕捉花开的瞬间，用爱心欣赏花开的绚烂，用真心守住花儿的容颜。

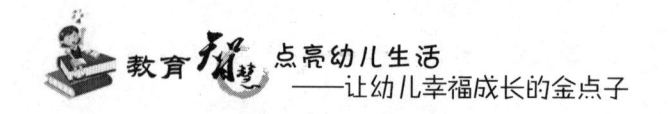

1. 教育，让我学会静下心来

记得刚参加工作时，面对满教室哇哇乱叫的孩子，我经常是左手抱一个，右手拉一个，还不停地想尽各种办法哄这个、逗那个。即使这样，有些孩子依然哭闹不止。特别是午休时，好不容易把几十个孩子哄睡，但只要一个孩子哭闹，其他孩子就跟着一起哭，本来安静的寝室顿时哭声一片。每次遇到这样的情况，我就觉得头快要炸了。一天下来，有时候午饭都顾不上吃，经常腰酸腿疼，全身就跟瘫痪了一样。一个月下来，常常被工作折磨得着急上火，满肚子委屈和焦虑，身心疲惫。当初怀揣的那份对幼儿教育的美好憧憬一瞬间破灭，心想："这样嘈杂的环境真让人受不了！"可是，我又常常被这些顽皮的孩子真挚的爱感动得不忍离去，那一双双软软的小手搂着我的时候，那一双双明亮的眼睛崇拜地望着我的时候，那一句句甜甜的"老师，我喜欢你"飘到我耳朵里的时候，我又留恋于孩子世界里的那一份真挚和纯真。

面对这样的状况，我十分矛盾。一次偶然的事件让我意识到，教育小智慧可以救我于水火之中。当孩子不听话，我大声地提醒也根本不起作用的时候，另一位教师的一句"把你们的小舌头伸出来让我瞧瞧"，顿时化解了我无计可施的尴尬，而且轻松地维持了班里的纪律，让孩子主动而有兴趣地进入安静状态。由此，我受到启发，教师是需要教育智慧的，有时我们在教育教学中遭遇无计可施的尴尬，或我们被孩子气得着急上火，也是我们缺乏教育智慧的表现。教师这个职业与其他职业不同的地方就是教师会智慧育人。而智慧从哪里来？《昭德新编》曰："水静极则形象明，心静极则智慧生。"儒家、佛家、道家思想都认为"静能生慧"。同样，在教育生活中，我们不能让烦乱的心绪扰乱了自己的心灵，而要想办法让自己安静下来，倾听内心的声音，在静谧、安详的氛围里，获得灵性的指引和无穷的力量。

在教育孩子的过程中，经常会遇到特别调皮的孩子，也经常会心烦意乱、灰心丧气。比如，有的孩子会趁你不注意的时候，拿着教室里的灭火器，对着活动室来回喷射，引来全班孩子围观；孩子玩游戏的时候，有的孩子故意把小伙伴兴致勃勃搭起的积木高楼推翻，以此证明他的威力；孩子喝水的时候，有的孩子会把手中的小玩具、小纸片扔进别人的茶杯里；孩子吃饭的时候，有的孩子会把自己不喜欢吃的青菜偷偷地扔在桌子下面；更让你哭笑不得的是，还有些孩子会借着上厕所的机会，偷偷地拍小伙伴的屁股，因为他觉得很好玩。每当面对这样的恶作剧，我就试着先深呼吸，然后告诉自己："不要发火，如果发火，就被孩子打败了。"然后，我用各种小妙招、小方法与他们"斗智"，静下心来倾听孩子的心声，巧妙的引导、温柔的语气往往能把话说到孩子的心里。

慢慢地我发现，孩子哭闹、捣乱、做恶作剧都是很正常的事。如果孩子个个像大人一样懂得克制自己，还有孩子独有的天真烂漫吗？当学会了理解孩子、接纳孩子、宽容孩子、等待孩子的时候，自己那颗急躁而容易冲动的心慢慢地就宽容、淡定起来，不再急于求成，不再情绪激动，不再因孩子淘气而大呼小叫、失去理智。

2. 教育，让我静下心来聆听孩子

幼儿园虽然会聚了一群活泼好动的孩子，处处充满欢声笑语，但是孩子也需要静谧的时刻，让活泼的心绪有短暂的栖居。有时，我会播放一些轻音乐，让孩子在沉静、舒缓的氛围中静静思索。幼儿园的晨曲中有一首贝多芬的《思乡曲》，乐曲表达了身在异乡而心寄家乡亲人的那种千丝万缕的愁思，全曲每一个小节都贯穿着愁思的音符。一次，这首音乐响起时，我们班有一个孩子走过来说："老师，听到这个曲子我就想哭。""哦，是吗？为什么呀？"她摇了摇头不说话。是的，一个五岁的孩子还无法表达出这种哀伤的心情。我说："那你画下来吧，你想到了什么，就画下来告诉我。"于是，她就拿起了画笔，认真地画了起来：一棵秋天的树，不断飘落着金黄的叶子，一只小鸟在天空中流着眼泪。"你能讲给我听吗？"我装作不解的样子说。"秋天过后，冬天就要来了，小鸟就要离开妈妈到南方去了。小鸟很伤心……"她讲得很投入，同时加入了自己的思想和情感。孩子表达自己的想法时，让我想到，孩子的童年不仅需要红、黄、蓝等明亮色彩的渲染，更需要黑、白、灰等寂寥色调的陪衬。孩子和大人一样，有"静如处子"的思索，才能有"动如脱兔"的洒脱。

3. 教育，让我静下心来欣赏孩子

世上所有的树木都是向着太阳生长的，孩子也一样，他们也会向着自己心中的太阳成长。班里的孩子特别喜欢幼儿园里的沙池，恣意地发挥想象去搭建自己理想中的城堡。作为教师的我，不需要语言，只需静静地用手中的相机拍下他们的杰作,那一声声"咔嚓",就是一句句赞美和鼓励的语言。欣赏孩子,就是静静地陪伴,一起游戏,用温柔的声音说话,肯定他们每一次小小的进步,和他们一起在春天播种向日葵,一起观看他们的手绘养蚕日记,然后大声地说:"哇!我怎么没想到?看来这世界上要学的东西太多了!"在欣赏中带给他们自信和勇气。因此,我会在意我注视孩子的眼神,在意我和他们谈话的语调,毕竟很多时候,看似微不足道的一个眼神,都会影射到孩子的内心,影响孩子的情绪。欣赏孩子,静静地,从一个眼神开始,从一句柔软的话语开始,从一个灿烂的微笑开始!

4. 教育,让我静下心来等待孩子

慢慢地我发现,孩子就像春天正在绽放的花朵,每一朵花的色彩、姿态都是无与伦比的。对于教师来说,顺应、等待、引导孩子成长很重要。幼儿园里有个小男孩性格古怪,而且具有很强的攻击性,其他孩子常被他打得鼻青脸肿,大家见他都躲着走,其他家长纷纷找我让我劝他退园。看着这个孩子干净的面孔,我下不了狠心,于是找到这个孩子的家长了解情况,并对孩子进行跟踪观察,还翻阅有关心理学书籍查找原因。终于发现,根源在他母亲身上。他母亲脾气怪异,稍有不顺,就对他拳打脚踢,而且很少陪他,导致他缺乏安全感和母爱,经常以防御和攻击行为表达自己内心的不满。了解了情况后,我首先给他改了"姓",告诉全班孩子他姓"好",让全班孩子叫他"好宣宣",让他感受到被认同。然后慢慢跟他谈心,教他如何与人交往,就这样,他发脾气的次数慢慢变少,他心灵里的冰雪终于开始融化了。作为教师,要有静待花开的气魄,才能感受到教师职业的幸福。我相信,每一个不一样的"你"都是那朵最鲜艳的花!静待花开,让我相信每一个生命的成长都不一样,而且充满力量!

静下心来,我时刻审视自己对孩子的态度、对教育的态度。静下心来,思维的长河沉淀出了教育智慧,我学会了用淡定、平和的心态对待工作上的得失以及家庭的琐事。慢慢地,我变得乐观向上、情绪饱满、胸怀坦荡、豁达宽容。笑容多了,自信多了,语言平和了,心情舒展了,自己也越来越积极向上了。

第六章　教育小感悟，让生活更有智慧

智慧妙语

"静能生慧""宁静方能致远"，唯有在心态上彻底做到宁静、平和、波澜不惊，才能在精神上真正站起来，才能追寻到想要到达的"远方"。

14. 教育，让我成长为更好的自己

教育，让我在工作中学会了成长，在成长中学会了反思，在反思中学会了前行，在前行中学会了自我实现。自参加工作以来，我一步步由幼儿园的一名普通教师成长为全省幼教拔尖人才、教育专家、名师，逐步凝练出了自己的教育思想——在生活中启迪教育，在教育中反思教育智慧，利用教育智慧影响教育。工作之余，我先后主编出版了《手指游戏跟我学》《生活自理跟我学》，实现了自己的写作梦想。工作以来，我由只有一张中专文凭的幼儿教师，一步步进修为拥有学前教育本科学历和国家二级心理咨询师、国家家庭教育指导师、国家育婴师等多个证书的幼儿教育专家。多年来，我在教师这个岗位上不断成长，从幼儿教师，到平顶山教育学院双导师，再到被聘为多所师范院校的"国培"讲师，每年为全国幼教同行开展几十场讲座，体验着"桃李满天下"的为人师之乐。

1. 教育，成就我心灵手巧

当我踏上工作岗位的时候发现，幼儿教师并不只是带带孩子那么简单，还要布置环境、缝制被褥、搬桌子、挪椅子、打扫室内外卫生。犹记得我第一次缝被子的情景，看着一些老教师手法娴熟地穿针引线，而我拿起针却扎不透被褥，在别人的提醒下，才发现自己没戴顶针。首次戴上顶针，又使不上劲，不服气，使蛮劲儿往被子里扎，咔嚓一下，针断了，扎进了肉里，疼得我直掉眼泪。为了面子，我忍住泪水，重新拿起针。短短几天，手被针扎了好几次，但是我终于学会了缝被子。就这样，在幼儿园这个大家庭里，我不仅学会了给孩子扎辫子、缝衣服、陪孩子玩玩具、做游戏，还学会了包包子、包饺子等本领。在照顾孩子吃、喝、拉、撒、睡的琐碎时光里，我也积累了智慧，掌握了本领。

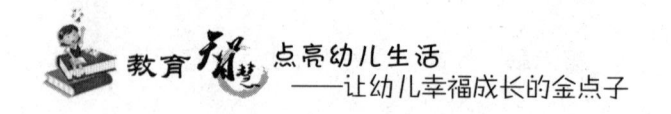

2. 教育，成就我不断突破自我

我始终坚信，一个优秀的教师，首先是能够成功站在讲台上的教师。在幼教百花园里，我感受过繁花似锦，也经历过披荆斩棘，接受过一次又一次的磨炼。一次组织观摩课"有趣的壳壳"，为了让孩子感受贝壳的神奇有趣，我让家人帮忙收集了活的河蚌、海螺，孩子也非常感兴趣。领导要我代表园里参加市级观摩课比赛，为了修改教案，我只好把这些小动物分类饲养在教室里的一个水盆里。炎炎夏日里，我怕这些壳类动物腐臭，每天早晨六点来园，给动物换水、投食、清除污物。然而在一次面向全体教师试讲的时候，因为超时，领导狠狠批评了我。当时想起自己近期既要忙着备课，又要辛苦地饲养小动物，各种委屈涌上心头，跑到无人地方大哭了一场，真想就此放弃。但是不服输的我还是决定坚持下去，继续探索、实践，最后我组织的观摩课"有趣的壳壳"在全市劳动技能大赛中获得特等奖。这一次上课，是对我教学能力的一次检验，既磨炼了我的耐心与韧性，又让我养成了"功夫下在平时"的工作习惯。我觉得，每次教学活动都有不同的感受，活动前多磨几遍，就能对教学目标及重难点做到有的放矢；活动后及时反思、总结，对下次的教学会有新的看法和启迪。慢慢地，孩子开始喜欢我组织的教学活动，我也从孩子的快乐表情里感受到作为一名教师的快乐和幸福。

3. 教育，成就我不断学习

作为一名教师，我常常希望做孩子眼里长流不息的"自来水"。因此，每次听到有关学习的消息我就很兴奋。在女儿三个月大的时候，我还在休产假，一天，突然接到园长的电话，说省级骨干教师培训轮到我了，问我能不能去。当时，看着孩子粉嫩的小脸，我内心十分犹豫，但是又觉得学习机会来之不易，于是狠下心来，做通婆婆的思想工作，带着婆婆和孩子一同前往郑州学习。紧张的十多天学习，听课、带孩子两头跑，最终顺利完成了省级骨干教师的培训学习，通过了省级名师的层层选拔和严格考评，在近四百名教师中以全省第八名的综合成绩获取了"省级名师"的光荣称号。一个称号并不能代表什么，但在整个活动培训中，我不仅感受到自身的专业成长，更坚定了自己做教师的职业信念。

学习，慢慢会变成习惯，不知不觉就喜欢上了从相关的幼教书籍中寻找问题的答案，并找一些新的教育方法进行尝试，归纳提升成新的教育经验。针对新学期常见的新生入园哭闹不止的现象，我从哥斯达黎加心理专家布兰科的著作中找到了答案，明白了这是缘于孩子的分离性焦虑。于是，我从如何缓解分离性焦虑入手，自创新生入园欢乐周，利用互动游戏、玩具分享、"大带小"多种策略，有效缓解了新生入园的哭闹现象。很多人都说孩子需要游戏，但是怎样让游戏具体化、生活化呢？我选取手指游戏做实验，让幼儿园游戏变得具体、可行、系统。在整个过程中，虽然经常加班加点，不断修改、讨论有关课题理论，但是我并不觉得辛苦，而是觉得自己是在实现自己的梦想，有种成就感。如今，看着自己参与主编的幼儿书籍，觉得通过这种感悟、反思、研讨、归纳、提升的历程，自己的眼里时时都有新发现、头脑中时时都有新想法、笔下时时都有新记录、人生时时都有新的体验，工作也因此焕发了新意，充满了生机。

4. 教育，成就我教学相长

如果把成长的过程看作往瓶子里装水，当瓶子里的水装满的时候，唯有倒到其他瓶子里，才能继续注入新水。所以，帮助别人成长是促使自己成长的一种有效方式。培训青年教师、总结教学经验、给幼教同行开展讲座并与其进行交流，在梳理、归纳、总结经验的过程中，我进一步提升了自己，感受到了助人成长和实现自我的职业成就感。

智慧妙语

经历了职业不断成长的过程，才能体验到人生绽放的芬芳，如果说成长犹如登山，你只有在孜孜不倦的攀登过程中才能领略到因高度、视角不同，呈现于你视野中的不同风景！

15. 教育，点亮了我的幸福生活

"你是幼儿园老师吧？幼儿园老师一般都很开朗而且很有活力……"每当听到一些"业外人士"的褒奖，我的内心就升腾起作为幼儿教师的快乐和幸福。细细想来，幼儿教师何尝不是天底下最幸福的职业呢？教育对象是一群充满生命灵性、天真可爱的孩子；教育过程是在跟孩子互动式的发展中聆听生活幸福之音；教育结果是通过教育，让稚嫩的孩子逐步走上幸福、美好的未来之旅。有人说，幸福生活的三大标准是有希望、有事做、能爱人。回首我的幼教之路，我就是一直把教育好孩子当作自己的希望和事业，把爱孩子和被孩子爱当作自己的幸福。如果说幸福是太阳，行走在17年的幼教之路上，是教育点亮了我的幸福生活，让我抬头总能眺望到幸福的模样，回首总能碰触到幸福的光芒，甚至遐思时能嗅出幸福的味道……

1. 工作前3年，幸福源于对孩子真诚的爱与关心

刚参加工作的时候，我有点迷茫和压抑，每天面对的是一群叽叽喳喳的孩子，要做的事情是照顾好孩子的吃、喝、拉、撒，觉得在学校里学的理论知识和基本功得不到施展。慢慢地，在孩子的世界沉浸下来时，我才发现，只有把自己的理论知识和基本功渗透在与孩子相处时的一言一行和一件件小事中，才是幼儿教育的真谛。蹲下身来微笑着跟孩子交流，让我发现了孩子的眼睛里有一个微笑、谦逊的我；拥抱时常因小事而伤心、痛哭的孩子，抚摸时常需要教师关注的孩子，让我发现我的胸怀越来越温暖、博大；倾听孩子的语言，理解孩子的心声，让我发现我的内心世界越来越敏锐；组织孩子玩喜欢的游戏，开展孩子感到新奇的活动，让我发现我的工作越来越有趣……慢慢地，我内心的职业幸福感一点点滋生起来，当孩子们牵着我的手，拽着我的衣服，呼啦啦地跟在我身后时，我体验到作为一名教师的自豪与温馨；当孩子轻拢双手伏在我的耳旁说着悄悄话时，我感受到孩子的信任带来的温暖；当孩子瞪大眼睛专心聆听我的教诲时，我感受到幼教职业对自己教育智慧与人格的考验；当孩子簇拥在我的身边痛哭着不愿离开我时，我感受到了幼儿教育带给我的幸福与荣耀；每当我走在路上听到孩子大老远甜甜地叫我"阿慧老师"，看到家长朋友热情洋溢地向我打招呼时，我觉得幸福就在身旁，幸福就在眼前。

2. 工作3—5年，幸福源于自己观念的改变

当工作前3年的热情退却，工作环节已经轻车熟路，我不免对教育产生了"复制、粘贴式"的重复感，对教学也有了习以为常甚至是麻木的感受。当我平时撰写的一篇教育经验《让我瞧瞧你的小舌头》在《早期教育》上发表的时候，我发现，平淡、琐碎的幼儿教育不仅可以做出趣味，还可以做出新意，这让我体验到了工作价值感带来的幸福。于是，我创建了教师博客，每天记录跟孩子在一起发生的新鲜的事、难忘的事，甚至是困惑的事，开启了我教育生涯的反思、记录之旅。工作前3年顾不上思考的"为什么教育"这一问题一直萦绕于心，开始反思一些传统的教育方式是否合适、一些教学活动的组织是否能变变花样，开始回味、记录孩子带来的感动和快乐瞬间。如果说，以前的我是为了工作而教育，教育仅仅是因为职责所在，而现在的我已将这份爱的种子深埋在心里，开始为了教育而工作。

3. 工作5－10年，幸福源于自己的女儿和孩子们的成长

工作第8年的时候，我当上了妈妈，这让我对幼儿教育又有了一种新的体验。当我面对幼儿园里的一群孩子的时候，更能够对他们多一些宽容和理解。当我面对孩子的捣乱、哭闹，想想自己的孩子也时常这样时，就能用平和、接纳的心态去面对、去处理；当我面对孩子们身体不适、情绪不佳时，开始想起自己的孩子如果有同样情况时的难受样子。曾经带过一个因家庭教育方法不当而导致行为怪异的孩子，他常常一发脾气就打自己的脸，直打到脸颊通红。每当我看到他出现这样的行为，就心痛难忍。于是我翻阅书籍，查找原因，希望能"对症下药"，对他有所帮助。正是因为自己有了孩子，才开始对孩子有了更多的同理心，开始站在孩子的角度思考问题。为了了解孩子的生理、心理发展规律，做到因材施教，我自学并考取了育婴师、心理咨询师、家庭教育指导师等职业证书，丰富自己的育儿知识。在职业技能逐步提高的同时，我也帮助孩子成长，帮助家长成长。这时候的幸福感不仅源于自己孩子的一声声"妈妈"，幼儿园孩子的一声声"老师妈妈"，更源于自己肩膀上沉甸甸的责任带来的个人专业成长。

4. 工作10年以上，幸福源于对教育事业的不懈追求

在幼教百花园里潜心耕耘十多年，我在跟孩子的相处中内心变得更加淡定、率真而又充满爱。好心情塑造好性情，好性情塑造好性格，好性格收获好运气，好运气收获好的生活状态。在收获了幸福家庭的同时，我也积累了一定的工作经验，加上自己的反思，在教育实践中

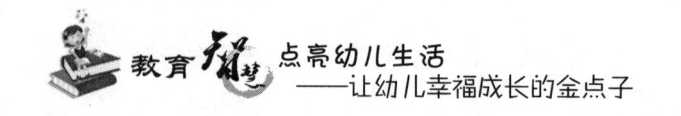

凝练成自己的教育见解和想法，沉淀成了自己的教育成果。在且行且思的教育生涯中，我撰写的几十篇幼儿教育文章先后发表，主持省、市级课题十多项，主持编纂的幼儿教育书籍《手指游戏跟我学》《生活自理跟我学》陆续出版。在一次次跟幼教同行分享教育经验的时候，教师们对我的认同和肯定让我充分感受到"赠人玫瑰，手留余香"的幸福感。作为教师，自我价值的体现是最高层次的幸福。是教育，让我在平凡的工作中找到了价值，在平淡的生活中找到了精彩，在多变的社会中找到了自我，在真挚的儿童世界里找到了教育智慧，并用教育智慧点亮了自己的幸福生活。

5. 教育智慧，点亮我的幸福生活

幸福是什么？幸福是一种非消费性的、持久的、祥和的、发自内心的愉悦感。这份感觉是在自己和孩子们共同成长的过程中逐步产生的，是由幼儿教育生活成就的。从教 17 年来，跟孩子们一起经历了 17 个春夏秋冬，经历了 17 年的风风雨雨。虽然守巢的总是我，可是我教过的孩子如雏鹰般一个个展翅高飞，有的已经长大成人，还有一批批在大学、中学、小学不断成长，而我依旧在这里生活着、教育着。孩子一个个飞走了，可是那些花在孩子身上的小心思、小妙招、小创意、小感悟、小方法沉淀了下来，留在了我的生活里，渗透进了我的思想里，让我的生活因教育收获着淡定的心态、阳光的笑脸、持续的成长、工作的价值，让我的人生因教育变得有思想、有事做、能爱人。这些也正是让我一步步走向幸福生活的密码。

这是一个感悟的过程，也是一个创造的过程，更是一个积累教育智慧的过程。正是在对这一过程的追求中，我才慢慢感受到幼儿教育的魅力，体会到这份职业带来的自豪感与幸福感！

智慧妙语

所谓教育，是一种引人向上、向前生活的力量！所谓教育智慧，是一种能帮助我和我所教的孩子以及我所带的教师点亮更加幸福、美好生活的力量！

后 记

　　幼儿教育是我生命中最美的遇见。怀着感恩的心，在最好的时光里，在童话般的幼儿教育世界里，我发现了最好的自己，发现了自己的教育智慧。从 18 岁从事幼儿教育工作至今，已经历了 18 个春夏秋冬，浸润着青春岁月的教育点滴都流淌在《教育智慧点亮幼儿生活——让幼儿幸福成长的金点子》这本书的字里行间。

　　遇见中原名师培育工程，让我滋生了自己的教育智慧。2016 年，我有幸被评为中原名师，并成为中原名师培育工程学习团队及 2015—2020 年中原名师 100 名培育对象中的一员。这在我的职业生涯中可以说又是一次起航。在这样一个全省教育名家会聚的团队，我逐步找到了职业前行的方向，在这个团队里，我站在智者的肩膀上倾听学习，站在同伴的肩膀上对比学习，通过一次次聆听专家教授的精彩讲座，一次次与同伴进行学术研讨和交流，在思想的碰撞和交流中慢慢滋生了自己的教育智慧，并结合自身的教育实践初步形成了自己的教育观点。感谢河南省教育厅领导搭建的平台，感谢河南省基础教研室丁武营主任对整个中原名师团队建设所付出的心血和汗水。

　　一个人能走多远，取决于与谁同行，遇见丁武营主任，让我初次萌发记录自己教育智慧的想法，在 2017 年中原名师集中研修活动中，丁主任提出中原名师可以尝试编写个人教育专著。当时，听到"专著"这两个字，对于一线幼儿教师的我来说，感觉特别遥远，可是，接下来丁主任列出了详细的中原名师出版计划，并为大家聘请了国内知名的写作导师进行辅导，这使我最终下决心尝试写作。可是，一轮写作面试下来，自己落选了，一番反思后，我重新梳理写作思路，把自己还是想写作的想法跟丁主任沟通，"写吧，写出来，我跟导师申请把你纳入出版计划中"，丁主任的一句话使我的内心受到鼓舞，写作的动力油然而生，这本书也就由此拉开序幕……

　　一个人最大的幸运，是能遇到认可你的人，遇见闫学老师，让我的教育智慧生根发芽。构思好写作框架后，我忐忑不安地与杭州市新华实验小学的校长闫学交流，她鼓励我："作为幼儿教师有这样的构思和想法非常可贵，按你的想法写下去。"于是我就将自己工作以来的所思、所想、所见、所闻都揉进文字里，边写，边思，边梳理。幼儿园工作忙碌，就趁晚上夜深人静时梳理思绪，早上思路清晰，就又开始构思，晚上睡觉前将早上的腹稿用键盘敲出来。难忘那一个个大雪纷飞的夜晚，腿上裹着被子，伏案凝思，思路、文字随着风雪齐飞；难忘那一个个悠闲的假日，舍去春光明媚、青山绿水，独自坐在电脑前，思路踏上文字之旅。终于，经过180多天的写作，我完成了《教育智慧点亮幼儿生活——让幼儿幸福成长的金点子》这本书的初稿。当我带着书稿再次向导师请教时，闫学老师看完书稿欣喜地说："你知道吗？阿慧，你的文笔不是最好的，但是每篇文章的字里行间都渗透着你对幼儿教育的挚爱和热情，你对工作的热爱和激情将是你最大的成功！"得到导师肯定的那一刻，自己所有的努力、所有的辛苦全化作蒙蒙泪雨，模糊了双眼，却滋润了自己执着的内心！自此，我通过教育智慧点亮了自己前行的路，找到了幼儿教师的工作价值和幸福感。

　　一个人最大的幸福，是能遇到帮助你的人。遇见我的名师团队，遇见默默支持我的幼师姐妹，我才逐步领悟到独行快、众行远的道理。忘不了在反复修改本书的过程中，工作室的姐妹们冒着酷暑、放弃假日休息，一字一句读稿、改稿；忘不了在隆隆寒冬，几位幼师姐妹为了给本书配图而伫立在雪地反复拍照、取景，正是大家的默默支持和幼师姐妹们的反复修改，才使这本书更加适合幼儿教师研读。本书语言形象生动，每一篇文章简单易懂而又蕴含教育智慧，是幼儿教师教育经验的梳理、集结。

　　遇见这本书，遇见了自己的教育智慧。教育是为了什么？为了生命之更加幸福。工作是为了什么？为了生活之更加美好。期许每一个从事幼教工作的同行都能够用教育智慧点亮自己的幸福生活！

李阿慧

2018年8月1日